Lieber Robert,

zu Deinem 60. Geburtstag,
verbunden mit allen guten
Wünschen für die Zukunft.

Herzlichst
Karin und Dirk

Im September 95

Walter Frevert

Und könnt' es Herbst im ganzen Jahre bleiben

Jagdliche und andere Erinnerungen

9. Auflage

Mit 25 Abbildungen auf 19 Tafeln

Verlag Paul Parey · Hamburg und Berlin

Als zweiter und dritter Band der jagdlichen Erinnerungen von Walter Frevert erschienen ebenfalls im Verlag Paul Parey:

„Das Jägerleben ist voll Lust und alle Tage neu“ und *„Abends bracht' ich reiche Beute“*

Die Photographien (Tafeln gegenüber S. 113 und S. 129) stellte Kurt Gottschalk, Rösrath, zur Verfügung.

1. Auflage: September 1957
2. Auflage: November 1957
3. Auflage: März 1958
4. Auflage: November 1960
5. Auflage: Juni 1963
6. Auflage: Juni 1967
7. Auflage: Januar 1977
8. Auflage: Februar 1984
9. Auflage: Januar 1990

CIP-Kurztitelaufnahme der Deutschen Bibliothek

Frevert, Walter:
Und könnt' es Herbst im ganzen Jahre bleiben : jagdliche und andere Erinnerungen / Walter Frevert. – 9. Aufl., 32. – 37. Tsd.
– Hamburg ; Berlin : Parey, 1990
ISBN 3-490-36811-8

 Anschriften: Spitalerstraße 12, D-2000 Hamburg 1; Lindenstraße 44–47, D-1000 Berlin 61. Printed in Germany.
Satz und Druck: Westholsteinische Verlagsdruckerei Boyens & Co., D-2240 Heide/Holstein.
Buchbinderei: Hunke & Schröder, D-5860 Iserlohn.
Umschlaggestaltung: Jan Buchholz, D-2000 Hamburg, unter Verwendung eines Fotos von Konrad Tönges.

ISBN 3-490-36811-8

Es leben alle, die das Waidwerk treiben,
Das immer frischen Mut gewährt.
Und könnt' es Herbst im ganzen Jahre bleiben –
Das wäre alles, was mein Herz begehrt.

v. Kobell

Meine Erinnerungen umfassen die erste Hälfte des 20. Jahrhunderts, eines Säkulums, das, wie kaum ein früheres, Entwicklungen und Umwälzungen größten Ausmaßes gebracht hat und bringt. Das vorliegende Buch soll und kann keine erschöpfende Darstellung dieser vielfältigen Wandlungen geben, es soll nur schlicht und einfach berichten über die letzten 50 Jahre mit ihrem Auf und Ab, mit ihren Kriegen und Geldentwertungen, mit menschlichen Höhen und Tiefen. Es soll berichten, wie ein Jäger und Forstmann des 20. Jahrhunderts, dem die Gnade zuteil wurde, die besten Rotwildreviere Deutschlands verwalten zu dürfen, vom Schicksal gebeutelt wurde und doch niemals den Humor verlor, wenn dieser auch zeitweise etwas bissig wurde.

INHALT

ERSTES KAPITEL

Die Welt ist sorgenfrei

Mach die Augen zu, mach die Augen zu
Du bist noch viel zu jung dazu!

Diesen Gassenhauer – den Begriff Schlager kannte man damals noch nicht – sang mein Vater, wenn er von der Jagd nach Hause gekommen war und mich als kleinen Burschen auf den Knien schaukelte.

Im Herbst und Vorwinter ging mein Vater jeden Sonnabend zur Jagd. Er hatte zusammen mit einigen Freunden im Münsterlande große, zusammenhängende Jagdreviere gepachtet und war Vorsitzender des „Jagdclubs Hamm". Meistens lag ich bei seiner Rückkehr schon in meinem Gitterbett, aber an Schlafen war nicht zu denken, ich fieberte der Rückkehr des Vaters entgegen, und, sobald ich seine Schritte hörte, kletterte ich aus dem Bett und lief in die große Küche, wo mein Vater seine schweren Jagdstiefel auszuziehen pflegte und wo der Rucksack ausgepackt wurde. Weihnachten konnte nicht schöner sein, als dieses Rucksackauspacken. Neben Fasanen, Hasen und Karnickeln enthielt der Rucksack auch sonst noch herrliche Sachen. Da waren die Hasenbrote, dick mit Schinken und Wurst belegt, es gab Äpfel, die meistens eingedrückt waren, und ich erinnere mich genau, daß niemals ein Butterbrot oder ein Apfel so gut schmeckte, wie diese halb ausgetrockneten und eingebeulten Hasenbrote und Äpfel.

Kaum war der Rucksack ausgepackt, waren Hasen, Fasanen usw. gebührend betrachtet und bewundert, dann ging das Betteln los: „Vater, erzähl' mir eine Jagdgeschichte." Und dann erzählte der Vater teils wahre, teils erfundene hanebüchene Geschichten, und die halben Nächte lang träumte ich nachher von kugelfesten Rehböcken, von seltenen Dubletten und von Wilddieben.

Geradezu herrlich aber wurde es, wenn der Vater einen Fuchs mit nach Hause gebracht hatte. Damit der Balg geschont wurde, war der Fuchs stets außen auf dem Rucksack verschränkt befestigt, und die lange Lunte mit weißer Blume hing malerisch herunter. Dann wurde die „große Jagd" gemacht! Die „große Jagd" war für mich ein jauchzendes Entzücken, für unser Mädchen und die Kinderfrau aber voller Entsetzen! Bedeutete doch die große Jagd, daß die samstäglich saubergemachte Küche völlig in Unordnung geriet, und daß ein solcher Schmutz entstand, daß praktisch die große Arbeit umsonst gewesen war.

Bei der „großen Jagd" wurde zunächst der in der Mitte stehende Küchentisch auf die Seite gestellt, ich selbst kam auf diesen Tisch, der also als Zuschauertribüne fungierte. Mein Vater stellte sich mitten in der großen Küche auf einen Stuhl und blies die Jagd an. Er hatte hierzu ein Pleß'sches Jagdhorn, das trotz der Flucht aus dem Osten, trotz zweier Weltkriege noch heute in meinem Besitz ist und von mir noch auf allen Jagden geblasen wird. Beim Blasen des Jagdhornes wurden die Hunde – wir hatten immer 1 bis 2 Deutschkurzhaar und einen Teckel – völlig wild. Sie kannten den Rummel, der jetzt losging. Nun nahm mein Vater, während ich zitternd vor Passion auf meinem Tisch stand, den Fuchs an den Hinterläufen, drehte sich dann auf dem Stuhl schnell um sich selbst und schwenkte dabei den Fuchs mit ausgestrecktem Arm hoch durch die Luft, dabei die Hunde mit: „Hu faß, Hu faß" anrüdend. Die Hunde rasten lauthals durch die Küche, an Stühle, Schränke und Herd anstoßend, hoch springend, um den Fuchs zu erreichen, immer zu kurz springend, sich gegenseitig bedrängend – mein Vater hetzte die Hunde zu immer schärferem Tempo, ich schrie vor Begeisterung mit, und die Meute wurde immer wilder. Mädchen und Kinderfrau und auch meine älteren Schwestern hatten längst das Feld geräumt und sahen diesem Hexensabatt durch einen schmalen Türspalt zu, während meine Mutter, in eine Ecke der Küche gedrückt, meistens hinter einem Stuhl Deckung nehmend, etwas kopfschüttelnd die ganze Sache stumm über sich ergehen ließ. Sicher dachte sie damals, daß alle Männer doch ewig Kinder bleiben. Endlich blieb mein Vater auf seinem Stuhl stehen, hob mit der einen Hand den Fuchs hoch, nahm mit der anderen Hand das Jagdhorn und blies „Fuchstot". „Häng up den Schelm", und die große Jagd war zu Ende. Auf das

Totsignal legten sich die Hunde sofort nieder, da sie genau wußten, daß jedes Zufassen nunmehr bestraft wurde.

„Der Junge muß schleunigst ins Bett", sagte meine Mutter, nahm mich auf den Arm und brachte mich in mein Gitterbett zurück, wo ich von der Zeit träumte, in der ich ein großer Mann und selbst ein Jäger wie mein Vater sein würde. Auf die Frage, was ich mal werden wollte, pflegte ich damals zu antworten: „Ein Jäger, ein Soldat und ein Vater!" Nun, ich habe es zu allem gebracht, was ich mir damals wünschte, vielleicht sogar zu allem etwas reichlich: Als Jäger habe ich die besten Reviere Deutschlands verwaltet, als Soldat habe ich zwei Weltkriege mitgemacht und als Vater von sechs Kindern dürfte ich auch in dieser Beziehung das Ziel der Klasse erreicht haben!

Mein Vater war ein leidenschaftlicher Jäger. Er hatte auf dem schönen Gut Rieperthurm, dem alten Frevertschen Stammsitz in Lippe, wo er geboren war, von Kindesbeinen an gejagt, allerdings weniger auf Hoch- als auf Niederwild. Wenige Tage vor meiner Geburt schoß er einen starken schwarzen Rehbock, den einzigen seines Lebens, und seine Freunde beglückwünschten ihn, weil er in ein und derselben Woche einen schwarzen Bock und einen schwarzen Jungen bekommen hatte.

Die meisten jagdlichen Erinnerungen aus meiner Kinderzeit beziehen sich auf das Revier Dolberg, das unweit Hamm gelegen ist, und wohin mein Vater mit der Eisenbahn zu fahren pflegte. Lange vor meiner Schulzeit wurde ich schon mitgenommen und auf einen Hügel postiert, um aufzupassen, wo die Hühnervölker einfielen. Mein Vater führte damals meistens Deutschkurzhaar, den sog. Lemgoer Typ, an dessen Züchtung er zusammen mit dem Oberlehrer Engler aus Lemgo maßgeblich beteiligt war. Es waren herrliche Hunde, kräftig mit großen Köpfen, etwas kurz suchend, aber ruhig mit guter Nase arbeitend, und kein geflügeltes Huhn ging verloren. Von der Zinshahnigkeit unserer heutigen, vielfach überzüchteten, mit viel englischem Blut bedachten Kurzhaarrasse war nichts zu merken. Ich habe diese Hunde und ihre Arbeit in bester Erinnerung. Der berühmteste hieß „Bär". Er hatte Menschenverstand, wie mein Vater sagte, leider konnte er nicht sprechen. Wenn er sich unbeaufsichtigt fühlte, ging er gelassen zum Bahnhof, schlängelte sich durch die Sperre und sprang in irgendeinen Zug, der auf demselben Bahnsteig stand, auf dem mein Vater nach Dolberg zu fahren pflegte. Zu seinem Pech konnte er die Stationsnamen nicht lesen und sich auch nicht merken, die wievielte Station Dolberg war. So kam es, daß er meistens falsch ausstieg und hinterher große Fahndungsaktionen losgingen. Einmal war er sogar bis Münster durchgefahren. Die Bahnbeamten kannten ihn bald, aber er verstand es meisterhaft, ihren Nachstellungen zu entgehen, und so wurde er meistens erst bei der Fahrkartenkontrolle entdeckt. „Der verdammte Köter vom Doktor ist schon wieder im Zug“, schimpften die Schaffner, bemühten sich aber stets, den Hund einzufangen und zurückzubringen, da sie wußten, daß eine Handvoll guter Zigarren als Belohnung winkte.

In Dolberg wurde stark gewildert, aber alle Bemühungen, den oder die Täter zu fassen, waren vergeblich, zumal mit Schlingen gearbeitet wurde. Schließlich wurde ein Jäger eingestellt, dem der Ruf vorausging, ein guter Jagdschutzbeamter zu sein. Vor allem war sein Kurzhaar sehr scharf und auf den Mann dressiert. Sehr bald fand der Jäger Schlingen, und zwar in einer Kieferndichtung, und setzte sich mit seinem Hund zum Daueransitz an, zumal in einer Schlinge ein Hase hing. Nach 12stündigem Warten erschien ein Kerl mit einem Einholnetz, in dem er einige Pilze hatte, und revidierte, als Pilzsucher getarnt, die Schlingen. Da alles sicher schien, nahm er den Hasen aus der Schlinge und stellte die Schlinge dann wieder fängisch. Solange hatte der Jäger gewartet: „Hände hoch, stehen bleiben, oder ich schieße!“ Aber mein Pilzsucher lief, was er laufen konnte, um sein Fahrrad zu erreichen, das er etwa 50 Meter entfernt abgestellt hatte. Jetzt trat der Kurzhaar in Aktion „Caro, faß 'ne“, und Caro zog den Dahinlaufenden fein säuberlich an der Hose zu Boden, als er sein Fahrrad fast erreicht hatte. Nun war Ruhe im Revier, und „Caro“ war der Held des Tages.

Wie wenige Hunde würden so etwas heute noch machen. In allen Rassen beobachtet man ein Nachlassen der Schärfe, ganz egal, ob es sich um Teckel, Vorstehhunde oder Schweißhunde handelt. Nur die Foxe haben ihre alte Schärfe behalten, aber diese sind häufig so scharf, daß man sie kaum halten kann. Sie zerfleischen sich gegenseitig, sie springen jeden angeschweißten Keiler an und werden geschlagen; sie versuchen im Bau den Dachs zu würgen, anstatt vorzuliegen, und kommen tierarztreif wieder zum Vorschein. Ich meine die Schärfe auf Kommando, also das Würgen am Raubzeug auf Befehl, das Stellen eines Holz- und Jagdfrevlers. Diese Schärfe auf Kommando, die jeder gute Jagdhund haben müßte, und die nichts mit Bissigkeit zu tun hat, ist heute selten geworden. Über die Gründe bin ich mir selber noch nicht ganz klar. Haben wir bei der Zucht unserer Jagdhunde in dieser Beziehung nicht genug achtgegeben? Nichts vererbt sich intensiver als Mangel an Schärfe. Machen wir Fehler in der Ernährung unserer Hunde? Welche Hunde werden heute noch mit rohem Fleisch gefüttert? Ich erinnere mich, daß in meinem Elternhaus stets große Brocken Pferdefleisch gekauft wurden und die Hunde regelmäßig rohes Pferdefleisch erhielten, das damals einige Groschen kostete. Sicher scheint mir zu sein, daß ein Hund, der viel rohes Fleisch erhält, schärfer ist als einer, der nur mit Haferflocken oder Polenta ernährt wird. Ich hatte als Junge lange Zeit einen Marder. Sobald ich ihn einige Wochen mit Milch, Weißbrot, getrocknetem oder auch frischem Obst ernährte, war er völlig fingerzahm, sobald er aber rohes Wildpret und Schweiß von Aufbrüchen erhielt, wurde er wieder halbwild, fauchte und biß nach mir. Aber wer kann heute seine Hunde mit rohem Fleisch füttern? Pferdefleisch ist unerschwinglich teuer, und auf den Schlachthöfen gibt es kaum Abfälle.

Schon als kleiner Kerl mußte ich die Gewehre meines Vaters reinigen und vor allem die Patronen anfertigen. Mein Vater schoß damals Lefaucheuxflinten, von denen er zwei hatte, eine mit etwas kürzerem Lauf und eine mit sehr langen Läufen für Feldjagden und für Enten. Die letztere habe ich als Pennäler bis 1915 selbst geführt. Ich glaube, sagen zu können, daß diese alte Lefaucheuxkanone mit selbst geladenen Schwarzpulverpatronen genausoviel leistete, wie meine heutige hahnlose Ejektorflinte. Die Lefaucheuxflinten erzogen einen auf alle Fälle zur Vorsicht. Wenn man die Messingstifte aus dem Verschluß herausragen sah und die darüber drohenden großen Hähne, dann sprang man nicht über einen Graben oder überstieg einen Zaun, ohne vorher zu entladen. Als Büchse führte mein Vater eine Büchsflinte mit 11 mm Geschoß und Schrot Kaliber 16. Auch diese alte Kanone schoß mit ihren Damastläufen hervorragend – nur auf weitere Entfernungen war die Sache schwierig, da die Flugbahn dann so gekrümmt war, daß man vor dem Schuß eine ballistische Berechnung anstellen mußte. Ich erinnere mich, daß mein Vater einen Hirsch mit diesem Gewehr krellte und nicht bekam, und zwar auf eine Entfernung von etwa 60 m. Der Hirsch hatte gerade in der Entfernung gestanden, in der die Flugbahn die höchste Erhebung hatte, und vielleicht war außerdem das Korn etwas voll genommen worden. Als damals „modernste" Büchse galt eine Repetierbüchse Modell 88. Dieses Gewehr habe ich noch nach dem ersten Weltkrieg als junger Forstmeister – damals Oberförster – geführt. Die Schußleistung war stets ausgezeichnet.

Im Jahre 1906 gab mein Vater seine Praxis in Hamm auf, er war damals 56 Jahre – und setzte sich zur Ruhe. Heute glaubt man mit Mitte 50 noch die wesentlichste Lebensarbeit vor sich zu haben! Wir zogen auf unser Gut „Haus Gierken" in Lippe, wo wir schon lange Jahre immer die Ferien verbracht hatten. Haus Gierken war für mich das Paradies. Das alte Gut lag in einem etwa 40 Morgen großen Park mit Fischteichen und allen Schlupfwinkeln und Geheimnissen, die sich eine jugendliche Romantik nur ersehnen kann. Mein Vater hatte die umliegenden Jagden angepachtet, und da wir auf mehrere Kilometer an den Teutoburger Wald, und zwar an die Gatterreviere des Fürsten von Lippe grenzten, hatten wir auch Rotwild, Damwild und Sauen im Revier, denn das Gatter war natürlich nie richtig dicht zu halten, und außerdem ließen, zum Entsetzen der fürstlichen Forstbeamten, Holzfuhrleute oft die Tore über Nacht offenstehen, so daß das Wild auswechseln konnte. Außerdem gab es Hühner, Fasanen, Hasen, Kaninchen, im Winter auch mal Enten – es war ein kleines Jagdparadies, und ich habe hier eine Jugend verbracht, wie sie schöner nicht sein kann!

Der einzige Wermutstropfen – d. h. es war schon mehr als ein Tropfen – war die Tatsache, daß ich in Paderborn die Schule besuchen mußte. Es war das „heilige Theodorianum". Noch heute, nach einem halben Jahrhundert, kann ich nur mit Entsetzen an dieses Gymnasium zurückdenken. Es gab über 600 Schüler, jede Klasse hatte Coetus A und Coetus B. Dem Coetus A waren die evangelischen Schüler zugeteilt und dem Coetus B die Juden. Etwa 90% aller Schüler waren katholisch. Bis Untertertia ging es noch, aber dann kamen die „Kästner". Die „Kästner" waren ab Untertertia in einem Pädagogium mit sehr strengen Lebensregeln untergebracht, sie wurden sämtlich geistlich. Es waren Jungens vom Lande, viele aus dem Sauerland, die von Lehrer und Pfarrer auf dem Dorf entdeckt und durch Privatunterricht bis zur Untertertia gebracht waren. Sie waren natürlich stets älter als der sonstige Durchschnitt der Klasse und hatten größtenteils Kenntnisse, die für Sekunda ausgereicht hätten. Die Jungens verdarben uns Söhnen von ehrbaren Bürgern, von Offizieren des Husarenregiments und der Reitschule die Chancen. Bete und arbeite, das war der einzige Lebensinhalt dieser „Kästner", die in einer Askese wie Mönche lebten. Das Niveau der Klasse wurde nicht vom Lehrer, nicht vom Studienplan, nicht von uns Schülern der Stadt Paderborn und Umgebung – es wurde von den Kästnern bestimmt! Wer in diesem Kreise das Abitur schaffte, mußte fürchterlich arbeiten und seinen Grips dabei zusammennehmen – ich habe es, nebenbei bemerkt, nicht geschafft, da ich schon auf der Untersekunda das consilium abeundi erhielt.

Der Park von Haus Gierken war von einem hohen Erdwall umgeben, der mit alten Bäumen bestockt war. Ein herrlicher Spazierweg führte auf den breiten Wällen rings um den Park herum. Aus welchen Gründen diese alten Erdwälle angelegt waren, ist nicht ganz klar geworden. Nach 1933 hat man geglaubt, eine altgermanische Kultstätte hier entdeckt zu haben. Ob diese Annahme ernster wissenschaftlicher Forschung standhalten würde, weiß ich nicht. Sicher ist, daß früher in dem alten Gutshaus, das von meinem Vater um die Jahrhundertwende zur Hälfte erneuert wurde, irgendwelche Sekten geheimnisvolle Zusammenkünfte gehabt haben müssen. Zugänge zu saalartigen Räumen waren mit Doppeltüren verschließbar und durch eine Pförtnerloge gesichert. In mehreren Zimmern gab es noch die alten Butzen, in die Wände eingelassene Schlafkojen, wie man sie heute noch auf dem Lande in Holland findet. In einer solchen Butz zu schlafen, war immer gruselig und voller Geheimnisse für uns Kinder.

Um die Mitte des vorigen Jahrhunderts hatte der Sohn des Vorbesitzers, der in Göttingen studierte, mit Kommilitonen in dem Park allerhand Unsinn getrieben. Die Studenten hatten sich, angetan mit Nachthemden und brennenden Kerzen in der Hand, nachts spukenderweise auf den alten Parkwällen ergangen und waren dabei von einzelnen Leuten gesehen worden. Seitdem spukte es in Haus Gierken. Wir hatten noch um 1910 Schwierigkeiten, Dienstboten aus der Umgebung zu bekommen, und nach Einbruch der Dunkelheit wäre kein Mädchen zu bewegen gewesen, das Haus zu verlassen.

Mein Vater beschäftigte sich mit Rosenzucht, mit dem Heranziehen neuer Obstsorten – noch heute gibt es von ihm gezüchtete Apfelsorten – und mit der Bewirtschaftung des Waldes, der zum Gut gehörte, während die Landwirtschaft verpachtet war. Er jagte, fischte und führte ein herrliches, mit der Natur eng verbundenes Leben. Damals kam der Vogelschutz auf, und mein Vater hing überall Nistkästen auf, er legte nach Berlepschem Muster Vogelschutzgehölze an und war für alles interessiert, was draußen kreuchte und fleuchte. Hätte ich einen besseren Lehrmeister haben können? Wie dankbar bin ich dem Schicksal stets für diese herrlichen Jugendjahre gewesen! Wenn man das heute so liest, dann meint man, das sei doch die gute alte Zeit gewesen, aber man darf nicht vergessen, daß die Menschen der damaligen Zeit wohl nicht so hetzten wie wir heutzutage, aber daß sie sich bestimmt genausoviel ärgerten wie wir – nur um erheblich geringere Dinge, die uns heute nebensächlich und belanglos erscheinen. Sie litten damals nicht unter Atomangst, sie hatten nicht mit 50 Jahren die Managerkrankheit, aber sich ärgern und streiten taten sie damals auch. Der wichtigste Unterschied zwischen damals und heute scheint mir darin zu liegen, daß die Menschen damals mehr Humor besaßen und die für Humor nötige Zeit hatten. Um einen Schabernack auszuführen und irgendeine humorvolle Sache auszuhecken, waren immer Lust und Zeit vorhanden, und der entsetzliche tierische Ernst, der heute alles und jeden erfaßt hat, war unbekannt. Die Sucht, den Lebensstandard zu erhöhen, gab es nicht. Man war satt, man lebte gut, aber einfach trotz reichlich vorhandener Mittel, man war eben sparsam und genoß in breitesten Bürgerkreisen einen gut fundierten, aber bescheidenen Wohlstand. Wenn in Berlin im Reichstag mal wieder der Teufel los gewesen war, wurde wohl auf die „Roten" geschimpft, aber der Klassenkampf der Industriegebiete war draußen auf dem Land kaum zu spüren.

Das Fürstentum Lippe konnte damals seine Bewohner mangels Industrie nicht befriedigend ernähren. So hatte sich ein Wandergewerbe entwickelt. Die Männer gingen im Sommer als Ziegelbäcker auf die Ziegeleien ins Münsterland und ins Hannoversche und arbeiteten dort im Akkord bis zu 14 Stunden am Tag sehr hart. Ihre Verpflegung nahmen sie größtenteils von zu Hause mit: Speck, Schinken, Dauerwurst und einen Sack Erbsen und Bohnen. Der Lehrbub mußte auf der Ziegelei kochen. Im Herbst kamen sie mit einem Sack voll harter Taler zurück und lagen den ganzen Winter auf der Ofenbank und pflegten ihren Leib. Es war für meinen Vater oft schwer, Holzhauer für den Wintereinschlag zu bekommen, weil die Leute im Winter nicht arbeiten wollten. Dabei war eine Arbeitslosenunterstützung unbekannt; man verbrauchte das, was man im Sommer erspart hatte, und die kleine Landwirtschaft, die die Frau besorgte, lieferte einfaches, aber deftiges Essen.

Fünf Minuten entfernt von Haus Gierken lag das Forstamt – damals Oberförsterei genannt – Österholz. Der Bruder meines Vaters, Onkel Wilhelm, war dort Forstmeister. Nächst meinem Vater verdanke ich seinem Einfluß meinen Willen, Forstmann zu werden, was ich niemals bereut habe; ja, wenn ich mein Leben noch einmal zu führen hätte, ich würde wieder unter allen Umständen Forstmann werden wollen – wie wenige Menschen aus anderen Berufen habe ich in meinem langen Leben kennengelernt, die das von sich sagen konnten.

Onkel Wilhelm war gleichzeitig Hofjägermeister des Fürsten von Lippe und betreute insbesondere das Gatterrevier bei Kreuzkrug. Er war, ebenso wie mein Vater, ein passionierter Jäger, aber auch ein guter Forstmann. Wie oft bin ich mit ihm in seinem Wagen, der mit zwei zähen Schimmeln bespannt war, hinausgefahren in den Teutoburger Wald zur Holzabnahme, zu Wegebauten, zum Auszeichnen von Verjüngungshieben, aber auch zum Fuchs- und Dachsgraben, zum Forellenfischen in den von ihm gepachteten Bächen, zu Saujagden im Winter, zum Pürschen auf Rotwild, kurz zu allem, was mir als Junge herrlich und begehrenswert erschien.

Leider nahm die Schule viel zuviel Zeit in Anspruch; was Wunder, daß ich, kaum zu Hause angekommen, die Bücher in die Ecke schmetterte und hinausging zum Jagen und Fischen oder auch nur, um die Finken pfeifen, die Tauben locken und die Drosseln singen zu hören. Oft saß ich stundenlang bei Onkel Wilhelm in seinem Büro. Es war dies ein großer Raum, dessen Wände bedeckt waren mit Trophäen und Jagdsprüchen, wie sie damals von den „höheren Töchtern“ auf Holz gebrannt wurden: „Am besten hat's die Forstpartie, das Holz das wächst auch ohne sie!“ oder „Ein guter Schuß, ein sicherer Blick, ein zarter Kuß ist Waidmanns Glück!“ Zwischen den Fenstern stand ein riesengroßer Schreibtisch, bedeckt mit Schriftstücken und Literatur – für den Nichteingeweihten ein Chaos, während mein Onkel mit sicherem Griff die gesuchte Verfügung einer hohen fürstl. Regierung mühelos herausfischte. Schreibmaschinen, Telephon oder elektrisches Licht gab es nicht. Mein Onkel Wihelm saß in einem großen Sessel vor diesem Schreibtisch und rauchte die lange Pfeife. Das lange Rohr war aus Korkrüster und der Kopf, der ein enormes Fassungsvermögen hatte, aus weißem Porzellan. Es wurde Kiepenkerl-Tabak geraucht, 100 g zu 20 Pf, ein ausgezeichneter, rein überseeischer Tabak. Von Zeit zu Zeit klopfte es an der Tür, die zum Flur führte, und auf das „Herein“ erschien irgendein biederer Bauer oder Ziegelbäcker und hatte ein Anliegen. „Sagen Sie's Lessmann“, war die stereotype Antwort meines Onkels. Lessmann war der Forstschreiber, heute Revierförster im Geschäftszimmer genannt. Er hauste in einem rückwärtigen Zimmer, wo er an einem hohen Schreibpult schrieb, vor dem ein herauf- und herunterschraubbarer, mit Leder bezogener Hocker stand. Onkel Wilhelm war ein Lebenskünstler – wenn er schlecht geschlafen hatte und sich dann am nächsten Morgen „wie gerädert“ fühlte, schob er alles Unangenehme auf Lessmann ab. „Sagen Sie's Lessmann“, und die Welt war wieder sorgenfrei und schön. Er war ein großer Liebhaber von Äpfeln, nicht, weil er gerne Obst aß, ich erinnere mich kaum, ihn einen Apfel essen gesehen zu haben, aber er freute sich an den roten Backen, an der glatten schönen Schale, an einer besonders starken Frucht. So pflegte er die dicksten und schönsten Äpfel im Herbst auszusuchen und auf alle Wandbretter, Schränke, Aktenregale usw. zu legen und seine Freude daran zu haben. Leider bekam den Äpfeln die Stubenwärme schlecht, und sie bekamen Faulstellen. Onkel Wilhelm schnitt dann sorgfältig die faule Stelle aus dem Apfel heraus und stellte ihn wieder an seinen Platz, und zwar so, daß man die herausgeschnittene Stelle nicht sehen konnte. Niemals hat er mir einen solchen Apfel geschenkt, sie waren sein Heiligtum und – verfaulten sämtlich!

Haus Gierken (vor dem Umbau)

Eingestelltes Jagen bei Kreuzkrug. V. l. n. r.: König Friedrich-August von Sachsen, Fürst Leopold von Lippe, Landforstmeister Baldenecker, Forstmeister Frevert (Onkel Wilhelm), Hegemeister Möller. Verfasser zwischen den beiden dicken, durch steifen Hut kenntlichen Kriminalbeamten

Ein ständiger Mitbewohner des Büros war „Zippi", ein völlig zahmes Huhn. Es hatte unbeschränkten Zutritt und pflegte seine Eier auf dem Aktenschrank in ein dort sorgfältig vorbereitetes Nest zu legen. Zum ständigen Kummer meiner guten Tante war es nicht möglich, das Tier stubenrein zu bekommen. Außerdem wurde das Büro noch von „Purri" bewohnt. Purri war ein Kurzhaardackel, das, was man früher einen richtigen „Försterdackel" nannte. Schwarz mit braunen Abzeichen, kurzhaarig, kräftig und verhältnismäßig hoch auf den Läufen. Diese alten Kurzhaarteckel waren wirkliche Gebrauchshunde. Wenn ich an die mickrigen Tiere denke, die man heute vielfach auf Prüfungsveranstaltungen sieht, kann einem schwach werden. Der Schönheitsfimmel und Bestimmungen über Maximalgewicht und Schulterhöhe haben aus dem Gebrauchsteckel in weitem Umfang ein Luxustier gemacht; wenn auch nicht verkannt werden soll, daß es noch gute Jagdstämme gibt bei Kurz-, Lang- und Rauhhaarteckeln.

„Purri" war eine Persönlichkeit, unduldsam gegen seinesgleichen, aber ein Kavalier gegenüber „Zippi". Die Henne durfte mit ihm zusammen auf einer Sauschwarte sitzen, und die Freundschaft zwischen den beiden war rührend.

Eines Tages kaufte mein Onkel einen Deutschkurzhaar. Man gab den Hunden aus einem Napf zu fressen und glaubte, sie würden sich schon vertragen. Purri biß natürlich den Neuling ab, der in respektvoller Entfernung wartete, bis der Teckel seinen Hunger gestillt haben würde. Schließlich hatte der Teckel so viel gefressen, daß er kugelrund war und einfach nicht mehr konnte. Der Jagdhund drängte nun energisch an den Napf heran – Purri umkreiste die Schüssel ständig knurrend und die Zähne fletschend – der Kurzhaar wurde energischer – da legte sich Purri in seiner Verzweiflung in den halbvollen Freßnapf hinein und fletschte aus der Schüssel heraus seinen Widersacher wütend an. Seitdem wurden die Hunde aus verschiedenen Schüsseln gefüttert.

Als die Oberförsterei taxiert werden mußte, kam ein Forstreferendar, um die Arbeiten auszuführen. Wie es nicht ausbleiben konnte, verliebte er sich in eine meiner Kusinen und verlobte sich heimlich mit ihr. Eines Vormittags zog er sich die große Walduniform an, schnallte den Hirschfänger um, zog die weißen Wildledernen an und klopfte an die Tür von Onkel Wilhelms Büro: „Herr Forstmeister, ich möchte Sie um die Hand Ihrer Tochter Grete bitten“ – – „Sagen Sie's Lessmann“ . . . war die mürrische Antwort meines, mit seinen Gedanken völlig woanders weilenden Onkels. Erst durch den entsetzten Protest des Referendars klärte sich alles in Wohlgefallen auf.

Durch meinen Onkel lernte ich auch den hann. Schweißhund kennen und lieben. Dieser Liebe bin ich seitdem treu geblieben. Eine zur Oberförsterei Osterholz gehörende Försterei war Kreuzkrug, an der Straße Paderborn–Detmold gelegen. Der dort amtierende, damals schon ältere Hegemeister hieß Möller und führte einen hannoverschen Schweißhund „Hela-Salaburg“ Z.-Nr. 363. Mit dieser Hündin erlebte ich die ersten Nachsuchen auf Rotwild, Damwild und Sauen, und seitdem hat mich die Leidenschaft für diese herrlichen Tiere, die Nachfahren der alten Leithunde des Mittelalters, nicht mehr losgelassen. Im Jahre 1908 hielt der Verein Hirschmann seine Hauptprüfung in Detmold ab und „Hela-Salaburg“ machte damals den II. Preis.

Die Försterei Kreuzkrug hatte die Konzession für einen Wirtschaftsbetrieb, sie war eine Goldgrube. Die Leitung und Führung der Wirtschaft besorgte Frau Möller, und sie hatte gesalzene Preise! Sonntags standen oft Dutzende von Kutschwagen aus Paderborn, Lippspringe und Detmold vor der Försterei. Oft kamen die Reitschule aus Paderborn und die Offiziere des Husarenregimentes mit Viererzügen angefahren, und der Sektumsatz – so munkelte man – war in Kreuzkrug in manchem Jahr größer als im besten Lokal in Paderborn. Frau Möller hatte die Angewohnheit, beim Kassieren die Augen zuzukneifen. Mein Vater behauptete stets, sie mache die Augen deshalb zu, um das Entsetzen nicht sehen zu müssen, das ihre Gäste beim Nennen der Rechnungssumme befiel. Der alte Hegemeister kümmerte sich um den ganzen Rummel überhaupt nicht, er machte seinen Dienst und überließ die Gastwirtschaft seiner Frau, wobei beide bestimmt gut gefahren sind.

Jeden Nachmittag ging der Hegemeister zu der nicht weit von Kreuzkrug gelegenen Saukörnung. Oft habe ich ihn begleitet. Die Sauen wurden hier das ganze Jahr mit Mais gefüttert und waren sehr vertraut. Zuschauer mußten sich hinter einer Pallisadenwand etwas erhöht aufstellen und konnten so durch Sehschlitze auf nächste Entfernung die Sauen beobachten. Im Herbst wurden die Sauen dann in Saufängen gefangen und in Transportkästen in das – zwischen Kreuzkrug und Nassesand gelegene – eingestellte Jagen verbracht. Man hatte hierbei die Möglichkeit, die Sauen genau zu sortieren, konnte gute mittelalte Bachen wieder freilassen, ebenso Keiler, die noch nicht zum Abschuß reif waren – kurz, man war imstande, eine Hege mit der Büchse zu treiben, was bei freiem Jagen erheblich schwerer, wenn nicht unmöglich gewesen wäre.

Mein erstes eingestelltes Jagen machte ich als Obertertianer mit. Ich mußte zu dem Zweck Urlaub haben und ging zu meinem Klassenlehrer, damals Ordinarius genannt. Sein Spitzname war „Bulle". „Nein, mein Lieber, ich werde dir nicht freigeben, deine Leistungen und dein Betragen rechtfertigen eine solche Vergünstigung nicht!" „Aber, Herr Professor, der König von Sachsen kommt doch zu der Jagd, und der Fürst von Lippe ist da, und mein Onkel ist der Jagdleiter und hat mich als Treiber eingeladen!" „Du wirst nicht fahren, dabei bleibt es." Ich ging zum Direktor, dieselbe Ablehnung. Mein Betragen in der jüngsten Zeit sei in der letzten Konferenz Gegenstand ernster Beschwerden seitens verschiedener Lehrer gewesen; der Verdacht sei noch nicht wirksam von mir entkräftet worden, daß ich es gewesen sei, der die lebendigen Mäuse und Frösche mit in den Unterricht gebracht habe – und so ging es eine ganze Weile weiter, auch hier zog kein König und kein Fürst. Ich mußte aber den 10-Uhr-Zug kriegen, wenn ich noch pünktlich zu dem eingestellten Jagen kommen wollte. Alles war bis ins Kleinste von mir vorbereitet, ein Fahrrad stand an der Endstation der Bahn bereit, um mich in rasender Fahrt nach Kreuzkrug zu bringen, wo um 12 Uhr 30 das Eintreffen der Jagdgäste vorgesehen war. Was hatten die Pauker für ein Verständnis für meine Jagdpassion – hol' sie alle der Teufel!, dachte ich, schwänzte den Unterricht und fuhr zur Saujagd. Leider hatte die Sache ein unangenehmes Nachspiel, ich bekam Karzer und das consilium abeundi, dem ich dann auch ein halbes Jahr später folgen mußte, um einen Ruf an eine andere höhere Lehranstalt Mitteldeutschlands anzunehmen, die allgemein den schmükkenden Beinamen „refugium pecatorum" genoß.

Vor dem eingestellten Jagen standen 20 Forstbeamte in großer

Walduniform mit Pleßhörnern, am rechten Flügel mein Onkel Wilhelm. Am linken Flügel standen die Treiber mit etwa 20 Hunden aller Rassen. Es waren tolle Fixköter darunter, Bauernhunde, die den Treibern gehörten, und die bei Saujagden mitgebracht werden mußten. Die Obertreiber waren mit Saufedern bewaffnet, ebenso mehrere Forstbeamte. Ein kriegerisches Bild, das mich Jungen stark beeindruckte. Ich meldete mich bei meinem Onkel und wurde dann in die Treiber eingereiht. Da ging ein Ruck durch alle Anwesenden, alles nahm Richtung, und auf dem Waldweg kamen zwei flott gefahrene Viererzüge, denen weitere zweispännige Jagdwagen folgten. Im ersten Wagen saßen der König von Sachsen und der Fürst von Lippe, im zweiten weitere Jagdgäste, darunter irgendein Prinz von Hessen, und in den folgenden Wagen das Gefolge. Die Hörner der Forstbeamten flogen hoch, und das mehrstimmig geblasene Signal „Fürstengruß" hallte durch den Novemberwald, während mein Onkel das eingestellte Jagen meldete.

Jetzt waren meine Mitschüler bei „Bulle" und übersetzten Cicero, dachte ich gerade, da ging die Jagd schon los. Die Schützen nahmen ihre Stände ein, die wie kleine Kanzeln ausgebaut waren, mit je einem Büchsenspanner, und wir Treiber bildeten einen Halbkreis um die Kammern herum, in denen die Sauen eingesperrt saßen. Als alle Schützen ihre Stände eingenommen hatten, wurde die Jagd angeblasen, und die Falltüren wurden geöffnet. Gleichzeitig wurden die Hunde geschnallt, die sich wie wild gebärdeten, und eine tolle Hetze ging los. Wir Treiber hatten zunächst die Aufgabe, dafür zu sorgen, daß die Sauen möglichst entlang des Gatters, das das ganze eingestellte Jagen einfaßte, wechselten. Schon ging ein wildes Geschieße los, das etwa dreiviertel Stunden lang wie ein leichtes Schützenfeuer einer Kompanie andauerte. Überall klagten Sauen, die nicht tödlich getroffen waren, schwer geschlagene Hunde humpelten herum – aber in meiner wilden Begeisterung und Passion wurde mir damals das Unwaidmännische eines solchen eingestellten Jagens nicht klar. Schließlich mußten wir die Sauen, die die Schützenlinie passiert hatten, wieder zurücktreiben, also auch diesen armen Tieren wurde keinerlei Chance gegeben; aus dem eingestellten, d. h. eingegatterten Jagen kamen sie nicht mehr heraus. Nach Verlauf einer knappen Stunde war die ganze Sache beendet, es wurde „Hahn in Ruh“ geblasen, und nun ging es an das Abfangen kranker Sauen, die meistens von den Hunden gedeckt waren. Hier sah ich zum ersten Male, wie rabiat scharf diese Scherenschleifer von Hunden an Sauen waren. Ich sah Hunde, die, in die Teller eines Keilers verbissen, sich nicht abschlagen oder abstreifen ließen, die zäh und fest hängenblieben, und denen man das Gebiß nach dem Abfangen der Sau mit einem kleinen Holz buchstäblich losbrechen mußte. Nun wurden die Sauen zusammengeschleppt, um die Strecke zu legen. Mein Onkel verfolgte genau an Hand einer Liste, ob alles, was in den Saukammern drin gewesen war, auch zur Strecke kam, und die Jagdgäste besahen jedes einzelne Stück.

Als alles gepackt und gerecht verbrochen war – es waren im ganzen in knapp einer Stunde 156 Sauen geschossen – sollte die Strecke verblasen werden. Da erklärte der König von Sachsen, daß ein sehr starker Keiler von ihm auf der Strecke fehle. Mein Onkel prüfte seine Listen erneut nach – es stimmte alles. Die übrigen Jagdgäste wurden aufmerksam, und es entstand eine peinliche Situation. Aber der König, der übrigens hervorragend geschossen hatte, blieb dabei, daß ein Keiler von ihm beschossen sei, auch die Kugel erhalten hätte, der stärker gewesen wäre als alle Sauen, die hier auf der Strecke lägen. Mein Onkel fing als verantwortlicher Jagdleiter langsam an, Blut und Öl zu schwitzen – da rief jemand: „Da kommt ja der Keiler!“ und tatsächlich wechselte ein starkes Hauptschwein aus dem Bestand heraus auf die Jagdgesellschaft zu, um diese anzunehmen. Eine tolle Situation – die Gewehre waren längst auf dem Wagen verstaut, die Forstbeamten hatten ihre Waffen, um beim Legen der Strecke besser anfassen zu können, irgendwo an einen Baum gehängt – da sprang der Förster, dem ich mich während des Treibens angeschlossen hatte, mit seiner Saufeder vor und ließ den schwerkranken Keiler kunstgerecht coram publico auflaufen. Man hörte deutlich den Stein rollen, der meinem armen Onkel vom Herzen fiel, der König aber griff in die Tasche und gab dem Förster mehrere Goldstücke. Woher der überzählige Keiler stammte, wußte niemand. Entweder mußte er seit längerer Zeit in dem eingestellten Jagen gesteckt haben, oder es lag ein Zählfehler vor – das Letztere war aber wohl unwahrscheinlich. Dann wurde die Strecke feierlich verblasen, und die Gäste fuhren im Viererzug nach Detmold. Auf mich hatte das alles einen unauslöschlichen Eindruck gemacht, und ich nahm mir fest vor, später einmal eine Saumeute zu halten und Sauen mit Hunden zu jagen, aber in freier Wildbahn und in waidmännischerer Weise, als ich es hier erlebt hatte.

Ich will nicht berichten, wie ich meinen ersten Rehbock und meinen ersten Hasen schoß. Derartige Schilderungen sind so entsetzlich oft behandelt, daß dieses Thema völlig totgeritten ist. Bekanntlich soll Bismarck gesagt haben, daß er nur einmal in seinem ganzen Leben zehn Minuten lang wahrhaft glücklich gewesen sei, und das sei nach der Erlegung seines ersten Hasen gewesen. Ich habe für diese Auffassung viel Verständnis. Für mich war es immer ein ungeheurer Reiz, nach Aufgang der Hasenjagd abends am Paß am Waldrand zu sitzen, die schöne Abendstimmung zu genießen mit freiem Ausblick auf das weite, vor einem liegende Feld von Zeit zu Zeit den Wind zu prüfen und auf das erste Rascheln im dürren, frischgefallenen Herbstlaub zu warten. Die Zeit, die der auswechselnde Hase am Waldrand, oft nur wenige Meter neben einem verhofft, um zu sichern, gehört zu dem Spannendsten, was das Waidwerk zu bieten hat. Auf einmal ist der Hase draußen, ein „pst", und schon sitzt Mümmelmann, ja, macht sogar einen Pfahl, und im Feuerstrahl blitzt es weiß auf dem braunen Acker. Diese schöne Jagdfreude, die auch dem ursprünglichen Jagdtrieb gerecht wird, weil man sich nämlich auch nach dem ersten Hasenbraten sehnt, ist heute unmöglich gemacht. Jahrzehntelang schoß ich jedes Jahr in den ersten Oktobertagen meinen Geburtstagshasen als traditionelles Festgericht und ließ für diesen einen Abend Hirsche Hirsche sein. Heute geht die Jagd erst am 16. Oktober auf, und der Hase, der bekanntlich die Uhr im Kopf hat, kommt nicht früher als 6 Uhr – dann ist es am 16. Oktober schon zu dunkel zum Schießen, außerdem ist mein Geburtstag dann schon vorbei. Ich habe daher das Menü umstellen müssen.

Mit sechzehn Jahren erhielt ich meinen ersten Jagdschein. Eigentlich hatte ich – soweit ich mich erinnere – noch nicht das damals vorgeschriebene Alter erreicht, aber mein Vater hatte dies zusammen mit meinem Onkel irgendwie möglich gemacht. Zwar hatte ich längst vorher Hasen, Tauben und Rebhühner ohne Jagdschein geschossen – ich hoffe, daß dieses Delikt nunmehr verjährt ist – aber nun, im Besitze eines Jagdscheines, fühlte ich mich erst richtig in die grüne Gilde aufgenommen.

Am schönsten waren die Sonnabende und die Weihnachtsferien. Mein Vater und ich nahmen dann ein paar Jungens als Treiber mit, und wir kescherten dann so etwas im Revier herum. Kleine Dickungen, Schonungen, Remisen wurden von den Jungens durchgetrieben, und da wir nur zwei Flinten waren, war diese Jagdmethode sehr pfleglich. Das meiste Wild kam unbeschossen davon, und wir machten nie große Strecken. Ein paar Hasen und Kaninchen, einige Fasanengockel und – wenn Diana besonders gut gestimmt war – auch mal einen Fuchs machten die Beute aus. Einmal schoß ich an einer kleinen Schonung auf einem Stande einen Fuchs, einen Hasen und einen Fasanenhahn mit drei Patronen – noch heute ist mir der Stolz und das Glücksgefühl gegenwärtig, die mich damals beseelten. Nach der Jagd ging es häufig nach Kreuzkrug, und wir machten zusammen einen gewaltigen Dämmerschoppen. Mein Vater behandelte mich dann vollkommen als Erwachsenen, ich durfte Schnaps – Wippermanns alten Korn aus Lemgo – und Bier trinken und in seiner Gegenwart eine Zigarre rauchen, was ich heimlich natürlich längst tat.

Im Park von Haus Gierken waren mehrere Fischteiche, die mit Regenbogenforellen und Karpfen besetzt waren. An sich war das Wasser für Karpfen zu kalt, aber, um die Teiche sauber von Pflanzenwuchs zu halten, bewährte sich der Karpfen gut, wenn sie auch nur ein sehr langsames Wachstum hatten. Das Wort Rentabilität wurde damals noch nicht so groß geschrieben wie heute. Als eines Tages einer der Forellenteiche, der durch einen einwandfreien Mönch mit Eisengitter gesichert war, ausgehoben wurde, weil er stark verschlammt war, kam der Arbeiter angelaufen und erklärte, er könne nicht weiter arbeiten, weil eine große, schwarze Schlange im Modder sitze. „Ich wollte, da säßen hundert solcher Schlangen drin“, rief mein Vater, und wir zogen einen armdicken fetten Aal aus dem Schlamm heraus. Es ist mir bis heute völlig unklar, wie dieser Aal in den Forellenteich gekommen ist, es sei denn, man hält die Annahme für richtig, daß die Aale sich nachts kurze Stücke weit durch nasse Wiesen schlängeln und so Landbarrieren überwinden.

In trockenen Sommern kamen von weither die Tauben an die Fischteiche zur Tränke, und ich schoß als Junge viele Tauben beim Ansitz an den Teichen. Die Tauben spielten überhaupt jagdlich bei mir eine große Rolle. Nicht umsonst nennt man den ruksenden Tauber den „Auerhahn des kleinen Mannes"! Wer den balzenden Tauber anspringen und anlocken kann und ihn hoch aus der Spitze einer Fichte mit Kleinkaliber herunterholt, der wird auch bei anderen Jagdarten seinen Mann stehen. Für den Jungjäger scheint mir die Taubenjagd die allerbeste Vorübung zu sein.

Eines Mannes muß ich noch gedenken, der auf mich in meiner Jugend einen großen Eindruck machte, und von dem ich lernte, wie man es im Leben nicht machen soll. Herr C. war ein Studienfreund von Onkel Wilhelm, beide hatten in Hann.-Münden studiert und zusammen das Examen gemacht. C. war nicht in den Staatsdienst aufgenommen, ging nach bestandenem Assessorexamen nach Ungarn und wurde Forstmeister bei einem dortigen Großgrundbesitzer. Er heiratete dann eine der reichsten Erbinnen Ungarns und quittierte sofort seinen Dienst unter Verzicht auf alle Ansprüche. C. machte Weltreisen, hielt sich im Sommer in mondänen Seebädern und im Winter an der Riviera oder in Ägypten auf. Im Herbst jeden Jahres kam er nach Österholz zu den Fasanenjagden. Für einen etwa ein- bis zweiwöchigen Aufenthalt brachte er 25 bis 30 Paar Schuhe und die entsprechende Anzahl Anzüge mit. Uns Kindern imponierte das natürlich ganz gewaltig. Ein Hauch aus einer fremden Welt ging von dem stets hochelegant gekleideten und sehr gepflegten Mann aus, dessen Reichtum in unserer Phantasie ins Unermeßliche stieg. Später hat mir mein Vater erzählt, wie unzufrieden dieser Krösus war. Er hatte den unverzeihlichen Irrtum begangen, seine Arbeit aufzugeben, und hatte geglaubt, der Mensch könnte sein Leben genießend und ohne ernste Tätigkeit mit Zufriedenheit verbringen. Er hatte die Grundwahrheit nicht rechtzeitig erkannt, daß ein Mann nur durch Leistung zu einer Lebenserfüllung gelangt, und daß der Lebensgenuß immer nur dann einen wirklichen Genuß bedeutet, wenn er die Belohnung für vorangegangenen Schweiß darstellt. C. verlor durch Weltkrieg und Inflation sein gesamtes Vermögen und starb nach einem unglücklichen und zwecklosen Leben – Kinder hatte er auch nicht – in völliger

Armut. Für mich war dieses Lebensschicksal stets eine Lehre. Alle Gewinner großer Vermögen im Lotto, Toto usw. haben wenig Segen von ihrem Geld gehabt, wenn sie ihren Beruf, ihre gewohnte Arbeit aufgaben, ebenso schnell war außerdem das Geld zerronnen wie gewonnen.

Ab 1913 besuchte ich die Schule in Lemgo. Seit dem Bestehen der alten Lateinschule, also seit 300 Jahren, hatten meine Vorfahren hier die Bänke gedrückt. Mein Vater und Onkel Wilhelm hatten ebenfalls hier Abitur gemacht. Ich kann nicht behaupten, daß der Schülerruf der Freverts besonders gut gewesen wäre, vor allem meine älteren Vettern hatten tolle Streiche gemacht. In Lemgo spielten damals die Obersekundaner und die Primaner etwa die Rolle wie in Marburg und Tübingen die Studenten. Alle 14 Tage war eine offizielle Kneipe, die von der Schule gebilligt wurde, man rauchte lange Pfeife – die Zigarette fing damals an, erst gerade populär zu werden – und holte sich abends einen halben Liter Bier in einem Krug über die Straße, für ganze 15 Pf!

Das Wochenende verbrachte ich stets in Rieperthurm, wo die Freverts seit Jahrhunderten ansässig waren, und wo mein Vater auch geboren war. Dort erwartete mich meistens der alte B. Er war Stadtförster von Lemgo und genau das, was sich Karlchen Miesnick unter einem Förster vorstellt. Zwei Meter groß, von gewaltigem Umfang und mit stechenden, schwarzen Augen und einem langen, graumelierten Bart, der bis auf die Brust herabwallte. Das Hemd stand im Sommer und Winter am Hals offen und ließ eine völlig behaarte Brust sehen. Den verschwitzten Forsthut schmückte malerisch eine lange Bussard- oder Habichtfeder. Unzertrennlich mit ihm war die große, stets dampfende Meerschaumpfeife – in Lemgo wurden diese Meerschaumköpfe damals hergestellt –, und zwar sowohl glatt und weiß als auch mit Bast umflochten. Die weißen, glatten Köpfe waren die schöneren, sie färbten sich nach längerem Rauchen schön braun bis schwarz. Der alte B. ging niemals vom Rieperthurm fort, ohne einen Schnaps und ein paar Zigarren erhalten zu haben, und im Winter, wenn frisch geschlachtet war – was bei dem vielen Personal häufig vorkam – trug er manches Wurstpaket im Rucksack heim. Er besaß ausgezeichnete Waffen, und ich erinnere mich besonders an eine große, leichte, sehr elegant geschäftete Doppelflinte, die ausgezeichnet schoß, und mit der ich manche Taube und manches Eichhörnchen erlegte. Auf die Eichhörnchen hatte es B. besonders abgesehen, denn er erhielt für jeden Eichhörnchenschwanz – der Bayer nennt das einen „oabgefieselten Oachkatzerlschwoaf" – 10 Pf Schußgeld. Deshalb bekam er von mir alle Eichhörnchenschwänze, und dafür brachte er mir so manchen Jagdkniff bei, den man nicht aus Büchern lernen kann. Zahlreiche Anekdoten gingen über B. um, eine möchte ich berichten: Eines Abends im Spätherbst saß er am Waldrand an, um auf Hasen zu passen. Plötzlich sieht er, etwa einen Kilometer entfernt am Rande des sog. Throns, einen Feuerschein. „Schwiere naut", denkt B., „de Kierls steckt mi de Tannens an" und setzt sich in Richtung Feuerschein in Marsch. Bis er in die Nähe des Feuers kommt, ist es stockdunkel. Von dem hellodernden Feuer geblendet, rennt er gegen etwas Großes, Weiches, welches ganz bedrohlich brummt und plötzlich in der Dunkelheit vor ihm immer größer wird. „Schwiere naut, leiwer Gott ins Himmels höchstem Throne, ik dacht, ik sollt vor Schrecken in de Erden versinken – – und wat wast? – – – 'nen Tuilebären!" Zigeuner hatten am Waldrand gelagert und ihren Tanzbären seitwärts angebunden, gegen den der gute B. angerannt war!

Nicht weit von Lemgo gab es einen Pastor, der leidenschaftlicher Jäger war. Verschiedentlich hatte er schon Ermahnungen seines Konsistoriums erhalten, sich etwas mehr zurückzuhalten, zumal er nicht nur die Jagden, sondern auch eifrig die anschließenden Schüsseltreiben, auch wenn sie sich zu Gelagen entwickelten, mitmachte.

Sein sehnlichster Wunsch war, ein Stück Schwarzwild zu schießen. Sauen gab es damals in der Lemgoer Gegend sehr wenig, gelegentlich gaben jedoch einzelne Keiler oder auch mal eine ganze Rotte Sauen kurze Gastrollen. Zum Revier des Pastors gehörte auch der sog. „Biesterberg". Das Faktotum des Pfarrers war August, er war Jagdhüter, Gärtner und sonstiger Gelegenheitsarbeiter; jagdlich war er ebenso passioniert wie der Pfarrer. An einem Dezember-Sonntag lag eine herrliche Neue, und es waren wenig christliche Gedanken, die den Pastor bewegten, als er in seinem Talar zur Kirche schritt. August war schon bei Morgengrauen losgeschickt, um zu kreisen. Jetzt, wo die Sauen Rauschzeit hatten, war die Möglichkeit, einen suchenden Keiler festzumachen, besonders günstig. Der

Pastor stand auf der Kanzel und reagierte seinen inneren Zorn durch eine gewaltige Predigt ab. Gottergeben saßen auf der einen Seite in schwarzen Gehröcken die Männer und auf der anderen Seite das Weibsvolk, streng voneinander getrennt. Gerade war er beim 37. Psalm angelangt: Befiehl dem Herrn Deine Wege und hoffe auf ihn, er wird's wohl machen. Habe Deine Lust am Herrn, der wird Dir geben, was Dein Herz wünscht! –, da tat sich die Türe auf, der Kopf von August erschien und in die andachtsvolle Stille rief er: „Da boben uff dem Biesterberge, da sitt 'nen Schwin von 300 Pund!" – – „Amen", sagte der Pastor und verließ seine Kanzel, gab schnell noch vor dem Altar den Segen – – dann in der Sakristei den Talar herunter – – im Laufschritt ins Pfarrhaus – – und dann ging's hinauf auf den Biesterberg. Der Operationsplan des Pfarrers war nicht schlecht. Er selbst stellte sich mit halbem Wind etwa 60 Meter neben den Einwechsel und ließ August mit dem Teckel an der Leine die Fährte ausgehen. Der Keiler kam prompt auf dem Einwechsel – – der Herr Pastor aber schoß ihn vorbei!

Als ich Ostern 1914 als Drittbester versetzt wurde, war mein Vater ob so viel Fleiß seines Sohnes baß erstaunt. Nach den Flegeljahren war die Vernunft gekommen, ich hatte mir fest vorgenommen, Forstmann zu werden und wußte, daß hierzu ein gutes Abitur Voraussetzung war. Zum mindesten mußte man in Mathematik eine „2" haben, sonst bestanden keine Aussichten, angenommen zu werden. Der Sommer 1914 war herrlich. Übers Wochenende schoß ich in Rieperthurm Rehböcke oder ich fuhr nach Hause, um dort zu jagen. In Lemgo führte man ein besseres Studentenleben, wozu die alte Hexenstadt – Lemgo ist berühmt geworden durch seine mittelalterlichen Hexenprozesse – mit ihren gotischen Häusern und all ihrer Romantik geradezu verführte. Man träumte auch schon davon, nach dem Abitur als Kgl. Preuß. Forstbeflissener nach dem Osten zu gehen, wo Wildbahnen lockten, wie sie ganz Lippe nicht bieten konnte – – da schlug am 2. August die Kriegserklärung wie ein Blitz ein, vernichtete alle Zukunftspläne und beendete eine herrliche, eine köstliche Jugendzeit, für die ich dem Schicksal bis heute immer dankbar gewesen bin.

ZWEITES KAPITEL

Was wächst – das wächst

Weinend saß ich vor meinem Vater und flehte ihn an, mir die Genehmigung zu geben, als Kriegsfreiwilliger einzutreten – er blieb unerbittlich und sagte nein. Ohne schriftliche Genehmigung des Erziehungsberechtigten konnte ich mich aber mit 17 Jahren noch nicht melden. Wie habe ich damals mit dem Geschick gehadert, welche Angst ausgestanden, daß der Krieg zu Ende gehen könnte – selbstverständlich siegreich – ohne daß ich daran teilgenommen hätte; man würde später mit den Fingern auf die Leute zeigen, die in dieser großen Zeit gelebt hatten und keine Kriegsteilnehmer gewesen wären.

Das Ausrücken des Paderborner Husarenregimentes in den ersten Augusttagen 1914 wird mir immer unvergeßlich sein. Im ersten Morgengrauen ritt das Regiment durch die Straßen der Stadt zum Bahnhof, von einer großen Menschenmenge begleitet. Nur das Trappeln der Hufe war auf dem Pflaster zu hören – die Husaren hatten ihre neuen feldgrauen Uniformen an, die die meisten zum erstenmal sahen; die Sättel waren hochbepackt mit zum Platzen gefüllten ledernen Packtaschen, mit gerolltem Mantel und mit Karabinern im Schuh auf der einen Seite und dem langen Kavalleriesäbel auf der anderen Seite – da kam von vorne, als das erste Licht im Osten glänzte, erst von wenigen, dann langsam anschwellend und schließlich von allen mitgesungen, das Lied:

„Morgenrot, Morgenrot,
Leuchtest mir zum frühen Tod . . .
Bald wird die Trompete blasen,
Dann muß ich mein Leben lassen,
Ich, und mancher Kamerad!"

Es kehrten 1918 nicht viele zurück, die dieses Lied im August 1914 gesungen hatten! Da im Sommer 1915 der Krieg noch nicht zu Ende war, mußte mein Vater sein Versprechen einlösen und mir die Genehmigung erteilen, mich freiwillig melden zu dürfen. Ich wurde Feldartillerist in Kassel beim 1. Kurhess. Feldartillerie-Regiment 11 und bin den ganzen ersten Weltkrieg beim aktiven Regiment, in dem stets ein vorbildlicher Geist und eine ausgezeichnete Kameradschaft herrschten, geblieben. Das Jagen wurde nun klein geschrieben. Nur am Styr und Stochod schossen wir einzelne Enten, auch wohl mal einen Hasen, als die Fronten erstarrt waren und der zermürbende Stellungskrieg modern geworden war. Einige herrliche Jagdtage erlebte ich im Winter 1916–17. Ich kam zum erstenmal auf Urlaub nach Hause – als Leutnant mit dem Eisernen Kreuz! Es lag tiefer Schnee, und ich nahm mir an der Bahnstation einen Schlitten und fuhr stolz nach Haus Gierken. Das Glück und die Freude meiner Mutter, die jederzeit ihr Leben hingegeben hätte, wenn sie meines dadurch hätte retten können, werde ich nie vergessen. Mein Vater stieg in den Keller, um die beste Flasche Wein zu holen, die er besaß; ich weiß es noch, als ob es gestern gewesen wäre: „1896er Mouton Rothschild premier cru", von denen nur noch drei Flaschen vorhanden waren, und die für ganz besondere Familienereignisse aufgespart waren – – der Wein aber war völlig verdorben, eine rotbraune, ölige Flüssigkeit, die kaum zu trinken war.

Ein Jagderlebnis aus dem Kriege will ich noch schildern: Im Winter 1917/18 lagen wir an der männermordenden Front vor Verdun. In unserem Abschnitt an der Maas lagen die deutschen und französischen Stellungen weit voneinander entfernt, und auf der im Vorfeld fließenden Maas entwickelte sich ein reger Entenstrich. Eines Tages ließ es mir keine Ruhe, und ich ging nachts bei Vollmond, nur von meinem Burschen begleitet, weit ins Vorfeld und setzte mich am Ufer der Maas an. Außer Handgranaten und Karabiner hatte ich die Doppelflinte mitgenommen. Ich schoß von den hin- und herstreichenden Enten vier Stück und sagte mir, daß es nun bald Zeit würde zu verschwinden, da franz. Patrouillen, durch die Schießerei angelockt, bald erscheinen würden – – da tauchte vor mir im gurgelnden Wasser der Maas, wenige Meter vom Ufer entfernt, ein merkwürdiger Kopf auf – – ein Fischotter, durchfuhr es mich, und, ohne zu überlegen, schoß ich auf etwa 20 Schritt auf den halb aus dem Wasser ragenden Kopf. Der Otter war im Schuß verschwunden – sicher war er tödlich getroffen und sofort untergegangen. Hätte ich gewartet, dann wäre er sicher an Land gegangen, und ich hätte meinen ersten Fischotter erlegen können.

Als ich stolz mit meinen Enten wieder in der Feuerstellung ankam, gab es ein heiliges Donnerwetter meines Kommandeurs – ich war damals Abteilungsadjutant – und das strenge Verbot für weitere jagdliche Eskapaden – – aber an dem Entenessen nahm der Major dennoch teil!

Auch einen Fuchs, den ich in der Nähe der Protzenstellung vor Verdun schoß, haben wir gegessen. Nachdem er gestreift war, wurde er mehrere Tage, mit Telefondraht festgebunden, in fließendes Wasser gelegt und dann wie ein Hase zubereitet. Da die Verpflegung im Winter 1917/18 schon sehr mäßig war, schmeckte uns der „Hasenbraten" ausgezeichnet.

Der Zusammenbruch 1918 traf mich und meine Generation sehr hart. Bis zum Sommer 1918, ja bis zur Panzerschlacht bei Cambrai, in der ich zum zweiten Male verwundet wurde, hatten wir noch an den Sieg geglaubt. Bei Cambrai erlebten wir zum ersten Male die völlige Überlegenheit der amerikanischen Panzer. Wir wurden uns klar, daß das Material den Krieg entscheiden würde. Trotz dieser Erkenntnis hatten wir kein Verständnis dafür, daß der Kaiser seine Soldaten verließ und nach Holland ging. Kaiser und Reich waren die Ideale unserer Jugend gewesen, dafür hatten wir freiwillig gekämpft und geblutet – nun brach das alles zusammen, und wir flüchteten uns in ein Landsknechtstum. Was ging uns Studieren oder bürgerlicher Beruf an? Es war vergessen worden, uns vor Verdun oder bei Cambrai totzuschießen – jetzt wollten wir weiterkämpfen, um irgendwo in der Welt den Lorbeer oder den Tod zu finden. – – Eine verworrene, ja, gefährliche seelische Reaktion, die, zurückblikkend, verständlich ist, und aus der sich viele nicht wieder befreien konnten. Diese Elemente gewannen den Anschluß an die bürgerliche Gesellschaft nicht zurück, sie gingen in die Freikorps, ins Baltikum, kämpften gegen Spartakus in Berlin und im Ruhrgebiet und schließlich in Oberschlesien und fielen Hitler zu als spätere SA- und SS-Führer.

Ich habe am Anfang dieser Entwicklung auch gestanden, aber früh genug wandte ich mich von diesen wurzellosen Existenzen ab, begann mein Forststudium, und damit bekamen wieder die Lebensimpulse Herrschaft über mich, die in meiner Jugend wirksam gewesen waren: Liebe zu Gottes herrlicher Natur, die Freude an Wald und Wild und die Passion zum Waidwerk.

Während meines Studiums in Hann.-Münden und München hatte ich nicht viel Jagdgelegenheit. Die Kriegsjahrgänge studierten alle auf einmal, und in den Hörsälen herrschte eine drangvolle Enge. Die großzügigen Jagdeinladungen der umliegenden Forstämter und der Jagdpächter trafen allzuselten den einzelnen, da natürlich die Einladungen reihum gingen. Ich erinnere mich an eine Hasenjagd bei Witzenhausen, wo wir zu viert eingeladen waren und nach einer durchzechten Nacht in einer ziemlich animierten Verfassung beim Stelldichein eintrafen. Der Jagdherr war bei der Begrüßung – unsere Fahne flatterte uns voran – etwas frostig. Bei den Kesseln – man ließ uns grundsätzlich die Kessel anlaufen – wurden wir bald wieder nüchtern und schossen zu viert 35 Hasen bei einer Gesamtstrecke von 60 Hasen. Abends beim Schüsseltreiben sagte der Jagdherr in seiner Rede, daß er erst etwas pikiert gewesen sei, ob unseres leicht blauen Zustandes, daß er sich nun aber deswegen glücklich schätzte, denn was würden wir wohl geschossen haben, wenn wir nüchtern gewesen wären! Sicher wäre dann für die anderen Gäste überhaupt nichts mehr übriggeblieben.

Im Winter gab es häufig im Reinhardswald, im Bramwald, auch im Stadtwald von Hann.-Münden Saujagden, und an solchen Tagen blieben die Kollegs und die Institute leer. Ein Kommilitone von mir, B., hatte bei diesen Jagden einen sagenhaften Anlauf. Es war gleichgültig, wo man ihn hinstellte – ihm kamen die Sauen; und da er vorzüglich schoß, hatte er bald eine unglaubliche Strecke zusammen. Bei jeder Jagd wiederholte sich dasselbe: „Nun, Herr B., Sie haben schon so viel Sauen in diesem Winter geschossen, Sie haben wohl nichts dagegen, wenn ich Sie an den Feldrand stelle.“ – – Die Sauen kamen an den Feldrand! Es war gleichgültig, ob er in vollem Wind stand, ob er an einer großen Wiese postiert wurde, und ob alles dagegen sprach, daß die Sauen dort kommen würden, aber sie kamen mit tödlicher Sicherheit immer bestimmt wieder zu B. Zum

Schluß entspann sich immer ein Kampf um die Nachbarposten, um wenigstens etwas von der Fülle des Dusels abzubekommen.

Ich habe auch später im Leben Ähnliches erlebt, aber einen plausiblen Grund dafür kann ich nicht angeben. Es ist im übrigen Leben, außerhalb des Jagens, auch häufig so, daß einzelne Glück haben und andere vom Unglück geradezu verfolgt werden. „Glück hat auf die Dauer nur der Tüchtige", heißt ein altes Sprichwort, aber ich kenne auch sehr tüchtige Menschen, die nie Glück haben. Eines ist sicher, daß heutzutage jemand, um wirklich etwas zu erreichen, nicht nur Tüchtigkeit, Fleiß, Zähigkeit und andere Tugenden nötig hat, sondern zusätzlich auch noch Glück haben muß. Die erstgenannten Eigenschaften sind selbstverständliche Voraussetzungen. Vielleicht liegt es auch daran, daß man die Gabe haben muß, das vorbeischwebende Glück beim Schopf zu packen und zu halten – – aber auf der Jagd trifft das nicht zu. Guter Anlauf ist einfach Dusel und unerklärlich.

Schon der Alte Fritz hatte dies Problem erkannt, von ihm stammt die zwar harte, aber durchaus richtige Formulierung: „Offiziere, die keine fortune haben, kann ich nicht gebrauchen!"

Die großen akademischen Ferien verbrachten wir auf Forstämtern, um die praktische Ausbildungszeit, die uns als Kriegsteilnehmern geschenkt war, nachzuholen. Die Wahl stand uns in ganz Preußen frei, sofern der Revierverwalter – Amtsvorstand sagt man in Süddeutschland – einverstanden war. Es war verständlich, daß wir diese Reviere in erster Linie nach jagdlichen Gesichtspunkten aussuchten.

Die schönsten Ferien verbrachten wir zu dritt im Forstamt R. in Westpreußen. Das Forstamt lag einsam in einem ungeheuren Waldgebiet. Das nächste Städtchen war etwa 17 km, das nächste Dorf 4 km entfernt. Der Forstmeister saß seit 23 Jahren in dieser Einöde und war nicht nur ein sehr passionierter Jäger, sondern auch ein weitbekannter Waldbauer. Das Revier war 9000 ha groß und bestand überwiegend aus Kiefernbeständen IV. und V. Bonität. S. hatte große Landwirtschaft, ohne die er in dieser Einsamkeit nicht hätte existieren können, und außerdem besaß er ein Gut in der Nähe, aber mit armem Boden, so daß dort nur Roggen und Kartoffeln gebaut werden konnten. Er lebte sehr einfach, ja fast spartanisch von dem, was die Landwirtschaft und die Jagd und Fischerei erbrachten. Nur einen Luxus leistete er sich, und das war ein stets zur Verfügung stehendes gepflegtes Glas Bier. Im Keller des Forstamtes war ein etwa 1 m tiefes Loch ausgehoben, und hier stand immer ein Faß Bier, im Sommer in Eis eingepackt und an einen Kohlesäureapparat angeschlossen. Dortmunder Union, Echtes Pilsner, Münchner Löwenbräu, Fürstenberger – – – kurz, was es an besten Bieren gab, trank man auf dem einsamen Forstamt in dieser trockenen Sandbüchse, eisgekühlt und mit Kohlensäuredruck gezapft, in einer Qualität wie in den besten Bierrestaurants Berlins. Die Pferde, die hauptsächlich in der Landwirtschaft tätig waren, wurden ungern vor den Kutschwagen gespannt – wenn aber die Ankunft einiger Fäßchen Bier auf der 17 km entfernten Bahnstation gemeldet wurde, dann blieb der Erntewagen stehen und das Bier mußte geholt werden.

Jeden Sonnabend war offizielle Kneipe. Der Forstmeister präsidierte mit blankem Hirschfänger und Kommersbuch am Kopf der Tafel in dem saalartigen Eßzimmer, dessen Wände von oben bis unten mit Geweihen behängt waren. Einige Gutsbesitzer der Nachbarschaft, die ebenso einsam lebten, waren außer uns Studenten die Gäste. Es wurde nach allen Regeln des Komments kommersiert – offiziell vor- und nachgekommen – Bierjungen getrunken – Salamander gerieben und Lieder gesungen. Der alte S. war als Präside geistreich, witzig und sprühend vor Temperament, und man merkte ihm nicht an, daß er über 20 Jahre, noch dazu als Witwer, in dieser Abgeschiedenheit gelebt hatte.

Für uns war das Leben in R. herrlich. Morgens um 3 Uhr ging es hinaus auf den Rehbock oder auch zum Bestätigen der Feisthirsche. Nach der Rückkehr wurden auf dem See, der 5 Minuten vom Forstamt entfernt lag, die Reusen und Stellnetze revidiert, und wir holten Schleie, Barsche, Hechte, Weißfische, manchmal auch einen Aal in unsere Eimer. Sofern die Fische noch lebten, was bei den im Stellnetz gefangenen nicht immer der Fall war, wurden sie in große Fischkästen am Seerand getan, so daß stets ein Vorrat von lebenden Fischen aller Art vorhanden war. Schließlich wurden die Krebsfallen nachgesehen. Da der Spiegel des Sees im Sommer infolge von Trockenheit – die jährliche Niederschlagsmenge betrug im dortigen Gebiet etwa 500–600 mm, in ausgesprochenen trockenen Jahren noch weniger – erheblich absank, konnten die Krebse nicht mehr ihre Schlupfwinkel zwischen den Erlenwurzeln am Uferrand erreichen und nahmen mit Vorliebe unsere Krebsfallen an. Es waren dies kleine Bretter oder Rindenstücke, die auf den sandigen Boden des Sees gelegt und mit einem Stein beschwert wurden. Die Krebse zogen sich sehr gerne, nachdem sie die Nacht über auf Nahrungssuche gewesen waren, unter diese Bretter zurück, wo sie im Dunklen ebenso geschützt zu sein glaubten wie in ihren Wurzelhöhlen, die sie bei dem niedrigen Wasserstand nicht erreichen konnten.

Man mußte bei diesem Fang zu zweit sein. Einer hob vorsichtig Stein und Brett hoch, der andere faßte die durch die plötzliche Helligkeit zunächst etwas benommenen oder erschreckten Krebse. Bei diesem Greifen, das übrigens nur bei einer Wassertiefe von höchstens $^1/_2$ m funktionierte, mußte man etwas vorhalten, und zwar nicht nach vorn, sondern nach rückwärts. Der Krebs geht nämlich im allgemeinen vorwärts wie alle Tiere, aber er schwimmt nur rückwärts, indem er den gespreizten Schwanz ruckartig nach vorne krümmt, so daß er stoßweise rückwärts schießt, und zwar so schnell, daß es uns nie gelang – auch nicht im seichten Wasser – einen erst einmal richtig schwimmenden Krebs zu greifen. Wir nahmen nur „Extra-Solo-Krebse", alles andere blieb im Wasser. Aber der See war so krebsreich, daß uns die Krebse nie ausgingen und wir täglich reichlich essen konnten.

Nun war es Zeit, zum Frühstück zu gehen, und diese Frühstücke in R. werde ich nie vergessen. Wir waren Anfang 20, wir waren seit 3 Uhr morgens unterwegs und mittlerweile war es 8 Uhr geworden, wir hatten aber Hunger wie die Bären. Es gab Milchsuppe mit Mehlklößen, aber mit mehr Sahne als Milch. Frisch gebratene Fische, kalte Krebse, selbstgebackenes Roggenbrot, frische Butter, kaltes Wildbret, Kochkäse usw., usw. Der alte S., der ein Frühaufsteher war, hatte die Landwirtschaft in Schwung gebracht, war auf seinem Büro gewesen, hatte die nötigen Anweisungen gegeben und Unterschriften gemacht und frühstückte nun meistens mit uns. Anschließend stieg fast immer eine forstliche Exkursion, fast immer zu Fuß. Wir waren oft 5 und 6 Stunden in dem ewigen Sand unterwegs, lernten aber forstlich unendlich viel. S. hatte einen Hohlbohrer zum Pflanzen von Kiefern, insbesondere auf verunkrauteten Böden, konstruiert und war daher ein geschworener Feind jeder Klemmpflanzung, was für die dortigen armen Sandböden wohl auch richtig war. Er propagierte die Saat oder die Hohlbohrpflanzung. Hunderte von vertrockneten Kiefern im Alter bis zu 10 Jahren mußten wir ausreißen, und immer wieder wurde uns gezeigt, wie infolge der Klemmpflanzung die Wurzel umgebogen und verkümmert war.

Häufig mußten wir mit dem alten S. Holz anweisen, Holz kontrollieren, kurz, alle Außenarbeiten mitmachen, die auf einem Forstamt anfallen. Die Begriffe Waldbau, Nachhaltigkeit, Forstverwaltung u. v. a. wurden mir hier in R. zum ersten Male richtig klar. Ich glaube daher, daß kein zukünftiger Forstmann sein Studium beginnen sollte, bevor er nicht ein praktisches Lehrjahr auf einem Forstamt absolviert hat, ein Jahr, in dem er alles von der Pike auf lernen, zumindestens kennenlernen muß. Säen und Pflanzen, Hauen und Zurichten von Holz, Kulturpflege und Holzanweisen, Holzaufnahme und Verwertung und nicht zuletzt auch den leidigen Schreibkram, der ja leider auch sein muß. Wir fingen damals unser Studium an, ohne überhaupt einen richtigen Durchblick zu haben, wie denn eigentlich so ein Forstwirtschaftsjahr abläuft. Ich bin heute noch dem alten S. dankbar für die Eindrücke, die er uns in den zwei Monaten vermittelte.

Kam man nach den Exkursionen und Reviergängen hungrig und ausgedörrt mit knirschendem Sand zwischen den Zähnen wieder zum Forstamt zurück, dann gab es ein gutes Mittagessen und dazu einen Schoppen herrlichen Bieres. In solchen Situationen wurde uns klar, warum der alte S. die Bieranlage gebaut hatte. Nachmittags ging es meistens auf Entenjagd auf einem der zahlreichen Seen des Reviers. Wir zogen eine alte Schilfleinenhose an und eine ebensolche Jacke auf den nackten Körper und hatten an den Füßen uralte Schuhe, die möglichst viele Löcher hatten, damit das Wasser wieder hinauslaufen konnte. Die Patronen steckten in den Brusttaschen der Joppe. So konnte man bis über den Bauch im Wasser waten, und der Anzug schützte einen vor den Schnitten des scharfen Schilfes. Die Hosen wurden unten noch mit Riemen oder Bindfaden zusammengebunden. Alle Wasserstiefel habe ich auf der Entenjagd unpraktisch gefunden, schließlich läuft einem das Wasser doch oben in die Stiefel hinein, und dann ist es ganz schlecht. Man geht in den hohen, schweren Gummistiefeln schwerfällig und ermüdet sehr schnell.

Abends ging's dann wieder zum Abendansitz – – und so verflogen die Tage äußerst anstrengend, aber den natürlichen Gegebenheiten entsprechend. Man mußte für das tägliche Brot sorgen mit Fischen und Jagen – – beides Tätigkeiten, die man über alles liebte und schätzte, man mußte seine forstliche Arbeit tun, die einen ganz ausfüllte und interessierte, man war den ganzen Tag in Gottes herrlicher Natur, man schlief nachts wie ein Toter, man kam nicht dazu, dummen Gedanken nachzuhängen. Politik, ja Geld spielten keine Rolle, wir lasen kaum die Zeitung, Geld ausgeben konnte man nicht, wir hatten meistens das Portemonnaie im Nachttisch liegen – – wir lebten ein urwüchsiges, herrliches Leben, und wenn ich heute, nach 35 Jahren, auf diese Zeit in R. zurückblicke, dann glaube ich, daß ich damals beim alten S. ein wirklich glücklicher Mensch gewesen bin.

Ich hatte während der Studentenzeit einen dürrlaubfarbenen Rauhhaarteckel, der mich auch während meiner Referendarzeit begleitete. Er hatte den sympathischen Namen „Schnaps". Harsch im Haar und von kräftiger Figur war er das, was man einen wirklichen Gebrauchsteckel nennen konnte. Er war Tag und Nacht bei mir und wurde daher ungewöhnlich intelligent. Er apportierte jede Ente aus dem Wasser, indem er den Kopf in seinen Fang nahm und den Entenkörper im Wasser hinter sich herzog. Am Ufer ließ er die Ente liegen, er konnte nicht einsehen, warum er über Land apportieren sollte. Krankgeschossene Karnickel schleppte er so weit herbei, bis ich ihn sehen konnte, dann ließ er sie liegen, als ob er sagen wollte: „Jetzt hol' sie alleine!" Auf Sauen war er unbezahlbar. Wenn im Winter bei einer Neuen Sauen eingekreist waren, brauchten wir keinen Treiber; „Schnaps" wurde am Einwechsel zur Fährte gelegt und arbeitete ruhig und sicher, kein anderes Wild beachtend, zum Kessel und gab so lange Laut und attackierte die Sauen, bis es denen zu dumm wurde und sie, meistens langsam trollend, den vorgestellten Schützen kamen. Eines Tages wurde vor ihm ein starker Keiler beschossen. „Schnaps" blieb lauthals an der Sau, wir folgten und hörten schließlich sehr weit noch den Hetzlaut des Hundes, dann wurde es dunkel, und ich mußte ohne Hund nach Hause. Wie oft habe ich bei Nachsuchen mit den hann. Schweißhunden später diese schreckliche Stimmung erlebt, wenn man abends ohne Hund die Suche abbrechen mußte.

Mit dem ersten Grauen war ich am nächsten Morgen mit dem zuständigen Förster an Ort und Stelle. Wir umschlugen mehrere Dikkungen in Richtung des letzten Hetzlautes vom Abend vorher. Gott sei Dank hatte es nicht geschneit, und wir fährteten den schweißenden Keiler mit der Hundespur daneben stets rein und raus. Schließlich, wir waren vom Anschuß sicherlich mehrere Kilometer entfernt, stand die Fährte mit der Hundespur in eine große Fichtendickung hinein, aber beim Umschlagen stellten wir fest, nicht wieder heraus, also mußten Keiler und Hund in der Dickung sein. Ich war fast sicher, daß der Hund von dem Keiler tödlich geschlagen war, und wir überlegten, was wir tun sollten. Trotzdem wir erkannten, daß es falsch war, gingen wir schließlich vorsichtig der Fährte in die Dickung nach. Ich brachte es nicht fertig, noch stundenlang zu warten, bis andere Hunde und Schützen herbeigeholt wurden. Nach etwa 100 Meter stießen wir auf den längst verendeten Keiler, mein „Schnaps“ aber lag zusammengerollt auf dem alten Bassen und schlief in aller Gemütsruhe. Den schon Verlorengeglaubten habe ich gedrückt und geküßt, daß es ihm fast zu dumm wurde.

Wenn ich in Hann.-Münden ins Kolleg ging, ließ ich „Schnaps“ in meiner Studentenbude zurück. Manchmal wurde ihm das zu langweilig und er benutzte irgendeine Gelegenheit, meiner Wirtin zu entwetzen. Er wandelte dann mit friedlich wedelndem Zagel (Schwanz) über die Hauptstraße von Hann.-Münden in Richtung auf unser Verbindungshaus, weil er wußte, daß er mich dort mittags treffen würde. Sah er von weitem, daß auf der anderen Straßenseite Studenten in Forstuniform entgegenkamen, dann ging er ihnen über die Straße entgegen und beschnupperte jeden einzelnen. Stellte er fest, daß die Betreffenden nicht von meiner Verbindung waren, ging er schweifwedelnd weiter. Traf er dagegen Verbindungsbrüder von mir, dann schloß er sich diesen sofort an.

Um ihn auf meinen vielen Reisen, vor allem als Referendar mitnehmen zu können, hatte ich ihm beigebracht, im Rucksack regungslos still zu liegen. Wenn ich auf meiner Bude arbeitete – „strebte“ nannte man das als Student – hing „Schnaps“ in meinem Lederrucksack an der Wand. Auf meinem Tisch lag eine lange Rute, und sobald der Hund sich im Rucksack rührte, erhielt er über dem Rucksack einen Jagdhieb mit dem Ruf: „Pfui!" Nach kurzer Zeit wußte „Schnaps" Bescheid und war von dem Augenblick an, wo er in den Rucksack gepackt wurde, scheintot. Ich bin auf diese Weise, ohne jemals eine Hundefahrkarte zu lösen, jahrelang mit „Schnaps" durch ganz Preußen gefahren und niemals dabei reingefallen.

„Schnaps" schlief nachts vor meinem Bett auf einer Dachsschwarte, niemals versuchte er, in mein Bett zu kriechen. War aber Kneipe gewesen, und ich etwas „leicht blau" nach Hause gekommen, dann lag „Schnaps" jedesmal, wenn ich am nächsten Morgen wach wurde, bei mir im Bett.

Ich führte später seinen Sohn „Bols", seinen Enkel „Wodka" und schließlich seine Urenkelin „Rubbeljack". (Rubbeljack ist ein ostpr. Name für ein Getränk, welches aus weißem Pfeffer mit Schnaps besteht, wenn man es trinkt, „rubbelt" es einem in der Jacke.) „Rubbeljack" machte den Treck von Ostpreußen im Winter 1944/45 nach dem Westen mit, und erst im Jahre 1947, als sie altersschwach und krank wurde, mußte ich sie töten.

Wenn ich an diese Rauhhaarteckelgenerationen zurückdenke und mit den heutigen Teckeln in ihrer großen Mehrheit vergleiche, dann kann ich nur mit Bedauern feststellen, daß es mit dem Teckel als Jagdhund stark bergab gegangen ist. Man hat bei der Züchtung zu wenig Wert auf Leistung und zu viel Wert auf Äußeres gelegt. Aber auch das Äußere – also Größe, Form und Haar – entsprechen heute nicht mehr den Anforderungen, die man als Jäger an einen Gebrauchsteckel stellen muß. Die ganze Zucht ist überhaupt nicht mehr ausschließlich auf Jagd abgestellt, sondern viel mehr auf Sport. Auf den sog. Schweißprüfungen erlebt man eine große Menge Züchter, die ihre Hunde vorführen, aber überhaupt keine Jäger sind und niemals einen Jagdschein besessen haben. Die Hunde werden aus Liebhaberei, aus sportlichem Interesse gezüchtet und gehalten. Sie werden auf künstlichen Fährten mit Ochsenblut oder sonstigen Duftstoffen eingearbeitet und machen dann den I. oder II. Preis auf solch einer Suche. Mit der Bauprüfung im Kunstbau ist es ähnlich. Mit wirklich ernst zu nehmendem Jagdbetrieb hat das wenig zu tun. Ein sehr großer Teil aller Teckelbesitzer will und kann seinen Hund nicht jagdlich führen, und damit ist der Teckel zu einer Luxushunderasse geworden. Nicht überall; sicher gibt es noch einige gute Stämme, aber sie sind selten geworden, und kräftige Rauhhaardackel mit hartem Haar, mit rabiater Schärfe, mit erstklassiger Nase, mit Passion und Spurwillen – kurz Gebrauchsteckel, wie es mein „Schnaps“ und seine Nachfahren waren, sind heute schwer zu haben.

Leider treffen diese Erscheinungen auch bei vielen anderen Jagdhunderassen – wenn auch nicht in solchem Umfange – zu. Der Setter, insbesondere der irische, wurde Modehund, auch mit dem bayrischen Gebirgsschweißhund ist es abwärts gegangen, nachdem bei der Zucht nicht scharf genug aufgepaßt wurde und viele Nichtjäger dazu übergingen, sich als Luxus- und Begleithund einen Gebirgsschweißhund anzuschaffen. Was fragt ein Nichtjäger danach, ob sein Hund hart und dicht behaart ist, damit er oben im Gebirg bei Eiseskälte stundenlang bei seinem Jäger ausharren kann? Was interessiert es viele, ob sein Hund anhaltend und mit tiefer Nase arbeitet und unermüdlichen Spurwillen zeigt, ob er anhaltend das kranke Stück hetzt und stellt, ob er Anlage zum Totverbellen oder Totverweisen hat – – ein „liab's Hundl“ muß er sein und möglichst schön und edel muß er ausschaun. Bei den Vorstehhunden und den hann. Schweißhunden ist diese Entwicklung, Gott sei Dank, weniger festzustellen. Die Haltung dieser großen Hunderassen ist auch schwieriger und kostspieliger für einen Stadtbewohner.

Das forstliche Studium dauerte zu meiner Zeit acht Semester; davon die ersten drei Semester Naturwissenschaften mit dem Abschluß durch ein Vorexamen, dann zwei Semester Jura und Volkswirtschaft und schließlich drei Semester eigentliche Forstwissenschaften. Dann wurde der Referendar „gebaut“, und zwar in Berlin, während das Vorexamen an der jeweiligen Forstl. Hochschule – heute forstlichen Fakultät – abgelegt wurde. Von meinen Hochschullehrern haben leider nicht sehr viele einen bleibenden Eindruck bei mir hinterlassen. Erwähnen möchte ich aber den damaligen Direktor der Forstlichen Hochschule in Hann.-Münden, Professor Schilling. Er stammte aus der alten, guten Beamtenschule, untadelig als Mensch und Charakter, anerkannt als Wissenschaftler und Lehrer. Er ging mit seinen Studenten durch dick und dünn und hat das bei weltanschaulichen Kämpfen, die sich damals leider auch auf die Hochschule ausdehnten, oft bewiesen. Er wirkte rein äußerlich durch eine große stattliche Figur sehr imponierend, und sein ganzes Wesen entsprach einer bedeutenden Persönlichkeit.

Einer der bekanntesten forstlichen Hochschullehrer war damals Professor Wiebecke in Eberswalde. Seine wissenschaftlichen Publikationen waren umstritten, vor allem soweit es sich um den damals aufkommenden „Dauerwald“ handelte. W. war aber ein so ausgezeichneter Dialektiker und mit einer geistreichen Schärfe des Witzes begabt, daß kaum jemand wagte, ihm Widerpart zu bieten. Riskierte jemand das trotzdem auf Kongressen oder Tagungen, dann machte W. den Unglücklichen so fertig, daß zum Schluß kein Hund mehr ein Stück Brot von ihm nehmen wollte, mit wissenschaftlicher Sachlichkeit hatte das nichts mehr zu tun. Nach seinem Tode wurde auf der Tagung des Deutschen Forstvereins in Salzburg der Dauerwald in der von W. vertretenen Form abgewürgt – aber in der Debatte fiel die fatale Bemerkung: „Diese Diskussion, meine Herren, würde in dieser Form nicht stattfinden, wenn Wiebecke noch lebte!“

Zahllose Bonmots sind von Wiebecke überliefert: „Der Unterschied zwischen einem ostelbischen Forstmeister und einem westdeutschen oder gar süddeutschen Forstmeister, meine Herren, ist folgender: Im Osten fährt der Forstmeister Vierelang und der Amtsrichter muß ihn zuerst grüßen. Im Westen dagegen geht der Forstmeister mit Schmierstiefeln und Rucksack zu Fuß und fühlt sich geehrt, wenn der Amtsgerichtsrat mit ihm Skat spielt.“ Mit den Amtsgerichtsräten stand W. überhaupt auf dem Kriegsfuß. Bei jedem negativen Vergleich wurde der Amtsgerichtsrat bemüht. Als wir in Eberswalde eines Tages mit dem Fahrrad zu spät zum Sammelpunkt einer Exkursion kamen, hatte W. schon, in seinem Kutschwagen stehend und das Monokel im Auge, mit seinen Ausführungen begonnen. Als er uns sah, hielt er inne, fixierte uns und sagte: „Meine Herren, zu meiner Zeit kam man zu einer Exkursion zu Fuß oder man nahm eine Droschke – radfahren taten nur Postboten und Amtsgerichtsräte!“ Sein Spitzname war: „Wybec in germany“, und das kam so: Im Kolleg erzählte uns W., da hätte kürzlich ein amerikanischer Professor an das Ministerium nach Berlin geschrieben und seine, Wiebeckes, Adresse erbeten. Das Ministerium hätte kurzerhand das Schreiben des Professors weitergeschickt, und er habe dem Kollegen in USA geantwortet: „Schreiben Sie nur ‚Wybec in germany', das kommt an."

Für die Prüfung in Bodenkunde empfahl die „Seeschlange", stets als Antwort „Kalk", zur Abwechslung auch Ca CO_3 zu antworten. Kalk in jeder Form war das Steckenpferd des Bodenkundlers – heute wird die Kalkung in großem Umfang in unseren Wäldern durchgeführt, damals dachte kein Mensch daran, daß es einmal dahin kommen würde. Die „Seeschlangen" spielten bei den Examen eine große Rolle. Da sowohl auf den Hochschulen im Vorexamen, als auch in Berlin beim Referendar- und auch beim Staatsexamen jeweils dieselben Professoren bzw. Oberlandforstmeister prüften, war unvermeidbar, daß sie sich bei vielen Prüflingen mit ihren Fragen wiederholten. Auf dieser Wahrscheinlichkeitsrechnung basierten die „Seeschlangen". Jeder Prüfling mußte nach beendetem Examen genau die Fragen und seine Antworten aufschreiben, und diese wurden nach Fachgebieten gesammelt und als wertvoller Bestandteil der Korporationsbibliotheken aufbewahrt, wo sie den „Examensstrebern" zur Verfügung standen. Die letzten Wochen vor den verschiedenen Examina wurde fast nur nach „Seeschlangen" gearbeitet, und zweifellos war eine gut geführte „Seeschlange" eine bedeutende Hilfe. Köstlich waren die Randbemerkungen der zahlreichen Benutzer. Jede Seeschlange hatte ein Motto. In der juristischen lautete es: „Es erben sich Gesetz und Rechte, wie eine ew'ge Krankheit fort!" Oder bei der zoologischen: „Was man nicht weiß, das eben brauchte man, und was man weiß, kann man nicht brauchen." Die „Waldbauseeschlange" enthielt das resignierende Geleitwort: „Was nutzt uns die Wissenschaft in der Forst? Was wächst, das wächst!"

In München saß ich zu Füßen des berühmten Forstpolitikers Prof. Endres. Seine Vorlesung war hochinteressant und machte auf uns alle nachhaltigen Eindruck. Man stand damals noch völlig im Zeichen der Bodenreinertragslehre, die Verzinsung war alles, und bei Berechnung von Waldwerten wurden die Werte 30 bis 80 Jahre prolongiert und dann wieder diskontiert, es war ein Jonglieren mit Zahlen, die völlig imaginär waren. Von den Wohlfahrtswirkungen des Waldes war niemals die Rede. Die Bedeutung des Waldes als Erholungsstätte für die städtische Bevölkerung, die günstige Wirkung des Waldes auf das Klima, die Verhinderung der Erosion, die symbiotischen Beziehungen zwischen Fauna und Flora, die Erhaltung der Schönheit des Waldes und der gesamte Landschaftsschutz – darüber sagte Endres folgendes: „Meine Herren, da gibt es in Preußen einen Mann – ich habe seinen Namen vergessen – der hat ein Buch geschrieben – wie heißt es doch gleich? – na, es ist auch vollkommen unwichtig – ach so, da fällt's mir ein: ein Herr v. Salisch, und das Buch heißt ‚Forstästhetik', ich erwähne es nur, Sie brauchen es nicht zu lesen!"

Als vor wenigen Monaten der Präsident einer großen süddeutschen Forstverwaltung einen grundlegenden Vortrag über die Funktionen des Waldes hielt, stellte er bewußt die Wohlfahrtswirkungen des Waldes an die Spitze seiner Ausführungen! Tempora mutantur – und auch die forstlichen Ansichten.

In München hörten wir sonst wenig Forstkollegs, dafür schwelgten wir in anderen Wissenschaften und in Kunst. Wir hörten Vorlesungen über Architektur, Malerei und Plastik, über Musik, Philosophie und Journalistik, und wir saßen jeden Abend im Theater auf einem billigen Studentenplatz und erlebten in Schauspiel und Oper die besten Kräfte Deutschlands. Im Odeonpalast hörte ich alle Symphonien von Beethoven, von dem großen Meister Bruno Walter dirigiert, wir tranken in durstigen Zügen das Herrliche und Schöne, was Menschengeist und Menschengenie geschaffen haben. Wir hörten die Shakespeareschen Dramen im Prinzregententheater; Wagner und Verdi u. a. in der Staatsoper und Mozart in dem entzückenden Residenztheater, welches wie geschaffen war für die Mozartschen Opern – heute hat man dieses Juwel von Rokokotheater, welches durch Bomben im Krieg zerstört wurde, als modernen Glaspalast wieder aufgebaut!

Meine Münchner Studentenzeit war für meine Interessen und für meine Einstellung zur Kunst für mein ganzes Leben von entscheidender Bedeutung.

Die Referendarzeit dauerte bei uns Kriegsteilnehmern zwei Jahre, und bestand aus drei großen Stationen: sechs Monate Försterzeit, fünf Monate Verwaltungszeit und vier Monate Taxation, der Rest war Reisezeit. Man fuhr in ganz Preußen von einem bekannten Forstamt zum anderen, um Exkursionen mitzumachen, um die forstlichen Verhältnisse kennenzulernen, und um seine Kenntnisse auf allen Gebieten zu erweitern. Es war vorgeschrieben, daß alle Eindrücke und Erkenntnisse in einem Tagebuch aufgezeichnet werden mußten. Dieses Tagebuch wurde beim Staatsexamen sehr hoch bewertet. Es waren also keine Vergnügungsreisen, die wir als Referendare unternahmen. Auch die drei großen Stationen wurden in möglichst entfernten, verschiedenen Provinzen absolviert, um einen Überblick über die vielseitigen waldbaulichen, verwaltungsrechtlichen und auch wirtschaftlichen Verhältnisse zu bekommen. Da die heutige Bundesrepublik nur die Länder Westdeutschlands umfaßt, muß man daran erinnern, daß uns Referendaren damals das Gebiet von Aachen bis Königsberg und von Schleswig bis Oppeln zur Verfügung stand. Man konnte außerdem mit besonderer Genehmigung darüber hinaus in anderen Ländern des deutschen Reiches Tagebuch führen. So habe ich z. B. den bayerischen Spessart und die Forstämter in Reichenhall und Berchtesgaden bereist.

Die Zusammenstellung der Reiseroute war natürlich sehr wichtig und erforderte viel Überlegung und Erkundigungen. Aber auch dafür gab es eine „Seeschlange". Aber diese „Seeschlangentour" wurde von sehr vielen gemacht. Die betreffenden Revierverwalter waren überlaufen und der ewigen Exkursionen und des Unterweisens müde, der Tagebuchstoff war bei allen Referendaren derselbe, was natürlich auf die Prüfungskommission beim Lesen der Bücher eintönig wirken mußte, und so beschloß ich mit einem Freund zusammen, diese „Ochsentour" möglichst nicht zu machen, sondern Reviere aufzusuchen, die abseits der großen Referendarstraße lagen. Wir sind dabei ausgezeichnet gefahren. Die betreffenden Forstmeister freuten sich meistens, junge Kollegen zu sehen, widmeten sich uns in rührender Weise und unterstützten und förderten uns, wo sie nur konnten. Nebenbei fielen auf diese Weise erheblich mehr Jagdeinladungen ab, als das auf der üblichen Ochsentour möglich gewesen wäre.

Damals bildeten die Forstbeamten Preußens noch eine große Familie mit engem kameradschaftlichem Zusammenhalt. Man kannte sich von den Stiftungsfesten der forstlichen Korporationen, von forstlichen Tagungen und Versammlungen, und als Referendar brachte man Grüße und Neuigkeiten von einem Revierverwalter zum anderen – die reisenden Referendare waren das lebendige Band, das den Zusammenhalt verstärkte, das hochentwickelte Traditionsbewußtsein aufrechthielt und die Kameradschaft förderte. Inzwischen ist auch das anders geworden.

Daß wir bei der Zusammenstellung der Reviere, die wir besuchen wollten, nach Möglichkeit die Forstämter so auswählten, daß wir bei Aufgang der Rehbockjagd in einem guten Rehrevier, im Juli in guten Wasserjagdrevieren, im Herbst in Forstämtern mit gutem Rotwildbestand und im Winter in Hochwildrevieren mit Rot- und Schwarzwild Tagebuch führten, war bei unserer Jagdpassion wohl verständlich.

Die erste Hirschbrunft meiner Referendarzeit verbrachte ich in der Lüneburger Heide bei Forstmeister G. Wir hatten in Erfahrung gebracht, daß G. überhaupt kein Jäger wäre, aber in einem abgelegenen Revierteil ganz guten Rotwild-Brunftbetrieb hätte. Hohe Vorgesetzte kämen zur Jagd kaum in sein Revier, und so spekulierten wir, ganz im stillen, auf die Freigabe eines Abschußhirsches. G. empfing uns sehr liebenswürdig und zeigte uns seine gutgelungenen Kulturen, machte forstliche Exkursionen mit uns und betreute uns in jeder Beziehung hervorragend. Er stand damals kurz vor der Pensionierung und war jagdlich ein völliger Nichtraucher. Wir waren erst wenige Tage in dem kleinen Städtchen, in dem das Forstamt lag, als eines Nachmittags auf der Straße ein gutgekleideter, seriös aussehender Herr auf mich zukam und mich anfuhr: „Hören Sie mal, Herr Referendar (ich hatte Uniform an), warum grüßen Sie mich nicht?“ Ich erwiderte bedauernd, daß ich nicht das Vergnügen hätte, ihn zu kennen. „Was Sie wollen Referendar sein und kennen Ihren Oberlandforstmeister nicht? Das sind faule Ausreden, die ich mir verbitte, Sie haben Ihren Oberlandforstmeister zu kennen und zu grüßen. Merken Sie sich das, junger Mann! Waidmannsheil.“ Und damit ging er hoheitsvoll seines Weges. Es war gut, daß ich mich nicht im Spiegel sehen konnte, denn ich muß ein selten dummes Gesicht gemacht haben. Als ich abends am Honoratiorenstammtisch die Geschichte erzählte, lachte alles schallend. Der Forstmeister hatte vergessen, uns zu sagen, daß sich am Rande der Stadt eine

Irrenanstalt befand. Die „leichteren Fälle“ hatten freie Bewegungsmöglichkeit, und der arme Irre, der mich angeschnauzt hatte, bildete sich ein, der Oberlandforstmeister von Preußen zu sein.

Eines Morgens hörten wir den ersten Hirsch schreien, und der Forstmeister erklärte uns, nachdem wir Meldung gemacht hatten: „Wenn Sie einen Hirsch schießen wollen, dann können Sie das tun.“ Auf unsere Frage, was für einen Hirsch wir schießen dürften, erwiderte er uns, „jeden Hirsch, der Ihnen richtig erscheint, auch einen Kronenhirsch!“ Das hatten wir in den kühnsten Träumen nicht erwartet. Ich glaube, daß der gute G. als Nichtjäger gar nicht ahnte, in welchen Taumel der Begeisterung er uns mit dieser Erlaubnis versetzte. Einen jagdbaren Hirsch hatten wir beide noch nicht geschossen. Zunächst teilten wir das Revier in zwei Hälften und knobelten dann, wobei ich die südliche und zweifellos bessere Hälfte erhielt. Wir wollten es so halten, daß jeder nicht mehr schießen durfte, wenn er einen Schuß gehört hatte, damit wir nicht etwa jeder einen Hirsch schössen und den guten freigiebigen G. in Verlegenheit brächten.

Der Revierteil, in dem Brunftbetrieb war, lag, wie schon erwähnt, vom Hauptrevier getrennt und war vom Forstamtssitz etwa 12 bis 15 Kilometer entfernt. Wir fuhren jeden Morgen und jeden Abend mit dem Fahrrad hinaus, das machte rund 60 Kilometer täglich, aber was spielten Strapazen für eine lächerliche Rolle, wenn es auf einen jagdbaren Hirsch ging!

In meinem Teil lag ziemlich in der Mitte eine Kahlfläche von etwa 30 ha Größe, die bereits teilweise wieder aufgeforstet war und im übrigen Himbeer- und Farnkrautpartien aufwies. Ich fährtete zunächst einmal sehr sorgfältig alle Sandwege der Umgebung ab und fand reichlich Rotwildfährten, darunter auch die Fährte eines starken Hirsches. Die Stümpfe waren vorne rund und das Trittsiegel breit – es mußte nach der Fährte ein alter, jagdbarer Hirsch sein. Die Brunft fing gerade an, und ich dachte nicht daran, mich an der Kahlfläche anzusetzen. Den zuständigen Förster, der jagdlich auch ziemlich uninteressiert war, hatte ich unterrichtet und ihn gebeten, morgens früh und abends nicht ins Revier zu gehen und das Gebiet um den Brunftplatz möglichst zu meiden. Ich selbst setzte mich morgens und abends weit entfernt von der Kahlfläche an einer Stelle an, wo ich keine Fährten gefunden hatte, wo ich also nicht stören konnte. Ich wollte durch Abhören – beim Auerhahn nennt man das Verlusen – feststellen, wann und wo der Hirsch auf die Fläche zog. Nach wenigen Tagen kannte ich genau den Wechsel, d. h. *die* Wechsel, denn je nach Wind und auch nach anderen, mir nicht erklärlichen Gründen, hielt das Rudel mit seinem Platzhirsch nicht ein und denselben Wechsel, sondern es kamen etwa drei verschiedene Möglichkeiten in Frage. Die Brunft näherte sich langsam ihrem Höhepunkt, als ich zum ersten Male, morgens früh, auf einem provisorisch angelegten Pürschpfad vorsichtig an die Kahlfläche heranpürschte.

Abends war das Rudel mit dem schreienden Hirsch bei schwindendem Büchsenlicht auf den Brunftplatz gezogen, der Wind stand gut, aller Voraussicht nach mußte die Sache auf Anhieb klappen – wenn, ja wenn der Hirsch den östlichen Wechsel beim Einziehen morgens nahm, und wenn er nicht zu früh einzog. Der Hirsch nahm natürlich den entfernteren Wechsel, zog aber erst bei vollem Büchsenlicht ein, und ich hatte Gelegenheit, den Hirsch auf etwa 300 bis 400 Meter anzusprechen. Es war ein starker Zwölfer mit weiter Auslage und blitzend weißen Enden. Er prahlte enorm, war aber für die Lüneburger Heide sicherlich ein sehr starker und auch alter Hirsch. Einen geringen Achter und einen Sechser stellte ich noch als Beihirsche fest. Der Zwölfer hatte acht Stück Mutterwild bei sich und schrie mit guter Stimme anhaltend. Der Tageseinstand war in einem großen Dickungskomplex, in dem ich den Hirsch noch bei vollem Büchsenlicht melden hörte. Jetzt gehörte der Hirsch mir, wenn ich nicht irgendeine Dummheit machte, das war klar; aber diese Dummheit – ja, Riesendummheit – machte ich leider! Ich erzählte das ganze Erlebnis haargenau meinem Forstmeister – und da bekam dieser plötzlich Appetit. Seit 20 Jahren hatte er keine Büchse mehr angerührt, und jetzt wollte er plötzlich den starken Hirsch selber schießen! Ich hätte mich prügeln können; hätte ich doch geschwiegen, dann wäre der Hirsch am nächsten oder übernächsten Tag mein gewesen, und da ich den Hirsch frei hatte, wäre auch nicht das Geringste dagegen zu sagen gewesen. „Genießt der Jüngling ein Vergnügen, so sei er dankbar und verschwiegen“, so heißt es bei Wilhelm Busch. Auf der Jagd gilt diese Weisheit mehr als sonst im Leben, man soll sogar *vorher* schon sehr verschwiegen sein. Die Erzählungen von bestätigten oder auch nur gesehenen starken Böcken oder Hirschen lösen leicht nie vermutete Gelüste und Passionen aus, auch Neidinstinkte werden wach und andere schlechte menschliche Eigenschaften. Aber was nutzte es, daß ich mir tausendmal sagte: O, si tacuisses – – der Forstmeister fuhr mit uns zusammen am nächsten Morgen um 2 Uhr mit seinem Kutschwagen los.

Als wir etwa 500 m von dem Brunftplatz entfernt waren und bei noch völliger Dunkelheit anhielten, röhrte der Hirsch aus vollem Halse. G. zog aus einem Etui eine alte Doppelbüchse mit Hähnen heraus und stellte bei dem Versuch zu laden fest – daß sein Hausfaktotum, Frl. M., ihm falsche Patronen eingepackt hatte. Er lieh sich von mir meine Repetierbüchse – also auch das noch – mit meiner eigenen Büchse sollte der Hirsch von ihm geschossen werden! Aber als er dann mit laut knarrenden Stiefeln und funkensprühender Pfeife in Richtung Brunftplatz abzog, da war mir klar, daß er den Hirsch niemals schießen, aber sicher vergrämen würde. Und so kam es dann auch. Ich war beim Wagen zurückgeblieben, und der Hirsch verschwieg bereits lange vor Büchsenlicht. Als der Forstmeister zurückkam, berichtete er, daß der Hirsch schon früh aufgehört hätte zu schreien, er müßte wohl Wind von ihm bekommen haben! Sein Tatendurst war mit dieser Frühpürsch gestillt, aber es kam, wie ich es befürchtet hatte – am nächsten Morgen war der Hirsch nicht da, am folgenden schlug das Wetter um. Als endlich wieder ein guter Morgen war, hatte ich eine Fahrradpanne und kam zu spät am Brunftplatz an – das Wild war gerade hineingezogen. Unsere Zeit war um, und wir mußten ohne Hirsch abreisen. In dem Revierteil meines Freundes war nur wenig los gewesen. Für mich war dieses Erlebnis eine Lehre fürs ganze Leben!

In der Magdeburger Gegend führten wir Tagebuch bei einem Forstmeister, der in der ganzen Gegend ob seiner philosophischen Anwandlungen bekannt war, sein Spitzname war „der Philosoph im grünen Rock". Er legte den allergrößten Wert auf Pünktlichkeit, und zwar durfte man nicht zu spät, aber auch nicht zu früh kommen, die Kirchturmuhr war für ihn maßgebend. Mehrere Male am Tage verglich er seine Taschenuhr und die übrigen Uhren des Hauses mit der Kirchturmuhrzeit, und alles mußte auf die Minute pünktlich ablaufen. Es braucht wohl nicht erwähnt zu werden, daß wir diese Eigenheit des Philosophs im grünen Rock schon vor unserem Besuch wußten.

Wir hatten auf unsere Anfrage, ob wir Tagebuch führen dürften, per Postkarte die Nachricht erhalten, daß wir uns an einem Montag, 12 Uhr, bei ihm auf dem Forstamt melden sollten. Eine viertel Stunde vorher trafen wir in der Nähe des Forstamtes ein und standen wartend hinter der nächsten Hausecke. Als die Kirchturmuhr den ersten Schlag getan hatte, marschierten wir los und waren genau während der Mitte des Schlagens an der Treppe des Forstamtes. Da stand der Forstmeister bereits und hatte seine Taschenuhr in der Hand, um die Zeit mit der Turmuhr zu vergleichen. Er strahlte und begrüßte uns besonders liebenswürdig. – „Ich freue mich besonders, in Ihnen junge Kollegen kennenzulernen, die wirklich pünktlich sind. Auf Pünktlichkeit lege ich den größten Wert!“ Wir wurden sofort zu Tisch eingeladen, und seine erste Frage lautete: „Meine Herren, was ist das Leben?“ Unsere prompte Antwort: „Eine Kette von verpaßten Gelegenheiten“ . . . , setzte ihn erheblich in Erstaunen. Seine zweite Frage: „Nun, meine Herren, und was ist die Jagd?“, wurde ebenso schnell beantwortet: „Eine Quelle von Enttäuschungen!“ Jetzt mußten wir Farbe bekennen und ihm gestehen, daß diese beiden, immer wiederkehrenden Fragen und Antworten längst in ganz Preußen herum erzählt würden und in der grünen Farbe allgemein bekannt seien. Trotzdem der Forstmeister nach den Antworten auf seine Fragen zu urteilen, der pessimistischen Schule der Philosophie zugerechnet werden mußte, hatte er doch so viel Humor, daß er sich köstlich amüsierte. Seine Einstellung schien überhaupt nicht nur pessimistisch zu sein, ein Lieblingswort von ihm war das Zitat: Et bonum in malo! Auch im Schlechten liegt immer etwas Gutes! Wieviel weiser ist es, nach diesen Worten zu verfahren, als immer nur sich über die verpaßten Gelegenheiten zu ärgern!

Der Forstmeister war zweifellos ein geschickter Verwaltungsbeamter und empfahl uns zwei verschiedene Rezepte: Die „Saukastenmethode“ und die „Auerhahnmethode“. Die letztere ist sehr einfach und besteht darin, nur dann einen Vorstoß zu unternehmen, wenn alles mit Sicherheit zu erreichen ist, d. h. also vorzuspringen, wenn der Hahn schleift. Die „Saukastenmethode“ ist komplizierter, sie besteht darin, schrittweise das Gegenteil von dem vorzuschlagen,

Forstamt Wolfgang

Hannov. Schweißhündin Gilka-Winnefeld-Solling

Forstamt Battenberg a. d. Eder

Guter Muffelwidder aus Battenberg

was man erreichen will, in der Erwartung, daß eine hohe vorgesetzte Behörde dann aus Opposition das Gegenteil des Vorschlages anordnet, also das, was man selbst eigentlich erreichen möchte. „Saukastenmethode“ deshalb genannt, weil ein Bauer, der ein Schwein in einen Transportkasten lancieren will, dieses mit einem Strick am Hinterbein zu ziehen pflegt. Das Schwein weicht dem Ruck stets durch Vorwärtsgehen in der entgegengesetzten Richtung aus, und durch geschicktes Ziehen am Strick bringt der Bauer das Schwein genau dahin, wo er es haben will, nämlich in den Saukasten. Würde man mit Gewalt dieses Ziel erreichen wollen, brauchte man vier starke Männer, und die Sau würde einen ohrenbetäubenden Lärm machen. Die Saukastenmethode verlangt also Fingerspitzengefühl und richtige Einschätzung des Gegners – uns schien diese Methode mehr für die Politik als für die Verwaltung zu passen.

Die Behauptung, daß die Jagd eine Quelle von Enttäuschungen sei, straften wir Lügen. Der Philosoph gab uns jedem einen Rehbock frei, und wir schossen jeder einen recht braven, worüber er sich neidlos freute. Wir hatten uns in den wenigen Wochen unseres Aufenthaltes richtig angefreundet, und als wir am letzten Abend mit einer guten Flasche Mosel bei ihm saßen, gab er uns noch eine Weisheit mit, die ich im ganzen Leben zu meinem Vorteil beachtet habe: „Meine Herren, man muß sich im Leben immer einen guten Abgang sichern.“ Eine primitive Regel, wie es scheint, aber wie wenige halten sich daran! Wie oft habe ich erlebt, daß Menschen zum Schluß nachließen in ihrer Leistung und in ihrer Haltung, weil es ja nicht mehr darauf ankam. Wie viele haben ihren bisherigen guten Eindruck verwischt, weil sie am Ende versagten.

Vielen jungen Hilfsförstern, Referendaren und Studenten habe ich dieses Wort des Philosophen im grünen Rock mitgegeben.

Über brandenburgische und pommersche Reviere gelangten wir nach Ostpreußen. Ich hatte Ostpreußen nur auf Truppentransporten im 1. Weltkrieg kennengelernt, und mit Spannung sahen wir dieser Provinz entgegen, die nach den Erzählungen aller, die dieses östlichste Land Deutschlands kannten, ein Dorado für Forstleute und Jäger sein mußte. Als erstes Revier hatten wir uns Schorellen ausgesucht. Wir kamen vormittags in Lasdehnen an, von wo wir weiter mit dem Wagen fahren mußten.

Schorellen war als Rehrevier berühmt; auf den dortigen Lehmböden wuchsen hervorragende Böcke, d. h., sie waren früher gewachsen. Schon damals wurde der alte, in allen Jägerkreisen bekannte, ostpreußische Kapitalbock selten. Der Forstmeister hatte etwa ein gutes Dutzend kapitaler Böcke an der Wand, die alle um 500 g herum wogen, aber in den letzten Jahren hatte er schon nichts Außergewöhnliches mehr geschossen. Dieser Rückgang der guten Trophäen hat seither angehalten. Als ich später in Rominten als Oberforstmeister war, gab es in ganz Ostpreußen kaum noch kapitale Böcke, und auf der Internationalen Jagdausstellung in Berlin 1937 wurden die ostpreußischen Böcke von den Mecklenburgern und vor allem von den südbadischen geschlagen. Es ist bekannt, daß dieser Rückgang beim Rehwild in Deutschland allgemein zu finden ist. Über die Gründe ist in den Jagdzeitschriften im Laufe der letzten 20 Jahre viel Tinte verspritzt worden. Alle vorgebrachten Hypothesen können nicht voll befriedigen. Das Reichsjagdgesetz mit seinen vorbildlichen Bestimmungen hat sich beim Rotwild ausgezeichnet und beim Rehwild überhaupt nicht ausgewirkt. Tatsache ist, daß es früher, zur Zeit unserer Väter und Großväter, als das Rehwild mit Schrot geschossen wurde, und als es verpönt war, Spieß- und Gabelböcke zu schießen, als nur Sechserböcke erlegt wurden, mehr kapitale Gehörne gab als heute. Welche Anstrengungen sind in allen Gegenden unseres Vaterlandes – also unter den verschiedensten Umweltfaktoren gemacht worden, um starke Gehörne heranzuhegen!

Sicher ist, daß der Rehbestand in vielen Revieren zu hoch ist, aber das ist kein durchschlagender Grund, weil diese Übersetzung des Bestandes nicht überall zutrifft. Sicher ist, daß Magen- und Lungenwürmer in hohem Prozentsatz unser Rehwild befallen haben – aber sollte das nicht früher auch schon der Fall gewesen sein? Vielleicht hat man nur nicht so sehr darauf geachtet, oder, wenn das nicht der Fall war, ist dann dieser Befall nicht eine sekundäre Erscheinung, wie wir es bei Schmarotzern aller Art überall in der Natur feststellen können? Je mehr Fragen man aufwirft, desto weniger befriedigende Antworten lassen sich finden. In der Rominter Heide, in der die besten Hirsche der Welt wuchsen, gelang es nicht, auch nur befriedigende Gehörne heranzuhegen. Mein Vorgänger, Oberforstmeister Wallmann, hatte 20 Jahre lang versucht, das Rehwild aufzuarten – um den etwas abgegriffenen Ausdruck zu gebrauchen. Ich selbst setzte fast 10 Jahre seine Bemühungen fort – es war alles vergebens; und zwar nicht nur im Gatter, sondern auch außerhalb, wo z. T. gute Lehmböden vorhanden waren und auch die übrigen Voraussetzungen für gute Rehböcke vorhanden zu sein schienen. In den langen Jahren wurde ein einziger, wirklich guter Bock zur Strecke gebracht, dessen Gehörn etwa 400 g wog, und das war ausgerechnet im Gatter. Von einer Überhege konnte schon deshalb keine Rede sein, weil in kurzen Intervallen sehr harte Winter $^1/_3$ bis $^1/_2$ des gesamten Rehbestandes wegzuraffen pflegten.

Um den vielen Hypothesen eine neue hinzuzufügen: Sollte nicht bei unseren jagdbaren, freilebenden Tierarten das Gesetz der „großen Periode“ eine Rolle spielen? Wir wissen, daß sich in der Natur bestimmte Vorgänge in Intervallen wiederholen. Das trifft zu für das Auftreten der Sonnenflecken und für die periodische Vermehrung bestimmter Insekten (Nonne, Kiefernspanner usw.), für Erdbeben und für viele Lebensvorgänge in der Natur. Sollte sich das Rehwild, aus uns unbekannten Lebensgesetzen, auf der absteigenden Linie, das Rotwild dagegen auf der aufsteigenden befinden? Wir wissen es nicht, aber nach 30 Jahren vergeblicher Hege kommt man auf die verrücktesten Ideen.

Der Abschuß in Schorellen war leider schon erfüllt; wir bekamen also keinen Bock mehr frei, aber neben interessanten forstlichen Exkursionen lernten wir das großzügige und gastfreie Leben auf den ostpreußischen Gütern kennen. Hier, in den dünnbesiedelten Gebieten, wehte eine freiere Luft als in der drangvollen Enge westlicher Industriestädte. Der Himmel war hier hoch und der Horizont weit, nicht nur im geographischen Sinne. Hier wurde das Lebenstempo und die Lebensart bestimmt von Menschen, die mit dem Boden zu tun hatten, also mit Land- und Forstwirtschaft. Wie hatte Wiebecke gesagt? – – – „und der Amtsgerichtsrat grüßt ihn zuerst!“ Die Forstmeister waren hier kleine Fürsten. Die zu den Forstämtern gehörende Landwirtschaft umfaßte vielfach 30 bis 40 ha, war also ein kleiner Bauernhof, und das Beamtengehalt und der Dienstaufwand konnten für schönere Dinge ausgegeben werden als für das tägliche Brot. Jagd und Pferde waren das unerschöpfliche Unterhaltungsthema, darum drehte sich alles. Wer als Westelbier von beiden nichts verstand, oder, was schlimmer war, sich nicht dafür interessierte, paßte allerdings nicht in dieses Land. Wenn man Vergleiche ziehen will, dann lebte ein Revierförster in Ostpreußen in einem Lebensstil wie im heutigen Westdeutschland ein Forstmeister, und ein Forstmeister im Osten etwa so, wie heute im Westen ein Großgrundbesitzer, die es bekanntlich aber kaum noch gibt. Aber vom Materiellen ganz abgesehen – die ganze Lebensart war anders. Man war großzügiger, lebte und dachte in größeren Räumen, und vor allem war nicht der Neid, diese niederträchtigste menschliche Eigenschaft, Triebfeder des Handelns und Benehmens. Ich bin im Laufe meines Lebens in allen Teilen Deutschlands gewesen, und mir sind in zwei Weltkriegen Menschen aus allen Ländern und Provinzen durch die Hände gegangen – der sympathischste Menschenschlag ist mir der Ostpreuße geblieben, gleichgültig, ob es sich um einen Holzhauer oder um einen Großgrundbesitzer handelte.

Unsere nächste Station war Nassawen. Das Forstamt gehörte zur Rominter Heide, und das Dienstgehöft lag am Nordrande auf einem Hügel zwischen zwei Seen, von einem kleinen Park umgeben. Wir kamen von dem unweit gelegenen Bahnhof, da kam uns durch die Lindenallee der damalige Forstmeister Wallmann entgegen, die Büchse auf der Schulter, seinen Schweißhund „Becas" am aufgedockten Riemen neben sich. Niemals werde ich das Bild vergessen. Nicht in meinen kühnsten Träumen ahnte ich, daß ich 15 Jahre später ebenso diese Lindenallee als Oberforstmeister der Rominter Heide viele Male entlanggehen, daß ich auf den beiden Seen fischen, und daß in dem vor mir liegenden Haus mein erster Sohn das Licht dieser Welt erblicken würde!

Es war zu Beginn der Hirschbrunft, und wir waren mit den entsprechend hochgespannten Erwartungen in die Rominter Heide gefahren. Aber wir wurden schwer enttäuscht, kein Mensch kümmerte sich um uns, konnte sich um uns kümmern, da Gäste aus Berlin, Minister und Ministerpräsidenten, Oberlandforstmeister und andere hohe Persönlichkeiten erwartet wurden und daher Hirsche zum Abschuß bestätigt werden mußten. In solchen Situationen waren reisende Referendare unerwünscht, wie ich später als Revierverwalter selbst erfuhr, da sie, revierunkundig, nichts helfen konnten, sondern nur eine zusätzliche Belastung bedeuteten. Wir blieben daher nur wenige Tage, sahen einige gute Hirsche, die einen tiefen Eindruck auf uns machten, und setzten dann unsere Reise fort.

Meine Taxationszeit verbrachte ich in Westpreußen. Ich hatte mich wieder mit meinem Freund zusammengetan, der noch einige Monate seiner Försterzeit nachholen mußte, und als wir zusammen im Forstamt Lindenberg ankamen und uns bei dem Forstmeister meldeten, eröffnete uns dieser, daß es ja sehr schön sei, daß wir da wären, aber unterbringen könne er uns nicht. Eine passende Gastwirtschaft sei weit und breit nicht vorhanden, die Dorfkrüge seien entsetzlich schmutzig, auch nicht auf Pensionsgäste eingerichtet und außerdem nicht bereit, uns aufzunehmen, da sie uns unter den augenblicklichen Verhältnissen – es herrschte tollste Inflation – nicht beköstigen könnten. Der Forstmeister war Junggeselle und hauste selber ziemlich primitiv in einem etwas verwahrlosten Forstamtsgebäude. Auch auf den Förstereien war eine Unterbringung unmöglich, wir gingen also auf die Wohnungssuche. Nach langem Hin und Her kamen wir bei einem Holzhauer unter, der seine gute Stube hergab und uns zwei Betten hineinstellte. Es war ein besseres Panjehaus, wie wir es aus dem Weltkrieg in Polen kannten. Der Holzhauer war ein bißchen mente captus – in Hessen sagt man, er hatte nicht alle Tassen im Schrank – und seine alte 70jährige Mutter führte ihm den Haushalt. Mutter Splett war eine rührende, alte Frau, aber kochen konnte sie nicht für uns, sie hatte nur gepökeltes Schweinefleisch und Speck und außerdem einige Eier von ihren Hühnern. Wir beschlossen also, für unsere Verpflegung selbst zu sorgen. Da wir unsere Tätigkeit am 1. Mai aufnahmen, konnten wir vorerst nur von Kaninchen leben. Erst später bereicherten Rehbock und vor allem Wildenten den Speisezettel. Mein Freund hatte bereits die Taxationszeit hinter sich, war also auf dem Gebiet im Bilde, ich hatte hinwiederum die Försterzeit hinter mir und konnte ihm in dieser Hinsicht Hilfestellung leisten. Wir vertraten uns also fortlaufend gegenseitig, so daß nur einer arbeitete und der andere jagen und kochen konnte. Da ich sehr gerne und, wie ich glaube, auch nicht schlecht koche, blieb die Sorge für die Verpflegung größtenteils auf mir hängen. Mutter Splett lieferte Sahne, Butter, Eier, Speck und Schmalz und aß mit ihrem Sohn dafür von den Mahlzeiten mit. Für Kartoffeln mußte sie auch sorgen, da ich nach meiner festen Überzeugung als Soldat im Weltkrieg genug Kartoffeln für ein ganzes Leben geschält hatte. Ich briet die Kaninchen, nachdem ich sie mit Senf bestrichen hatte, mit Speck und Sahne wie einen Hasen, ich löste das Wildpret roh von den Knochen, panierte es und fabrizierte in glühendem Schmalz daraus „Wiener Backhändl", ich drehte das Wildpret zusammen mit etwas Räucherspeck durch den Fleischwolf und machte deutsche Beefsteaks oder auch Kochklops. Ich kochte die Karnickel als Ragout mit weißer Sauce und Reisrand, ich kochte das Wildpret sauer in Aspik – – und wir schafften es: Mutter Splett und ihr Sohn erklärten, noch nie in ihrem Leben so gut und delikat gegessen zu haben.

Wenn wir beide mal nicht zu Hause sein konnten, mußte Mutter Splett kochen, aber sie beherrschte leider nur zwei Menüs: gekochter Speck mit Sauerkraut und Spiegeleier auf glasigem Speck gebraten. Es gelang mir nicht, der alten Frau auch nur das Geringste beizubringen. Sie stand andächtig und staunend dabei, wenn ich in ihrer primitiven Küche hantierte, aber in ihr Bewußtsein drang nichts davon. Speck mit „Kapusta" oder mit Spiegeleiern war und blieb ihr Repertoire. Schließlich war der Mai herum und wir schossen uns einen Rehbock. Aber da wir keinen Keller hatten – wir mußten alle Vorräte an einem Strick in den Ziehbrunnen hängen, um sie wenigstens einige Tage halten zu können – half uns ein größeres Stück Wild immer nur für wenige Tage. Gemüse und sonstige Zutaten, auch Brot, tauschten wir gegen Karnickel ein und führten so ein fast geldloses Dasein, allein auf Naturalwirtschaft aufgebaut. Nur die Patronen und die Zigarren mußten wir mit Geld kaufen, dazu reichte das stets verspätet ausgezahlte Tagegeld gerade aus.

Alle drei fuhren wir mit dem Fahrrad in die 15 km entfernte Kreisstadt, um die Börsenkurse zu studieren, denn, wie alle Welt, spekulierten wir natürlich an der Börse – die einzige Möglichkeit, um über Wasser zu bleiben und das Studieren in der Inflation durchzuhalten. Dann wurden telegraphisch bei unserer Bank in Hann.-Münden „limitierte Verkaufsaufträge" und „Kaufaufträge bestens" aufgegeben, und wir waren für Stunden eingeschaltet in das große, leider sehr unerfreuliche Weltgeschehen.

Mein Freund hatte für die Entenjagden in Westpreußen einen sehr guten Deutsch-Stichelhaar mitgebracht, ich hatte selbstverständlich meinen „Schnaps“ bei mir. Wir schossen, als die Jagd auf Enten aufging, auf den zahlreichen Seen soviel Enten, wie wir nur wollten – aber nun ging derselbe Zinnober mit den Enten los, wie vorher mit den Karnickeln. Ich briet die Enten, ich kochte Entenklein mit gelber Sauce, ich machte Ente in Aspik – schließlich pökelte ich die Brüste und Keulen und räucherte die Stücke, so daß „Spickente“ entstand, die nicht nur zu Brot ausgezeichnet schmeckte, sondern auch, in Kartoffel- oder Erbsensuppe gekocht, ein gutes Mahl lieferte. Da der Forstmeister, obschon er wußte, unter welch primitiven Verhältnissen wir hausten, uns nicht ein einziges Mal eingeladen hatte, luden wir ihn zu uns zu einem Entenessen ein. Wir hatten im Tausch gegen zwei Wildenten in der Kreisstadt eine Pulle Wein ergattert, und es gab zunächst Entensuppe, dann Entenbraten mit Bratkartoffeln und Salat und hinterher Waldhimbeeren mit Schlagsahne. Der Forstmeister aß wie ein Drescher und behauptete, seit Jahren nicht mehr so gut gegessen zu haben, es schiene uns ja ausgezeichnet zu gehen, und sein im stillen gehegtes Mitleid mit uns käme ihm jetzt völlig unbegründet vor. Aber seitdem wurden wir doch einige Male bei ihm eingeladen, wobei ich allerdings feststellen mußte, daß meine Kochkünste denen seines Küchenbesens weit überlegen waren.

Nachdem ich mein Betriebswerk mit Hilfe meines Freundes festgestellt hatte, war große Bereisung durch den Oberforstmeister. Ich hatte nach vielen Kluppungen, Höhenmessungen, wochenlangen Berechnungen einen Abnutzungssatz von jährlich 3,6 fm je ha Holzbodenfläche ausgerechnet! Der Oberforstmeister fuhr mit einem Kutschwagen einen Tag lang durch das Revier, sah sich das Altersklassenverzeichnis an und erklärte, mehr als 3,0 fm je ha könnte das Revier nicht tragen, und dabei blieb es. Ich dachte, wenn dieser Mann diese Entscheidung nach einer eintägigen Bereisung treffen kann, wozu hatte ich mich dann eigentlich vier Monate lang abgeschunden? Die forstliche Intelligenz mußte doch wohl mit der Erhöhung der Dienstgrade mit einer bisher ungeahnten Geschwindigkeit zunehmen!

Als ich auf dem Bahnhof des Kreisstädtchens ankam, um nach dem Westen zurückzureisen – mein Freund mußte noch zwei Monate länger in L. bleiben – stellte ich zu meinem Schrecken fest, daß inzwischen das Lied: „Der Dollar steigt, es fällt die Mark" eifrig gespielt worden war. Die Fahrpreise der Reichsbahn folgten sehr schnell, und ich konnte für meine gesamte Barschaft gerade noch eine Fahrkarte nach Schönlanke lösen. Da saß ich nun auf dem Bahnsteig mit zwei Koffern, zwei Gewehren, meinem „Schnaps" im Rucksack – – und völlig leerem Geldbeutel. Ich gab zunächst einmal gottesfürchtig und voll Vertrauen mein Gepäck bei der Aufbewahrung ab – einlösen konnte ich es nicht wieder, wenn ich nicht irgendwo Geld auftrieb.

Schönlanke hatte eine Filiale der Deutschen Bank, ich gab meine Visitenkarte ab und ließ mich bei dem Direktor melden. „Was kann ich für Sie tun, Herr ... (Blick auf die Visitenkarte) Frevert?" „Ich möchte Sie bitten, mir 50 Milliarden zu leihen" – – – Der Mann sah mich an, als ob ich den Verstand verloren hätte. Als ich ihm die Zusammenhänge geschildert hatte, wurde er zwar friedlicher, erklärte mir aber, außerstande zu sein, mir ohne Sicherheit und ohne Bürgen einen solchen Betrag geben zu können. Ich schlug vor, den alten Forstmeister S. in R., wo ich in der Studentenzeit gewesen war, und den ich persönlich kannte, anzurufen. Tatsächlich war der alte S. zu Hause und erklärte sich sofort bereit, bis zu 100 Milliarden für mich zu bürgen. Er hatte längst erkannt, daß das Geld ein papierner Witz geworden war, und daß es darauf ankam, mir erst einmal aus der Klemme zu helfen.

Kaum hatte ich meine 50 Milliarden, als ich sofort zum Bahnhof sauste und mir eine Fahrkarte nach Hann.-Münden löste. In Berlin machte ich einen Tag Station und besuchte meine dort wohnende Schwester. Da ich an einem Sonnabend in Hann.-Münden ankam, konnte ich erst am Montag zu meiner Bank gehen und die 50 Milliarden nach Schönlanke überweisen. Als der Betrag in Schönlanke ankam, konnte man gerade noch eine Schachtel Streichhölzer dafür kaufen.

Langsam wurde es Zeit, zum „Streben" überzugehen, d. h., man wurde „Oberstreber". Wir arbeiteten als Oberstreber hart. Die Schwierigkeit des Examens lag vor allem in der großen Zahl der Disziplinen, die geprüft wurden, und die völlig verschiedenartig waren. Insektenkunde und Agrikulturchemie, Verwaltung und Bürgerliches Gesetzbuch, Waldbau und Finanzwissenschaft usw.

usw. Die Bewertung der einzelnen Fächer erfolgte je nach Wichtigkeit mit verschiedenen Punktzahlen. Leider zählte „Jagd", die ich natürlich mit „Sehr gut" machte, nur einen einzigen Punkt.

Auf der Rückreise von Berlin, wo das Staatsexamen gemacht werden mußte, saßen wir als frischgebackene Forstassessoren im Speisewagen und feierten. Nun war es endlich soweit – – wie oft hatten wir während des gesamten Studiums geseufzt: Ich wollt', ich wär' Assessor und säß' im Speisewagen – – und nun war es soweit! Sollte es wirklich wahr sein, daß das Leben seinen schönsten Reiz verliert, wenn man kein Examen mehr vor sich hat? Heißt es nicht irgendwo: Wie traurig ist es doch, ein heiß ersehntes Ziel erreicht zu haben! – Uns wurde zum ersten Male klar, daß das Streben und Sehnen das Glück ausmachen, und daß die Erfüllung immer einen schalen Geschmack hinterläßt.

DRITTES KAPITEL

Auf Hahnen, Gams und Hirsch

Ich wurde als Assessor dem Forstamt Wolfgang bei Hanau als Assistent zugeteilt. Das entsprach durchaus meinen Wünschen, da ich unter keinen Umständen als sog. „Hilfsbremser“ zur Regierung wollte.

Eine Tätigkeit bei der Forstabteilung eines Regierungspräsidiums prädestinierte einen nämlich, später Forstrat zu werden, und ich hatte nicht den grünen Rock angezogen, um auf einem Büroschemel mein Leben zu verbringen und Tintenspion zu werden. In Wolfgang saß damals Forstmeister Klein – von seinen Bekannten nur „Exzellenz“ genannt. Er hatte das Aussehen und die Allüren einer alten Exzellenz, lahmte etwas auf einem Lauf und war ein äußerst geistreicher und musischer Mensch, der sich sehr für Kunst interessierte und voll von Ideen steckte. Leider erlaubte ihm seine schlechte Gesundheit nicht, seine Absichten und Ideen durchzuführen, weil ihm die Vitalität fehlte. Ich habe unendlich viel bei ihm gelernt, nicht nur als Forstmann, sondern auch als Mensch.

Mit dem Forstamt, das mitten im Walde etwa 8 Kilometer von Hanau entfernt gelegen war, war ein moderner Darrbetrieb gekoppelt. Klein hatte diese Darre völlig elektrifiziert und als modernste Trommeldarre – sogenannte Sicherheitsdarre – mit einer sehr hohen Kapazität aufgebaut. Damals begann man, bei den Holzarten verschiedene Rassen zu unterscheiden, und die Provenienz des Saatgutes spielte eine große Rolle. Klein gehörte zu den Vorkämpfern dieser Provenienzfrage und fuhr damals schon zu jedem Bestand persönlich hin, von dem Saatgut geworben werden sollte, um Standort, Klima und Wuchsform der Mutterbäume zu begutachten und die Weiterverwertung des Saatgutes zu beaufsichtigen. Er wirkte sehr früh in den Anerkennungskommissionen mit, die geeignete Bestände aussuchten und schlechtveranlagte Bestände aberkannten.

Das Saatgut, also insbesondere Tanne-, Fichte-, Kiefern- und Lärchenzapfen, wurden durch Pflückerkolonnen unter Aufsicht gewonnen und dann, getrennt nach Provenienzen, in Wolfgang gedarrt und der Samen genau etikettiert und in großen Flaschen in eigens dazu gebauten Kellern kühl gelagert. Noch heute wird im großen und ganzen genauso verfahren, wie es zu Kleins Zeiten auf seine Initiative hin eingeführt wurde. Auch ein großer Pflanzgarten wurde angelegt, um zahlreiche Forstämter mit einem nach modernsten Gesichtspunkten herangezogenen Pflanzenmaterial beliefern zu können.

Mehrere hundert Schrebergärten waren an Einwohner der Stadt Hanau verpachtet – eine ständige Quelle von Scherereien und juristischen Schwierigkeiten, eine große Braunkohlenzeche buddelte im Tagebau an den Rändern des Reviers, und waldbaulich war es sehr vielseitig. Es gab eine Försterei mit Auewald an der Kinzig, mehrere Förstereien mit besten Kiefern, die durch- und unterstellt waren mit Buchen, und eine Buchenförsterei mit Beimischung von Eiben und stellenweise Lärchen. Eine vielseitigere Tätigkeit konnte man sich kaum vorstellen, als sie mir hier geboten wurde. Ich kann mich kaum erinnern, daß mir später in meiner 30jährigen Verwaltung als Amtsvorstand irgendeine Angelegenheit vorgekommen ist, die ich nicht als Assessor in Wolfgang bereits erlebt hätte.

Exzellenz Klein brachte mir eine außerordentlich wichtige Fähigkeit bei: das Wichtigste vom Unwichtigen unterscheiden zu lernen. Das klingt sehr einfach, ist aber in der Verwaltungspraxis, wie ich mich bei Kollegen immer wieder überzeugen konnte, sehr schwer. Wie viele Forstverwaltungsbeamte versacken heute im Unbedeutenden, sie ersticken im Papierkrieg, wollen alles selber machen und erkennen nicht, daß sie dadurch zum Nachdenken über die Gesamtwirtschaft, zum Überlegen und langfristigen Planen keine Kraft und Muße mehr aufbringen, sie ersticken im Subalternen. Das wichtigste ist, erkennen zu lernen, was so wichtig ist und solch wesentliche Folgen zeitigt, daß man es nur selbst machen kann und darf, und was andererseits nicht so wichtig ist, daß es nicht auch durch andere Kräfte bearbeitet werden könnte. Diese Methode des Delegierens von Aufgaben nach unten schafft selbständig denkende Untergebene, die Freude an ihrer Arbeit behalten, und deren Verantwortungsgefühl geweckt wird. Die Methode dagegen, alles an sich zu raffen, alles selbst tun zu wollen, weil es einem niemand gut genug macht, führt dahin, daß man selbst in Arbeit erstickt, daß man daher nicht mehr so sorgfältig arbeitet, und daß man seine Untergebenen zu unselbständigen Handlangern degradiert, die schließlich die kleinste Kleinigkeit nicht mehr ohne Rückfragen erledigen können. Als Henri Ford einen Generaldirektor engagierte, erklärte er ihm, daß er ihm ein sehr gutes Gehalt bieten würde, aber nur unter der Bedingung, daß er jeden Tag mindestens zwei Stunden lang seine Beine auf den Tisch legen würde, um nachzudenken über Planungen und Anordnungen, die er anderen erteilen könnte!

Exzellenz Klein war ein Meister im Delegieren, er war alles andere als ein Bürokrat und hielt sich den Kopf frei für neue und fortschrittliche Ideen, sowohl auf allen Gebieten seines Forstberufes, als auch für alles andere, was das Leben bietet. Er war daher stets anregend, immer interessant – ein großer Geist, der leider in einem gebrechlichen Körper steckte.

In Wolfgang gab es nur Niederjagd, leidliche Rehböcke, vor allem in der Auewaldförsterei, und in den letzten Jahren auch etwas Schwarzwild. Später ist Damwild eingesetzt worden, ich weiß aber nicht, wie sich dieses Wild weiterentwickelt hat. In Hanau, wo wir viel gesellschaftlich verkehrten, gab es einen Jagdklub, der um Langenseebold herum größere Feldjagden zusammengepachtet hatte. Hier stiegen im Winter gut geleitete Feldjagden mit wenig Schützen und viel Treibern, also das Umgekehrte von dem, was man heute leider vielfach erlebt. Ich habe dort zum erstenmal eine Feldjagd mitgemacht, die nur als Vorstehtreiben durchgeführt wurde, und bei der die Flanken mit Lappen in etwa 1/2 Meter Höhe abgestellt wurden. Die Schützen standen nur in der Front. Wir hatten nicht den Eindruck, daß die Lappen von den Hasen respektiert wurden. Ich sah mehrfach, daß die Hasen ohne anzuhalten durch die Lappen gingen und überhaupt keine Notiz von der Lappstatt nahmen. Sicher war diese Methode, die Treiben durchzuführen, die pfleglichste, die man sich denken kann, besser als Kesseltreiben und auch besser als große Streifen, ganz zu schweigen von der Methode, die man heute leider oft mitmachen muß, die Front und die Flanken mit Schützen zu spicken und dann noch hinter der Treiberwehr Schützen gehen zu lassen, die alles, was sich nach rückwärts in Sicherheit bringen will, umbringen. Abends beim Schüsseltreiben wird dann lange darüber palavert, daß die Hasenstrecken von Jahr zu Jahr schlechter werden. „Von den Apfelbäumen fallen die Junghasen nicht!" pflegte mein alter Vater zu sagen. Außerdem muß man jeden Hasen, der beschossen wird, als verloren rechnen, denn fast immer bekommt er doch ein paar Schrote ab. Man muß daher eine Treibjagd so ansetzen und durchführen, daß ein Teil der Hasen unbeschossen entkommen kann. Wenn man dann die Suchjagd unterläßt und jedes Jahr nur etwa $^2/_3$ der gesamten Jagdfläche *einmal* abtreibt, dann brauchte man sehr bald nicht mehr über schlechte Hasenstrecken zu klagen. Die meisten Jäger wollen nicht entsagen, aber die richtige Hege verlangt Entsagung im größten Maße. „Entsagen sollst Du, sollst entsagen" heißt es im „Faust". Das gilt für uns Jäger, wenn wir Heger sein wollen, ganz besonders. Bei den böhmischen Streifen, die ich später häufig in den großen angepachteten Feldrevieren in Rominten durchführte, habe ich mit Lappen übrigens bessere Erfahrungen gemacht. Die aus Treibern bestehenden Flanken führten Lappen mit, so daß eine durchlaufende Kette von Treibern mit Lappen vorging. Diese bewegliche Lappstatt wurde von den Hasen gut gehalten, und nur wenige Hasen brachen seitwärts durch.

Was ein guter Verlorenbringer auf einer Treibjagd wert ist, erlebte ich damals mit meinem Deutschkurzhaar. Der Rüde war sehr kräftig und hatte noch nicht soviel englisches Blut, wie die meisten Deutschkurzhaar heutzutage. Ich hatte ihn selbst abgeführt, und sehr bald kam es dahin, daß ich bei den Treibjagden nur noch Nachsuchen machte. Da für mich seit meiner Jugend die Nachsuche das Interessanteste an der ganzen Jagd ist, habe ich diese Nachsuchen in bester Erinnerung. Es kam oft vor, daß ich mit meinem Hund 8 bis 10 Hasen am Tage zur Strecke brachte, die nach dem Beschuß wie gesund abgegangen waren. Bei einer Streife hatte ich den Rüden an einem Hasen geschnallt, der wirklich nichts abgekriegt zu haben schien, aber „Allasch" faßte den Hasen nach etwa 1 Kilometer langer Hetze und brachte ihn im Galopp an. Als er noch etwa 500 Meter entfernt war, kam ein anderer krankgeschossener Hase etwa 50 Meter entfernt an ihm vorbei. „Allasch" verhoffte mit seinem Hasen im Fang, legte ihn kurzentschlossen hin und hatte nach kurzer Hetze auch den zweiten Hasen erwischt. Er brachte, ohne zu überlegen, den zweiten Hasen, und kaum hatte ich ihm denselben abgenommen, als er ohne jeden Befehl von mir – ich hatte absichtlich nichts gesagt – sofort zurücklief, um den anderen abgelegten Hasen zu holen. Ein donnerndes „Bravo!" der ganzen Schützenkette, die dieses Bravourstück mit angesehen hatte, belohnte den guten Hund.

„Allasch" war Alles-Apporteur. Er brachte jeden Porzellanteller, jede Obertasse, jeden Metallgegenstand und jeden Hecht. Wenn die Kinzig im Frühjahr über die Ufer trat, stiegen die laichenden Hechte in die Entwässerungsgräben weit in die überschwemmten Wiesen hinein. Ich habe oft diese Hechte mit Schrot geschossen – sicher war das nicht ganz fischgerecht, aber es war reizvoll und interessant. „Allasch" apportierte diese Hechte. Zunächst hatte er die Sache mit dem vorschriftsmäßigen Griff in der Mitte des Fischkörpers versucht, und er machte ein richtig dummes Gesicht, wenn ihm der glitschige Fischkörper immer wieder aus dem Fang glibberte. Schließlich nahm er die Schneidezähne und biß fest in die Schwanzflosse, und so schleppte er den Hecht ans Ufer.

Außer „Allasch" führte ich damals noch meinen alten „Schnaps" und seinen Sohn „Bols", der sowohl an Schärfe als auch an Schönheit seinen Vater übertraf. Da es keine Sauen gab, wurden die Tekkel hauptsächlich zur Bauarbeit verwendet. Manchen Fuchs habe ich mit Vater und Sohn gesprengt und viele Dachse gegraben. Das Dachsgraben wurde geradezu zum Sport und zur Spezialistenarbeit, als ein Freund von mir das Forstamt Burgjoß im Spessart etwa 30 Kilometer von Wolfgang übernahm. Burgjoß hatte früher einen ausgezeichneten Auerwildbestand gehabt, der aber dauernd zurückging, also wurde den Dachsen der Tod geschworen. Jeden Samstag fuhr ich mit meinem Opel-Laubfrosch nach Burgjoß mit „Schnaps" und „Bols" und wir gruben Dachse. Beim Dachsgraben muß man Hunde haben, die wohl scharf, aber nicht zu scharf sind. Ein Hund ist einem starken Dachs immer unterlegen, weil dieser nicht nur ein stärkeres Gebiß, sondern außerdem noch die stark bewehrten Pranken hat, mit denen er gefährliche Hiebe austeilt, wenn ihm der Hund zu nahe kommt. Es ist ähnlich wie bei der Hetze mit einem Schweißhund auf einen starken Hirsch. Der Schweißhund soll so scharf sein, daß er den kranken Hirsch zu Stande hetzt, er soll dann den gestellten Hirsch ständig so beschäftigen, daß dieser stehenbleibt, aber er soll nicht so scharf sein, daß er versucht, den Hirsch niederzuziehen, denn dabei wird er über kurz oder lang geforkelt. So muß man von einem guten Dachshund verlangen, daß er den Dachs im Bau ständig beschäftigt, ihn anhaltend, und zwar stundenlang, ohne einmal nachzulassen, verbellt, aber er soll nicht versuchen, den Dachs zu würgen.

Wie oft hat man mir einen besonders scharfen Terrier angepriesen, mit der Behauptung, daß der Hund im Bau jeden Dachs abwürge – gerade das soll er eben nicht. In den seltensten Fällen ist der Hund imstande, einen gewürgten Dachs aus dem Bau herauszuziehen. Wenn man also nicht genau weiß, wo der Kampf stattgefunden hat, bleibt der verendete Dachs im Bau liegen, und das dürfte ja wohl nicht der Zweck der Übung sein. Der gute Dachshund darf aber auch beim Vorliegen niemals aussetzen, etwa, um mal eben nachzuschauen, ob Herrchen noch da ist. Besonders darf er es dann nicht tun, wenn man schon mit dem Einschlag begonnen hat. Der Dachs benutzt sonst sofort die Gelegenheit, um eine ganz andere Stelle des Baues aufzusuchen, dort Sand hinter sich zu scharren, also sich zu verklüften. Die meisten Mißerfolge beim Dachsgraben beruhen darauf, daß der Hund nicht anhaltend vorliegt, sondern von Zeit zu Zeit abläßt und dadurch dem Dachs Chancen zum Verklüften gibt. Nach meinen Erfahrungen lernt das ein Hund nur durch die Praxis, d. h., ein guter Dachshund ist immer nur ein älterer Hund. Ich habe es stets so gehalten, daß ich zwei Hunde hatte mit etwa vier bis fünf Jahren Altersunterschied, dann brachte der ältere Hund, der stets als erster in den Bau hineingelassen wurde, die Kniffe und Finessen dem jüngeren von selbst bei.

In dem Buntsandsteinboden von Burgjoß war das Graben im allgemeinen leicht, immerhin kamen auch sehr tiefe Baue mit Felsenspalten vor. Ich erinnere mich, daß ich einmal nach Hause gehen mußte, um Laternen zu holen, und erst spät abends mit dem letzten Einschlag fertig wurde. Dafür holten wir dann aber auch drei Dachse heraus, die hintereinander in der Endröhre gesessen hatten. Ich hatte mir vom Dorfschmied eine zweizinkige Gabel schmieden lassen, deren Zinken etwa 20 cm voneinander entfernt waren, während die beiden gleich langen, unten angespitzten Zinken eine Länge von ca. 25 cm hatten. Die Gabel steckte in einem stabilen 3 m langen Eschenstiel.

Lag der Hund fest vor dem Dachs vor, dann wurde oben mit Knüppeln auf den Boden geklopft, um den Dachs zum Zurückweichen zu veranlassen. Der Hund rückte dann sofort nach, und auf diese Weise konnte man sehr leicht die Richtung der unterirdischen Röhre feststellen. Hatten wir den Eindruck, daß der Dachs sich nicht mehr bewegte, also aller Wahrscheinlichkeit nach in einer Endröhre saß, dann wurde der Einschlag gemacht, und zwar so, daß man genau auf den Hund herunterkam. Schlug man über dem Dachs ein, dann hielt dieser das meistens nicht aus und ging im letzten Augenblick über den Hund zurück in den Hauptbau, und man hatte alle Graberei vergebens gemacht.

Sobald man am Hund war, wurde als erstes die rückwärtige Röhre zugestopft und dann erst der Hund abgenommen, wobei man bei „Schnaps" aufpassen mußte, daß man nicht gebissen wurde, da die giftige Kröte dann so rabiat vor Eifer und Passion war, daß sie nicht darauf acht gab, ob es die Hand des Herrn war, die nach ihm faßte. Nun mußte vollkommene Stille eintreten, und man stand, mit der Gabel bewaffnet, über der freigelegten Endröhre. Es dauerte meistens nur wenige Minuten, bis Grimbart vorsichtig seinen Kopf vorstreckte, angelockt durch das einfallende Licht und erstaunt über die plötzliche Stille nach soviel Tumult. In dem Moment stieß man mit der Gabel zu, so daß man den Kopf des Dachses vor der Gabel hatte, man drückte also mit der Gabel über dem Hals des Dachses diesen so fest auf den Boden, daß er nicht vor- und rückwärts konnte. Die Spitzen der Gabelenden bohrten sich dabei tief in den Boden. Es gehörte aber die Kraft eines ausgewachsenen Mannes dazu, einen Dachs auf diese Weise festzuhalten. Schnell sprang dann ein Mitjäger hinzu und schoß mit einer Pistole den Dachs in den Kopf. Hatte man den Dachs herausgezogen, dann kam es oft vor, daß noch ein zweiter hinter dem ersten gesessen hatte und hervorkam. Der Mann mit der Dachsgabel mußte also weiter genau aufpassen. Diese Methode des Dachsgrabens scheint mir die humanste und damit auch

Die Wilhelmshütte

Die Lindenhütte (Rominter Heide)

Bei 30 Grad Kälte in der Rominter Heide

Zwei Wölfe auf einem Stand

die waidgerechteste zu sein. Dachszangen, Dachsbohrer oder ähnliche Marterinstrumente habe ich niemals verwandt.

Wir luden oft zu diesen Dachsgraben die Damen und andere Gäste ein. Es wurden dann Kartoffeln in der Glut eines Feuers geröstet und Bratwurst, in Pegamentpapier gewickelt, in der heißen Asche gebraten, wobei man darauf achten mußte, daß die Würste schnell mit Asche zugedeckt wurden, damit das Papier kein Feuer fing. Nach 10 Minuten sind die Würstchen im eigenen Saft köstlich gebraten und schmecken zu Pellkartoffeln besser als manches Diner. Einige Pullen Rotspon waren vorher am Feuer liebevoll so lange gedreht worden, bis sie die richtige Temperatur hatten. Der Genuß dieser Picknicks litt nur etwas darunter, daß alles nach Dachs roch und schließlich auch schmeckte. Man hatte selten Wasser in der Nähe, um sich gründlich zu waschen. In späteren Jahren, als ich von der Zivilisation schon erheblich mehr angekränkelt war, nahm ich meistens eine große Kanne Wasser und Seife zum Waschen mit.

Das Forstamt Burgjoß war eine alte Wasserburg aus dem 11. oder 10. Jahrhundert. Zweifellos war früher das Wasser der Jossa, die unweit des alten Schlosses vorbeifloß, benutzt worden, um durch Versumpfung und Überflutung die alte Burg vor Überfällen zu schützen. Die Mauern waren im unteren Teil der Burg etwa 3 m dick und maßen oben in der 2. Etage noch 1,50 m. Das Erdgeschoß war wegen Feuchtigkeit unbewohnbar, hier waren Waschküche und Wirtschaftsräume untergebracht. Im ersten Obergeschoß wohnte damals der frühere pensionierte Forstmeister, und im zweiten Obergeschoß war die Dienstwohnung des amtierenden Forstmeisters, meines Freundes. Die Zimmer waren saalartig mit 1,50 m tiefen Fensternischen, und der Blick schweifte von hier über die Wiesen des Jossatales – es war, um mit Börries v. Münchhausen zu sprechen, ein „Schloß in Wiesen“. Man konnte sich vorstellen, wie hier vor Jahrhunderten in den Fensternischen die Burgfräuleins mit ihren Stickrahmen saßen und nach den Troubadouren Ausschau hielten, man konnte hier träumen von Belagerungen in unzähligen Kriegen, die seit der Erbauung der alten Burg über das Land gegangen waren, mit Schwert und Harnisch und mit Bechergetümmel.

In Burgjoß schoß ich meinen ersten Auerhahn. Ich hatte während meiner Referendarzeit in der Rhön wohl eine Balz erlebt, aber bisher keinen Hahn frei gehabt. Ich habe seitdem in vielen Gegenden Hahnen geschossen und vor allen Dingen Gäste auf Hahnen geführt. Mit dem Auerhahn ist es eine merkwürdige Geschichte. Häufig ist die Erlegung so einfach, daß mir schon Gäste – und es waren nicht die schlechtesten Jäger, die so dachten – erklärten, es sei doch eigentlich eine zu leichte Sache, den balzenden Hahn vom Baum herunterzuschießen. Ein solch seltenes und edles Wild müsse vor der Erlegung mehr Mühe machen, mehr Schweiß erfordern, als es der Fall sei. Das mag oft zutreffen, aber oft ist es auch völlig anders. In Burgjoß brauchte ich drei Jahre, bis ich meinen Hahn hatte. Entweder schlug das Wetter um, und der bestätigte Hahn verschwieg am nächsten Morgen, oder der Hahn stellte sich beim Anspringen mehrfach um, und es wurde hell, bevor man an ihn heran kam, er ging vor Büchsenlicht zu Boden, oder man konnte ihn in einer dichten Fichte balzend, nicht finden und freibekommen oder, was häufig vorkam, eine schreckende Ricke ließ den Hahn verschweigen – kurzum, ich habe in den drei Hahnenbalzen alle Enttäuschungen erlebt, die einem Hahnenjäger widerfahren können. Als dann zu Ende der Balz des dritten Jahres der Hahn bestätigt gemeldet wurde, fuhr ich nachmittags nach Burgjoß, wir hörten den Hahn einfallen und worgen, und am nächsten Morgen sprangen wir den flott balzenden Hahn an, und ich schoß ihn von einer Kiefer herunter. Es war alles einfach, unkompliziert und wenig ereignisreich. Ich danke dem Hl. Hubertus, daß ich mich drei Jahre mühen mußte um meinen ersten Hahn, denn dadurch blieb der Urhahn, nächst dem Hirsch, mein liebstes Wild.

Die Balzlaute des Auerhahnes kommen mir immer etwas unwirklich vor, etwas urweltlich, nicht mehr recht passend in unsere Zeit. Wenn das erste Morgendämmern graut und man sieht diesen großen Vogel mit komischen Verrenkungen, diese, im Verhältnis zur Größe des Hahnes, leisen Balzlaute von sich geben – Laute, die so gar nichts gemein haben mit dem Ruf, Geschrei oder Singen aller anderen Vögel unserer Zeit – dann kommt mir der Auerhahn immer wie ein Überrest eines versunkenen Zeitalters, einer dahingeschwundenen Urwelt vor. Nicht umsonst wird der Auerhahn „Urhahn“ genannt. Er hat etwas Uriges an sich und paßt in eine urige Landschaft, sei es der sturmzerzauste Wetterwald des Hochgebirges oder der Sumpfwald weiter, unberührter östlicher Räume. Im modernen Wirtschaftswald des Mittelgebirges oder der Ebene empfinde ich den balzenden Hahn als nicht ganz stilecht, als ein Requisit, das nicht mehr ganz dahin gehört. Damit soll nicht gesagt sein, daß Auerwild in diesen Revieren etwa unangebracht sei und keiner Hege bedürfe – im Gegenteil, ich beglückwünsche jeden Revierinhaber, der in seinen gepflegten Forsten noch Auerwild hat, der das Glück gehabt hat, daß dieser Kulturflüchter nicht vor Axt und Säge gewichen ist. Aber um den vollen Zauber der Auerhahnbalz auszukosten, um das Letzte, das Feinste zu erfühlen, muß man die Balz im Hochgebirge oder in östlichen Urwaldsümpfen oder – noch besser, unter beiden Verhältnissen erlebt haben.

In den riesigen Quellgebieten des Pripjet, der Jasiolda, des Narew und der Narewka ist eine solche nahezu unberührte Sumpflandschaft, in der es Auerwild und Birkwild in Massen gibt, und in der auch sonst ein ungeheuer reiches Vogelleben den Naturfreund und Jäger begeistert. Ich war dorthin eingeladen, um einen Auerhahn und einige Birkhähne zu schießen. Vom ersten Weltkrieg kannte ich ungefähr die Gegend, hatte aber damals keine Gelegenheit gehabt, zu jagen. Als ich ankam, wurde mir eröffnet, daß ich auch einen Rackelhahn schießen könnte, wenn ich Lust dazu hätte. Ich müsse aber den Rackelhahn zuerst schießen, weil er jetzt bestätigt sei, und weil außerdem dieser Rackelhahn den ganzen Balzplatz rebellisch mache und störe. Niemand freute sich mehr als ich; wann wird einem jemals Gelegenheit geboten, ein so seltenes Wild wie einen Rackelhahn zu schießen! Ich hatte viel über Rackelwild gelesen, aber trotzdem ich oft in Revieren war, die Auer- und Birkwild nebeneinander beherbergten, hatte ich niemals Bekanntschaft mit Rackelwild gemacht.

Am nächsten Morgen fuhren ein polnischer Jäger, der dort Gajowi genannt wird, und ich in stockdunkler Nacht auf einem Panjewagen los. Der Kutscher war ein bärtiger Weißruthene, der sein struppiges, unter einem Holzbogen gehendes, kleines Pferdchen mit lautem „Ista, Ista!“ antrieb. Mein Gajowi sprach kein Wort deutsch, was mich aber nicht unangenehm berührte und mir lieber war, als wenn ich einen Schwätzer bei mir gehabt hätte. So konnte ich ungestört alle neuartigen Eindrücke in mich aufnehmen, und am Hahn würde ich schon ohne Belehrungen meinen Mann stehen – ich brauchte nur einen Menschen, der geländekundig war, und dazu brauchte es des Redens nicht.

Wir fuhren zunächst auf holprigen, sehr schmalen Waldwegen durch alte urwaldartige Bestände. Soweit ich in der Dunkelheit sehen konnte, meist Mischbestände von Laub- und Nadelholz, deren gewaltige Schönheit mir erst auf der Rückfahrt bei Tageslicht aufgehen sollte. Es war noch völlig dunkel, als wir nach etwa einstündiger Fahrt am Rande eines großen Sumpfgebietes hielten. Der Kutscher band seinem Pferdchen den Freßsack um und machte sich dann ein hellloderndes Feuerchen an. Der Jäger wandte sich gegen den Sumpf, und nun ging es zunächst auf einem alten Knüppeldamm und dann quer in den Sumpf hinein auf nebeneinanderliegenden Stangen. Der Sumpf war bestanden mit einem lückigen Kiefernbestand, und Bülten reihten sich an Bülten, auf denen Ericaceen, Rauschbeere, Preißelbeere, Moosbeere, Porst und Sphagnummoos wuchsen. Zwischen den Bülten stand Sumpfgras und Wollgras und vielfach auch blankes Wasser. Wenn man in der Dunkelheit von den glatten Stangen abrutschte, was öfter vorkam, saß man gleich bis zur halben Wade im Modder. Wir hatten uns lange Stöcke, etwa wie Alpenstöcke, mitgenommen, um in der Dunkelheit auf den glatten Stangen besser balancieren zu können. Man kam aber nur sehr langsam vorwärts, da man sich buchstäblich mit den Füßen auf den Stangen entlangtasten mußte. Die Kiefern waren etwa 4–6 m hoch und maßen 15–20 cm Brusthöhendurchmesser, waren aber sicher 100 Jahre alt und älter, die einzelnen Jahresringe dieser Bäume waren nur mit dem Vergrößerungsglas zu erkennen, wovon ich mich später überzeugen konnte. Die Kronen waren ganz abgeflacht, so daß die Kiefern die Form von Pinien hatten. Hier, in dieser stagnierenden Nässe, konnte sich keine andere Holzart halten als die Kiefer, diese anpassungsfähigste aller Holzarten, die sowohl auf den trockensten als auch auf den nassesten Standorten noch gedeiht. Stellenweise lagen in dem Sumpfgebiet einzelne Sandinseln, die etwa 50 cm bis 1 m höher als das Sumpfniveau lagen, und auf denen die Kiefer sofort ihre alte Waldbaumgröße erreichte mit normaler Stamm- und Kronenentwicklung. Auf diesen Inseln war der Boden mit Beerkraut und stellenweise mit Heide bedeckt.

So wanderten wir mit unseren Stangen von Sandinsel zu Sandinsel, zeitweise bekamen wir den Blick frei auf weite, unbestockte Sumpfpartien, wo blanke Wasserflächen blinkten in Richtung der Jasiolda. Diese Landschaft hatte sich seit Urzeiten gewiß nicht gewandelt. Als nach der letzten Eiszeit die ungeheuren Schmelzwassermassen der Gletscher dieses Land bedeckten, blieben riesige, flache Seen zurück, nachdem die Hauptwassermengen in breiten Urströmen zum Meere abgeflossen waren. In diesen flachen Seen begann nun langsam die Verlandung – ein Prozeß, der heute noch nicht völlig abgeschlossen ist. Abgestorbene Pflanzenreste, insbesondere Sphagnummoos, bildeten dicke Torfschichten, die wiederum ein hervorragendes Wasserreservoir abgaben und die Reste der alten Urströme, die nunmehr zu Flüssen geworden sind, mit Zufluß speisen und so ein ungeheures Quellgebiet von der Größe mehrerer deutscher Provinzen darstellen. Seit Jahrtausenden dürfte sich hier im Charakter der Landschaft nichts geändert haben. Solche Kiefernbestände und solche Bülten, solches Sphagnumpolster, auf dem die roten Moosbeeren leuchten, solche Sandinseln mit stärkeren Beständen, solche Flora und Fauna waren schon in prähistorischer Zeit vorhanden wie heute. Schon als der paläolithische Jäger, der den weichenden Gletschern folgte, hierher kam, balzte der Urhahn hier sein Lied. Während eine Kiefernkussel abstirbt und im Sumpf versinkt und zu Torf wird, ringt schon auf der nächsten Bülte eine kleine kümmerliche Kiefer um ihr Dasein; hier ist ein ewiges „Stirb und Werde“, aber nicht mit Katastrophen, mit großen Ereignissen, wie es im geschlossenen Hochwald Sturm, Feuer und Eisbruch verursachen, sondern langsam unmerklich sinken Generationen von Bäumen hin und neue Generationen wachsen heran; das Gesamtbild ändert sich kaum. In diese uralte Landschaft, in diese unendliche Einsamkeit, in diese schwermütig machende Weite des östlichen Sumpfwaldes paßt das geheimnisvolle, vorweltliche Lied des großen Hahnes! Wenn hier im ersten Frührot der Urhahn auf der flachen Krone einer wenige Meter hohen Kiefer steht und beim Schleifen seinen Kopf und Stingel steil nach oben richtet, zitternd mit dem gefächerten Stoß in Liebesekstase, dann durchschauert einen die Unendlichkeit der Zeit, in der tausend Jahre nichts sind, und man kommt sich kümmerlich wie eine Eintagsfliege vor im ewigen Werden und Vergehen der Natur.

Der Gajowi deutete an, daß wir am Rande einer Sandinsel warten müßten. Noch war es dunkel, nur der Waldkauz ließ von Zeit zu Zeit seinen Ruf erschallen und der Sperlingskauz pfiff dazwischen; auch das vibrierende uhu-uhu-uhu des Rauhfußkauzes war zu hören, sonst war alles still. Da zeigte sich hinten weit über der unendlichen Ebene der erste matte Streifen im Osten, und von der Jasiolda her tönte das Trompeten der Kraniche. Wie helle Fanfaren klingt das laute Rufen der herrlichen Vögel und schallt weit als erster Gruß an den kommenden Morgen über das unendliche Sumpfgebiet. Jetzt lassen auch die Kiebitze über den freien Sumpfflächen ihr kiwit-kiwit hören, und nun kommt das erste quorr-quorr-puitz-puitz der ziehendene Schnepfe – – da, nicht weit von uns ein leises Knappen, was gleich wieder verstummt. Tschuiii – beginnt an der nächsten Sandinsel der Birkhahn zu fauchen, und ringsherum fallen andere ein in das Balzkonzert. Ein zweiter Auerhahn balzt hinter uns, dann ein dritter und vierter, jetzt macht der erste Hahn schon ein richtiges „Gesetzl", wie der Gebirgler sagt. Schnepfen ziehen ununterbrochen über uns und neben uns mit lautem Quorren vorbei. Mit klingelndem Flug streichen Enten über uns hinweg und fallen mit lautem Klatschen auf einer nahen Blänke ein – nat-nat-nat lockt die Ente, und nun geht ein Konzert los, daß man Mühe hat, die Auerhahnen überhaupt noch zu hören. Trompetende Kraniche, rufende Kiebitze, hoch in der Luft meckernde Bekassinen, lockende Enten, quorrende und puitzende Schnepfen, fauchende und kullernde Birkhähne – man kann kaum mehr unterscheiden, wie viele es sind, das ganze Moor grudelt und brodelt – und vier flott balzende Auerhähne unterscheide ich. Wie soll man aus diesem Konzert den Rackelhahn heraushören können?! Jetzt setzen auch langsam und erst zaghaft die Drosseln ein, rauschend geht der große Hahn, der uns am nächsten gestanden hat, zu Boden. Gock-gock-gock locken die Hennen, und wir hören den Hahn flott am Boden weiter balzen. Ich bin völlig hingerissen von diesem Blaskonzert, so etwas habe ich noch nicht erlebt, das ist noch urwüchsige Natur. Hier ist der Mensch mit all seiner Qual noch nicht als Zerstörer und Verwüster aufgetreten. An Schießen denke ich gar nicht, ich bin fast froh, daß der Rackelhahn verschweigt, so daß ich in aller Ruhe den köstlichen Urwaldmorgen erleben kann.

Mein polnischer Jäger ist wohl abgestumpfter und murmelt

irgend etwas Polnisches vor sich hin, sicher sind es leise Flüche; oft hält er die Hand hinters Ohr, um besser horchen zu können, aber irgendeine Vogelstimme, die ich nicht kenne, höre ich nicht, also muß der Rackelhahn wohl nicht da sein, wie es bei seinem unsteten Wesen kaum verwunderlich ist. Jetzt singen die Drosseln in vollem Chor, Schnepfen ziehen nur noch vereinzelt, die Auerhähne sind zu Boden gegangen, an verschiedenen Stellen hören wir sie am Boden balzen, die Birkhähne verschweigen und halten die „Morgenandacht“ – – da sagt der Jäger, der angeblich kein Wort Deutsch kann, in die andächtige Stimmung, die mich umfängt, hinein: „So'n Schweine, nicht balzt, halten Schnauze!“ Ich wäre vor Lachen beinahe vom Jagdstock gefallen, und mit der feierlichen Stimmung war's nun vorbei.

Langsam turnten wir, nun bei Tageslicht erheblich leichter und bequemer, über die Stangenstege zurück zu unserem Panjewagen und fuhren nach Hause. Jetzt konnte ich die herrlichen, urwaldartigen Altholzbestände bewundern, durch die wir schon nachts gefahren waren. Es waren Mischbestände von Eiche, Winterlinde, Aspe, Hainbuche, Ahorn mit stellenweiser stamm- und gruppenweiser Beimischung von Fichte; an Bachläufen fand sich Erle und Esche, auch Ulme; an sandigen, etwas trockenen Partien dominierte sofort das Nadelholz, hier befanden sich Kiefern-Fichtenmischbestände von seltener Schönheit. Überall wucherte unter dem Altholz üppig die Naturverjüngung; selbst in vollkommen dicht bestockten Partien fand sich geschlossener Unterwuchs, der nur darauf zu warten schien, daß Sturm, Blitz oder Alter eine Lücke schufen, um sich sofort hochzuschieben. Rücksichtslos ist so ein Kampf ums Licht, der gleichzeitig der Kampf ums Dasein ist in einem Urwald. Sobald ein Stamm etwas Vorsprung im Wuchs hat, treibt er auch seine Seitenzweige mit brutaler Energie über die Köpfe seiner Nachbarn, diese vom Licht und Höhenwachstum damit ausschaltend. Der Stärkere zwingt den Schwachen erbarmungslos zu Boden – aber da unten am Boden, da wartet der Schwache, da lebt er lange im Schatten, wenn auch kümmerlich, und wenn auch das Wachstum seiner Krone eingeschränkt bleibt und seinem oberirdischen Teil Fesseln und Schrauben angelegt sind, unter der Erde wachsen seine Wurzeln weiter und, sobald derjenige, der ihn niedergerungen hat, scheitert, sei es, daß die Schneelast ihn zerbricht, sei es, daß der Sturm ihn fällt oder der

Blitz ihn zerschmettert, sofort schießt der Langunterdrückte hoch, nunmehr mit ebenso rücksichtslosen Ellenbogen alles niederringend, was sich ihm entgegenstellt, hinauf zum Licht – – hinauf zur Herrschaft! Ist der Urwald mit seinem Ringen ums Licht, mit seinem Kampf ums Dasein, nicht ein Abbild unseres menschlichen Lebens? Aber wir dünken uns besser, wir sind zivilisiert, wir arbeiten mit feineren Methoden und vor allem, wir tarnen die Methoden, aber die Härte und Brutalität des Kampfes ist im Endeffekt dieselbe.

An verschiedenen Stellen lasse ich den Kutscher halten, steige ab und sehe mir einige Baumriesen genauer an. Fichten bis 48 m Höhe, Eichen mit einem Derbholzinhalt von 30 fm und darüber sind keine Seltenheit, bestätigte mir später der zuständige Forstbeamte. Mit ähnlichem Wald muß Deutschland bedeckt gewesen sein, als Tacitus seine Germania schrieb, und man kann in solch einem Urwald Verständnis dafür bekommen, daß den Römern vor der Undurchdringlichkeit dieser Wälder grauste. Fährt man lange durch derartigen Urwald, so hat man neben dem Gefühl des Grandiosen und des Urwüchsigen doch auch die Empfindung, daß der Wald ursprünglich nicht der Freund, sondern der Feind des Menschen war und es auch heute noch an vielen Stellen der Erde ist, man denke nur an die grüne Hölle des Amazonas und die Fieberwälder des Kongo.

Abends gingen wir auf den Schnepfenstrich in einem anderen Teil des Reviers. Ich zählte über 20 Schnepfen, die ich sah, und schoß von acht Stück, die mir schußgerecht kamen, fünf. Mir wurde erzählt, daß es keine Seltenheit wäre, daß ein guter Schütze an einem Abend bis zu 10 Schnepfen erlegt. Es war dann auch das einzige Mal in meinem Leben, daß ich dort in Polen ein Schnepfenessen mitmachte, bei dem für jeden Teilnehmer zwei Schnepfen serviert wurden. Zu Hause ist man im allgemeinen froh, wenn man soviel geschossen hat, daß jeder eine halbe bekommt.

Am nächsten Morgen ging es, wieder über Stangenstege balancierend, zu unserer Sandinsel, um dem Rackelhahn ans Leder zu gehen. Wieder erlebte ich das Erwachen der Vogelwelt, und als die Birkhähne anfingen zu fauchen, hörte ich einen merkwürdigen Ton, der ganz ähnlich dem Fauchen eines Birkhahnes klang, aber doch wieder anders war. Es ist sehr schwer zu beschreiben – man muß es eben gehört haben. Hätte ich nicht gewußt, daß dort ein Rackelhahn sein sollte, so wäre mir wahrscheinlich gar nichts aufgefallen. Mein Gajowi geriet aus dem Häuschen, und mit dem Wort „Rackelhahn!“ bezeugte er seine weiteren Fortschritte in der deutschen Sprache. Das Fauchen erscholl auf etwa 100 m Entfernung mitten in einem Kiefernkusselbestand; ich mußte also versuchen, heranzupürschen. Wir sackten, als wir unsere Sandinsel verließen, bis zur halben Wade in Modder und Wasser ein, aber meine Warschauer Juchtenstiefel hielten dicht, und langsam, ganz langsam pürschten wir uns vorwärts. Plötzlich erklang dies merkwürdige Fauchen rechts von uns, nach einiger Zeit kam es von links – aha, der Bursche lief oder hüpfte von Bülte zu Bülte. Jetzt hörte ich zwischen dem Fauchen auch ein leises Knappen, ähnlich wie beim Auerhahn, nur leiser und nicht so tönend, es fehlte das etwas Metallische im Ton, das beim Knappen des Auerhahns zu hören ist. Außerdem war das Knappen so leise, daß man es höchstens auf 60 m hören konnte. Ich sah mir mit Hilfe des Glases die Augen aus dem Kopf, um den Hahn wenigstens mal zu sehen, aber es war noch zu dunkel. Da reitet vor uns ein Stück ab, fällt aber unweit in einer Kiefernkrone wieder ein. Sofort höre ich von dort wieder das leise Knappen und sehe nun auf etwa 100 m den Hahn als Silhouette durch die Kiefernzweige halbverdeckt auf einer flachen pinienförmigen Kiefernkrone stehen. Langsam schiebe ich mich zur Seite, um eine andere Kiefer als Deckung zwischen uns zu bringen. Das gelingt auch, der Hahn knappt weiter und faucht jetzt auch mehrmals. Dem Jäger hatte ich gewinkt, zurückzubleiben, bei diesem Anpürschen ist schon einer zu viel. Ganz langsam schiebe ich mich vorwärts, immer genau die Kiefer im Auge behaltend, die ich als Deckung zwischen mir und dem Hahn habe; wenn ich diese Kiefer erreiche, ist der Hahn mein. Es wird inzwischen schon ziemlich hell, aber sehen kann ich den Hahn nicht, also kann er mich auch nicht eräugen – – nur langsam weiter – – da – als ich noch etwa 10 m vor der Deckungskiefer bin, reitet der Hahn ab, fällt nach 150 m wieder ein, und ich höre ihn dann wieder fauchen. Nochmal angehen hat keinen Zweck, dafür wird es zu hell und das Bruch bietet zu wenig Deckung. Inzwischen ist der Gajowi herangekommen, der alles genau von seinem Stand beobachtet hat. Er tippte auf meine erstklassige, nach Maß geschäftete Ejektor-Doppelflinte Kaliber 12 und sprach die denkwürdigen Worte: „Gewerr beschissen – – Kleinkaliber dobra!“ Aber erstens hatte ich kein Kleinkaliber und zweitens bin ich kein Freund eines Kugelschusses auf Hahnen. Ich will damit nicht das in den Jagdzeitschriften schon mehrfach zu Tode gehetzte Thema: „Ist der Schrotschuß oder der Kugelschuß waidgerecht auf Auer- und Birkwild?“, nochmal aufwärmen, aber ich war mehrfach dabei, wie ein Auerhahn, mit der Kugel geschossen, die er wahrscheinlich waidwund bekommen hatte, nicht gefunden wurde, und bin daher ein Anhänger des Schrotschusses. Daher war für mich trotz allem ein Kleinkaliber nicht „dobra“. Ich hatte nicht den Eindruck, daß der Rackelhahn mich eräugt hatte, sondern der Bursche war so unstet und so unruhig, daß er ständig seinen Standort wechselte und dadurch auch Unruhe und Störung auf den ganzen Balzplatz brachte.

Noch zwei Morgen versuchte ich es unentwegt auf den Rackelhahn – ohne Erfolg. Das eine Mal sah ich ihn über eine Bültenlücke laufen, aber zum Schießen reichte es nicht. Er hielt nie so lange an einer Stelle aus, daß man sich hätte anpürschen können. Infolge des schwierigen Geländes kam man nur sehr langsam vorwärts, und wenn man etwa die Hälfte des Weges zurückgelegt hatte, stellte der Hahn sich um. Die Hoffnung, daß er sich doch auch einmal zu mir hin umstellen und auf Schußentfernung vor mir einfallen könnte, ging nicht in Erfüllung – es sollte halt nicht sein, und nun wurde es langsam Zeit, sich dem Auerhahn zu widmen.

Ich sollte einen alten Hahn schießen, der auch in dem „Rackelhahnbruch“, wie ich es heimlich nannte, balzte, aber 500 m weiter nördlich von unserer alten Operationsbasis entfernt. Der Hahn sollte hier am Rande eines Kiefernaltholzhorstes balzen, der auf einer der schon beschriebenen Sandinseln stockte. Bei völliger Dunkelheit balancierten wir auf den verfluchten Stangenstegen zu dem Altholzhorst hin. Wir wollten den Hahn ziemlich frühzeitig angehen, da es ein alter Hahn war, der ziemlich früh zu Boden zu gehen pflegte. Der Hahn fing auch programmäßig an zu knappen, aber nicht am Rande auf seinem alten Balzbaum, sondern mitten in dem Horst. Bald spielte er sich ein, und wir gingen den flottbalzenden Hahn an, springen konnte man das nicht nennen, der Boden war eben, mit Heidekraut bewachsen, es war ein gemütliches Angehen, bei jedem Schleifen zwei Schritte. Als es feierlich wurde, ließ ich den Jäger zurück. Jetzt mußte ich den Hahn doch eigentlich sehen – – ich gehe beim nächsten Schleifen noch zwei Schritt weiter, nehme das Glas zu Hilfe – – aber ich sehe keinen Hahn. Dabei balzt der Hahn so nahe, daß ich ihn unbedingt unmittelbar vor mir haben muß. Ich mache noch einige Schritte und habe erneut den Eindruck, daß der Hahn direkt vor mir sitzen muß; weiterzugehen ist sinnlos, ich muß warten, bis es heller wird. Der Hahn balzt flott ohne Pause. Ich drehe den Kopf mal zurück – – Himmeldonnerwetter – – der Hahn balzt ja hinter mir, ich muß ihn untersprungen haben. Jetzt drehe ich den Kopf nach rechts – – da balzt der Hahn rechts von mir. Langsam werde ich nervös. Als ich den Kopf nach links drehe, habe ich den Eindruck, daß der Hahn links von mir steht – – da klackt unmittelbar neben meinem Hut die Balzlosung herunter, mir direkt vor die Füße. Ich schaue ruckartig senkrecht nach oben, und da steht der Hahn keine 4 m entfernt genau über mir auf einem dicken trockenen Kiefernast und – – verschweigt! Ich rühre kein Haar, schaue nur immer senkrecht nach oben, jetzt wird der Hahn langsam zur Zigarre, immer schmaler und länger, äugt mit leicht seitwärts gedrehtem Kopf links am Ast vorbei zu mir herunter, jetzt rechts vorbei – – nur nicht bewegen jetzt, dann ist alles verloren! Der Hahn äugt unentwegt, mir wird das Genick vollkommen steif – – nun schläft mein linker Fuß ein – – jetzt auch der rechte – – die Flinte fängt an in meinen Händen zu zittern – lange kann ich diese vermaledeite Stellung nicht mehr aushalten! Wilde Pläne durchkreuzen mein Hirn – die Flinte hochreißen und schießen – – Unsinn, entweder schießt du den Hahn auf die nahe Entfernung zu Brei, oder, was das Wahrscheinlichere ist, du schießt vorbei. Aber passieren muß jetzt was, ich halte es einfach nicht mehr aus – – das dachte dann wohl auch der Hahn, erlöste mich mitleidig aus der vertrackten Stellung – – und ritt ab! Der Gajowi kam und sagte nichts, sicher reichte sein deutscher Sprachschatz nicht aus, um seiner grenzenlosen Verachtung Ausdruck zu geben. Wir hätten noch bequem einen anderen Hahn anspringen können, es war noch ziemlich dunkel, es hätte sicher noch gereicht, und der Gajowi gab mir das auch zu verstehen – aber das wollte ich nicht. Ich hatte schon den Rackelhahn nicht gekriegt, jetzt wollte ich wenigstens den Auerhahn schießen, auf den ich angesetzt war. Aber ich kriegte ihn nicht, denn dieser alte Hahn hatte das im Morgengrauen unheimlich helleuchtende Menschengesicht, in das er eine geschlagene Viertelstunde auf so nahe Entfernung hineingeschaut hatte, so übelgenommen, daß er seinen Balzplatz die nächsten Tage mied.

Ich schoß dann schließlich einen anderen guten Hahn – es balzten etwa 12 Hähnen in dem Rackelhahnbruch – aber nicht auf einer Sandinsel, sondern mitten im Bruch, wo er auf einer 5 m hohen Kiefernkussel stand. Es war ein phantastisches Bild, wie dieser Hahn, so niedrig über der Erde riesengroß wirkend, mitten auf der abgeflachten Krone stand und sich gegen den hellen Morgenhimmel als Silhouette abhob. Als ich auf Schußentferung heran war, genoß ich mehrere Strophen lang dieses seltene Bild, bis mein Schuß ihm in höchster Liebesektstase den Lebensfaden abschnitt. Der Hahn wog $10^{1}/_{2}$ Pfund, was für die dortigen Verhältnisse nicht sehr viel war, es kamen Hähne bis zu 12 Pfund vor, und ich habe selbst einen Hahn, den ein anderer Gast geschossen hatte, mit $11^{1}/_{4}$ Pfund gewogen. Die Hähne waren auf der Unterseite des Stoßes und auch an der Bauchseite erheblich heller als die deutschen Hähne, so daß es sich hier wohl schon um einen Übergang zum Auerhahn des Ural handelt, der auf der Unterseite fast weiß sein soll.

In dem Sumpfgebiet der Jasiolda gab es neben dem zahlreichen Auer- und Birkwild auch Wolf, Luchs und viel Schwarzwild. Natürlich kamen auch Fuchs, Dachs und Baummarder vor – also alle Feinde der Waldhühner waren reichlich vorhanden, und trotzdem dieses starke Vorkommen! Allein in dem Rackelhahnbruch balzten, wie schon gesagt, ein Dutzend Auerhähne und im gesamten, allerdings sehr großen Revier balzten 150 große Hahnen, wobei bestimmt nicht der letzte balzende Hahn in den großen, ausgedehnten Brüchen verhört worden war.

Am gefährdetsten ist beim Auerwild bekanntlich das Gelege, das die Henne meistens sehr sorglos anzulegen pflegt, und das dann häufig eine Beute des Dachses und vor allem des Schwarzwildes wird. Auch das junge Gesperre ist zahlreichen Gefahren ausgesetzt. Gegen alle diese Gefahren hatte sich das Auerwild des Sumpfreviers geschützt, indem es auf den von Sumpf umgebenen Sandinseln balzte und sich fortpflanzte. Hierher kamen weder Dachs noch Sauen, ich glaube auch kaum, daß der Fuchs weite Strecken durch den Sumpf watet. Nach dem Auslaufen des Geleges war hier der Tisch für die

Aufzucht des Gesperres reichlich gedeckt – Moosbeeren und alle anderen Beerenarten, besonders Walderdbeeren, Kiefernnadeln und sonstige Äsung war genügend vorhanden. Ameisenhaufen gab es auf diesen Inseln auch, und im Sand war Gelegenheit zum Hudern. Sicher befanden sich auch Quarzsteinchen in dem diluvialen Sand, die als Magensteine für das Auerwild unentbehrlich sind. Heide- und Beerkraut boten auf den Sandinseln, die Moospolster und Bülten im angrenzenden Sumpf hervorragende Deckung. Auf dieser gesicherten Brut- und Aufzuchtsmöglichkeit für die Gesperre beruht zweifellos das ganze Geheimnis, daß alles Raubwild und auch das Schwarzwild in diesen Revieren dem Auerwild keinen Abbruch tun können. Daher ist bei uns im forstlich gepflegten Kulturwald in der Entwässerung der Brüche der Hauptgrund des Rückganges der Waldhühner zu suchen.

Birkwild gab es in den Revieren der Jasiolda in ungeheuren Mengen. In diesen riesigen Sumpf-Bruch-Moorgebieten waren alle Daseinsbedingungen für das Birkwild erfüllt. Trotz der zahlreichen Birkhähne, die hier balzten, war es aber nicht leicht, einen wirklich guten Hahn zu schießen. Die Hähne konnten im allgemeinen nur vom Schirm aus geschossen werden, aber da überall die Verhältnisse gleich günstig waren, hielten die Hähne nicht so sicher die Balzplätze ein, wie wir das in Birkwildrevieren Deutschlands gewohnt sind. Ich habe in Ostpreußen und in Westfalen auf Birkwild gejagt, und wenn man in diesen Revieren einen Hahn als abschußreif bestätigt hatte, baute man sich einen Schirm, und der Hahn war dann meist mühelos zu schießen. In den Sumpfrevieren der Jasiolda balzte der Hahn am nächsten Tag 100 m oder 150 m weiter, man konnte ihn aus dem Schirm sehr schön beobachten, aber auf Schußentferung kam er nicht. Die Hähne verteilten sich auch auf riesige Flächen, die Balz spielte sich nicht so konzentrisch ab, wie ich das in anderen Revieren erlebt habe. In den Partien, die mit Kiefernkusseln bestanden waren, in denen also Auerwild balzte, balzten zwar auch Birkhähne, aber hier Schirme zu bauen, lohnte sich nicht, da der kleine Hahn hier keinen Balzplatz beibehielt und das Gelände auch zu unübersichtlich war. Die Hauptbalzplätze waren die riesigen Bruchpartien, die horstweise mit Birken und Aspengestrüpp bestockt waren. Soweit das Auge reichte, war hier nichts als Sumpf und Bruch, und man bekam einen Eindruck von der Unendlichkeit und Weite der östlichen Landschaft, aber auch von der Schwermut und Melancholie, die über dieser Landschaft liegen, und die ihren stärksten Niederschlag in den getragenen Melodien der russischen Volkslieder finden. Weit hinten fließt irgendwo die Jasiolda, fließt ist schon zuviel gesagt, das Gefälle ist so minimal, daß man eine Bewegung des Wassers kaum wahrnehmen kann. Weit und breit ist Sumpf und Bruchwald und wieder Sumpf. In der Ferne liegen einzelne Sandinseln, auf denen ein paar niedrige mit Stroh gedeckte Holzhütten ein armseliges Dorf bilden – bei flüchtigem Eindruck eine Gegend der Trostlosigkeit, der Armut, der Eintönigkeit, die bedrückend wirkt; aber, wer sich dem eigenartigen Zauber dieses Landes länger hingibt, wird gefangen von der Großzügigkeit der Landschaft, von der Großräumigkeit, der Weite, die Urigkeit, der Unberührtheit von der Zivilisation und allem, das damit zusammenhängt. Man versteht, daß Menschen, die hier geboren sind, diese Landschaft in ihrer Einsamkeit und Weite über alles lieben.

Als Jäger ist man immer wieder begeistert von dem Vogelleben, das in den weiten Mooren und Brüchen herrscht. Es ist morgens früh, als ob das ganze Bruch brodelt und gurgelt, so balzen die Birkhähne, wo man auch hinhört. Es ist fast nicht zu unterscheiden, wie viele man von einem Platz aus hören kann, überall kullert und faucht es. Dazwischen trompeten die Kraniche, rufen die Kiebitze, locken die Enten, meckert die Himmelsziege – – es ist wie eine gewaltige Liebessymphonie der Sumpfvogelwelt, die man hier erlebt. Dort im weiten Bruch – dem sog. Dziki Nikor – sah ich auch zum erstenmal Kampfläufer. Jedes Männchen war anders gefärbt, und der Hochzeitsstaat ist mannigfaltig und farbenprächtig, daß von 100 Tieren keins dem anderen gleicht. Ich sah eine große Serie ausgestopfter Männchen – das Weibchen ist schlichtbraun gefärbt und unansehnlich, mit einer sehr guten Schutzfarbe ausgestattet – die alle in den verschiedensten Farben prangten, und zwar waren die Farben so geschmackvoll gegeneinander abgestuft, daß die Zusammenstellungen einen Modekünstler begeistert hätten. Von einem Schirm aus hatte ich Gelegenheit, die Balz zu beobachten. Auf einem verhältnismäßig kleinen Fleck tanzten etwa ein Dutzend Männchen wie die Florettfechter gegen- und umeinander. Wenn sie mit gesträubter Halskrause und ihren langen spitzen Schnäbeln aufeinander losfuhren, sah die Sache sehr kriegerisch und gefährlich aus, aber sie taten sich nicht das Geringste, das Ganze schien mehr ein Schauspiel zu sein, und ich mußte unwillkürlich an die glänzenden Turniere des Mittelalters denken, wo die in blitzendem Harnisch mit wallenden Federbüschen gekleideten Ritter mit großem Trara gegeneinander sprengten, um sich aus dem Sattel zu heben; aber selbst so weit kam es bei den Kampfläufern nicht. Zeitweise bildeten sie plötzlich alle zusammen einen dichten Knäuel. Ich habe selten so etwas Anmutiges und Graziöses und eine solch farbenfreudige Eleganz gesehen, wie dieses Minnespiel der Kampfläufer. Von Zeit zu Zeit erschien eine „Sie", um deren Minne all dieser Sturm im Wasserglas aufgeführt wurde, mit zierlichen Tippelschritten herbei, tippte einen der Kavaliere leicht mit dem Schnabel an, und er verschwand mit ihr. Mir wurde keineswegs klar, nach welchen Gesichtspunkten die Schöne ihre Auswahl traf. Um in die Geheimnisse des Fechtkomments und der Minnewerbung der Kampfläufer einzudringen, ist man als Mensch viel zu dumm! Aber dieser Morgen, an dem ich, ohne an Schießen zu denken, den Hochzeitsjubel der Vogelwelt und insbesondere das Liebesspiel der Kampfläufer im Dziki Nikor erlebte, wird mir immer unvergessen bleiben.

Ein interessantes Erlebnis hatte ich noch während meines dortigen Aufenthaltes auf dem Schnepfenstrich. Ich stand vor einer großen Naturverjüngung, die eine etwa 3 bis 4 Meter hohe dichte Dickung bildete und aus Aspe, Hainbuche, Linde, Birke und anderen Laubhölzern bestand. Aber die Schnepfen, die wie immer zahlreich da waren, strichen alle zu weit entfernt vorbei, so daß ich nicht zu Schuß kam. Ich wollte meinen Stand nicht selbständig ändern, da ich vom Jagdherrn an dieser Stelle angestellt worden war, und genoß das herrliche Drosselkonzert um mich herum, da hörte ich plötzlich vor mir in der Dickung – es mochte etwa 150 bis 200 Meter entfernt sein – ein markerschütterndes Schreien. Mir lief eine kalte Gänsehaut über den Rücken – das konnte nur ein Mensch in Todesnot sein. Laut drang das fürchterliche Schreien zu mir herüber, so als wenn ein Mensch mit aller Gewalt gewürgt würde, dann noch einmal Luft bekam, gellend aufschrie und stöhnte und ihm im nächsten Moment die Luft wieder abgeschnürt wurde. Das Schreien ging in ein Röcheln und Stöhnen über. Es war für mich, der ich von Jugend auf alle Stimmen der Natur kannte, keinerlei Zweifel, daß es sich nur um einen Menschen handeln konnte, der in der Dickung ermordet wurde. So schnell mich meine Beine trugen, rannte ich in Richtung des Standes, auf dem ich meinen Jagdherrn wußte, um ihn zu Hilfe zu holen. Auf halbem Wege kam er mir schon entgegen, denn auch er hatte das furchtbare Schreien gehört und geglaubt, es sei mir etwas zugestoßen. Daß das Schreien nur von einem Menschen herrühren konnte, stand auch bei ihm außer Zweifel. Wir drangen nun zu zweit in die Dickung ein, in Richtung des zuletzt gehörten Schreiens, fanden aber nichts Verdächtiges. Da es dunkel wurde, mußten wir die Suche aufgeben. Auf verschiedentliches Rufen erhielten wir keine Antwort. Mir ließ die Sache keine Ruhe. Ich hatte häufig das Schreien der Sumpfohreule gehört, das auch leicht mit der menschlichen Stimme verwechselt werden kann, aber das hatte völlig anders geklungen. Hier mußte sich vor unseren Ohren ein fürchterliches Verbrechen abgespielt haben. Wir gingen alle Tierarten durch, die überhaupt dort vorkamen, und kamen immer wieder zu dem Ergebnis, es kann kein Tier gewesen sein, solche Schreie stößt nur ein Mensch aus in höchster Todesnot! Am nächsten Morgen wurde das ganze Gebiet durch mehrere Jäger und Gendarmen abgesucht, ohne daß das Geringste gefunden wurde. Das Geheimnis des furchtbaren Schreiens und Stöhnens blieb unaufgeklärt. Erst viele Jahre später erschien in „Wild und Hund“ eine Veröffentlichung über den Ranzschrei des Dachses, und zahlreiche Leser antworteten in Zuschriften, daß sie ebenfalls ein derartig unheimliches Schreien vernommen und sämtlich geglaubt hätten, daß es sich um einen Menschen handele. Es wurden verschiedene Erlebnisse geschildert, die ähnlich verlaufen waren, wie das, was ich im Urwald an der Jasiolda erlebt hatte. Es besteht für mich kein Zweifel mehr, daß auch uns damals ein Dachs diesen furchtbaren Schrecken eingejagt hatte. Alle Berichte in „Wild und Hund“ stimmten darin überein, daß das Schreien im Hochsommer, im Juli und August, also während der Ranzzeit des Dachses, gehört wurde. Sicher ist, daß der Dachs nur äußerst selten diesen Schrei ausstößt. Es gibt nur wenige Jäger, die ihn gehört haben, und in der älteren Literatur wird nichts darüber berichtet. Ich selbst habe dieses Schreien auch nie wieder gehört, obschon ich viele Nächte und Tausende von Abenden und Morgen in Revieren draußen war, in denen der Dachs Standwild war.

Ich schoß noch zwei Birkhähne, den einen mühelos vom Schirm aus, den anderen während der Sonnenbalz von einer hohen Kiefer herunter, es waren beides nur mittlere Hähne. Auf einen alten, wirklich guten Hahn hatte es nicht klappen wollen. Aber, wenn im Frühjahr das Birkenlaub „wie'n Heller breit“ ist, wenn die Schnepfe puizt und quorrt, dann schweifen sehnsüchtige Gedanken an die Jasiolda, wo im einsamen Sumpfurwald der große Hahn glöckelt, als wollte er die Jahrtausende der Ewigkeit zählen, und wo im weiten Bruch der Birkhahn „kullert und tollt“.

Nach dieser Abschweifung zurück nach Burgjoß. Das Revier hatte damals einen recht guten Rotwildbestand. Ich erlegte einen sehr interessanten alten Sechser unter besonderen Umständen. Der Hirsch war zu Beginn der Brunft bestätigt worden, er hatte lange Stangen, aber nur sechs Enden. Die Augsprossen waren beide stark nach oben gebogen – eine seltene, daher besonders begehrenswerte Trophäe. Er war nur einmal gesehen worden, aber als Platzhirsch mit sieben Stück Mutterwild. Das Wetter war ungünstig, wir hatten viel Regen und die Hirsche meldeten schlecht. Ich war morgens, abends und auch über Tage unterwegs – ich bekam den Hirsch nicht zu sehen. Die Hauptbrunft war schon vorbei, als wir an einem Vormittag durch den Revierteil pürschten, in dem der Hirsch bestätigt war. Wir kamen in einem großen Fichten-Dickungskomplex einen Holzabfuhrweg entlang, der eine breite grasbewachsene Schneise kreuzte. Mein Freund, der vor mir ging, blickte vorsichtig um die Ecke auf die Schneise und fuhr zurück, mir Zeichen machend, daß irgend etwas Besonderes los wäre. Ich schob mich langsam vor und sah meinen alten Sechser mit einem Schmaltier auf etwa 80 Meter im Begriff in die Dickung zu ziehen. Die Büchse herunter – Sicherungsflügel herum – ins Gesicht gehen und schießen, war das Werk von einigen Sekunden. Der Hirsch machte im Schuß einen krummen Rücken und schlug mit einem Lauf etwas nach hinten aus. Im nächsten Augenblick war er mit dem Tier in der Dickung verschwunden. Das war entsetzlich schnell gegangen! Um aufgeregt zu werden, hatte man gar keine Zeit gehabt. Die Kugel mußte er haben, aber der Hirsch hatte im Augenblick des Schusses halb spitz gestanden, außerdem hatte er mit krummem Rücken gezeichnet – also wahrscheinlich waidewund. Aber dann mußten wir ihn kriegen, zumal mein Freund einen hann. Schweißhund hatte, allerdings war der Hund noch jung und ohne große Erfahrung. Nun machten wir aber eine Kette von Fehlern. Mein Freund hatte keine Rotwilderfahrung, aber ich war mit Rotwild groß geworden, und mir hätten diese Fehler nicht unterlaufen dürfen, aber man wird eben nur durch lange Erfahrung klug und der Mensch, also auch der Jäger, ist immer unzulänglich. Hier wurde das Unzulängliche nun wirklich zum Ereignis!

Wir warteten etwa zwei Stunden; da ich um 11 Uhr geschossen hatte, hätte man ruhig drei bis vier Stunden warten können, es wäre dann immer noch Zeit genug zur Nachsuche geblieben. Das am Anschuß gefundene Schnitthaar hielten wir für waidewund. Wenige Meter vom Anschuß verwies der Hund Schweiß, und dann ging es in die bürstendichte Dickung hinein. Mehrere Male fanden wir Schweiß – es war eine völlig normale Nachsuche, der Hund lag gut im Riemen, und es schien alles programmäßig abzulaufen – da polterte plötzlich ein Stück, nach dem Anschlagen zu urteilen, ein Hirsch, vor dem Hund weg. Mein Freund schnallte seinen Hund sofort. Das war der zweite Fehler. Der Hund hetzte lauthals durch die Dickung, und der Laut verlor sich dann hinter dem nächsten Bergrücken. Wir stürmten hinterher, ohne nach einem Wundbett lange zu suchen, und begingen damit den dritten Fehler. Der Hund kam erst nach Stunden zurück. Wir waren im halben Revier herumgefahren, um den Hund zu suchen. Als „Hirschmann“ endlich zu uns stieß, war es später Nachmittag, und wir konnten an diesem Tage nichts mehr unternehmen, zumal der Hund auch völlig fertig war. Gegen Abend begann es zu regnen – und schließlich zu gießen – es scheint unabänderliches Naturgesetz zu sein, daß nach solch verfehlten Nachsuchen Regen einsetzt. Als wir am nächsten Morgen die Nachsuche fortsetzten, war jeder Schweiß verwaschen. Der Hund arbeitete mit Mühe noch etwa bis in die Gegend, wo er am Tage zuvor geschnallt worden war, fing dann aber an zu faseln, und wir brachten die Fährte nicht weiter fort. Wir wurden uns einig, daß der Hirsch die Kugel nicht waidewund, sondern als Streifschuß auf der Keule haben mußte. Er hatte halbspitz gestanden, ich konnte daher leicht etwas zu weit nach hinten abgekommen sein. Das Schnitthaar von den Dünnungen und von der Keule ist sehr ähnlich, das Aufschlagen mit dem Hinterlauf ließ ebenfalls Keulenschuß als wahrscheinlich erscheinen. Bei einem Keulenstreifschuß hatte „Hirschmann" den Hirsch natürlich nicht zu Stande hetzen können. Es paßte scheinbar alles herrlich zusammen – und war doch völlig falsch!

Als ich nach einigen Wochen zum Dachsgraben nach Burgjoß kam, wurde ich mit Hallo empfangen. Am Tage vorher hatte der zuständige Förster meinen Hirsch, der nach dem Geweih unverkennbar war, gesehen und deutlich auf der linken Keule mit dem Glas einen Strich feststellen können – der Hirsch hatte also tatsächlich nur einen Streifschuß. Mir fiel ein Stein vom Herzen. Ich war die ganzen Wochen seit dem Anschuß nicht mehr richtig froh gewesen. Der Förster berichtete mir dann persönlich noch genau über das Erlebnis und erklärte, wie sehr er sich gefreut hätte, mir diese Nachricht überbringen zu können. Drei Wochen später wurde mein Hirsch etwa 300 Meter von der Stelle, an der wir auf der Nachsuche den Hund geschnallt hatten, verludert gefunden! Der Förster hatte die Geschichte frei erfunden, um mich zu trösten. Wenn ich auch viel Verständnis für Jägerlatein habe, so war diese Lügerei doch unverzeihlich. Es war für mich ein Beweis, wie wenig man auf der Jagd, besonders bei Nachsuchen, anderen Leuten Glauben schenken darf. Bei schwierigen Nachsuchen muß man skeptisch, ja mißtrauisch gegen alle Behauptungen anderer, mißtrauisch gegen sich selbst und seinen Hund sein, der trotz aller Qualitäten auch nur ein unzulängliches Geschöpf ist.

Zweifellos war mein Sechser mit der Teilmantelkugel waidewund bis zu der Stelle gezogen, wo der Waldarbeiter ihn verludert gefunden hatte. Wahrscheinlich war er schon verendet, als wir mit der Nachsuche begannen. Der Hirsch, an dem wir „Hirschmann" geschnallt hatten, hatte zufällig auf der kranken Fährte gesessen oder gestanden, wahrscheinlich war es ein Beihirsch des Sechserrudels, und der Schweißhund, der noch nicht viel Erfahrung besaß, hatte stundenlang an dem gesunden Hirsch gehetzt.

Was war unser wesentlichster Fehler gewesen? Wir hätten uns vor dem Schnallen überzeugen müssen, ob wir wirklich den kranken Hirsch vor uns hatten, also zunächst nach dem Wundbett suchen. Dann den Hund, zunächst noch am Riemen, ein Stück arbeiten lassen und feststellen, ob man noch Schweiß hatte, also ob man wirklich am kranken Hirsch war. Ein weiterer Fehler war, daß wir uns am nächsten Tag mit der Hypothese eines Streifschusses beruhigten. Wenn wir mangels eines anderen Hundes mit einigen Waldarbeitern die Dickung abgesucht hätten, wäre der Hirsch gefunden worden. Aber wenn man aus dem Rathaus kommt, ist man immer klüger als wenn man hineingeht!

Trotz dieser Erfahrung in Burgjoß passierte mir viele Jahre später, als ich über erheblich größere Erfahrung verfügte und schon lange Jahre erstklassgie Schweißhunde geführt hatte, eine ähnliche Geschichte. Ein gesunder Hirsch hatte auf der Wundfährte eines laufkranken Hirsches gestanden und war auf dieser kranken, schweißenden Fährte 100 Meter entlang gezogen, hatte dabei wahrscheinlich sogar Schweiß an seine Schalen bekommen. Nachdem ich mich überzeugt hatte, daß der vor uns fortziehende Hirsch auf der Schweißfährte zog, d. h., ich nahm natürlich an, daß dieser Hirsch schweißte, schnallte ich meine Hündin. Es wurde eine Fehlhetze. Am nächsten Morgen brachte ich dann aber den laufkranken Hirsch zur Strecke, nachdem ich beim letzten Schweiß die Arbeit am Riemen wieder aufgenommen hatte. Man soll daher bei einer Nachsuche nie zu früh und nicht leichtfertig schnallen. Nur wenn man vollkommen sicher ist, das kranke Stück wirklich vor sich zu haben, gehört die Halsung herunter. Bei dem geringsten Zweifel in dieser Hinsicht ist es besser, noch einige 100 Meter am Riemen nachzuhängen, bis man sich einwandfrei überzeugen kann.

Meine Zeit in Wolfgang näherte sich dem Ende. Ich hatte in der Rangliste alle Assessoren angestrichen, die bereits ein Forstamt erhalten hatten, und stellte fest, daß ich etwa nur noch zehn Vordermänner hatte, es wurde also Zeit, sich um ausgeschriebene freie Stellen zu bewerben. Für mich stand fest, daß ich nur nach dem Osten wollte – da wurde das Forstamt Battenberg ausgeschrieben. Der bisherige Stelleninhaber war an die Regierung nach Oppeln geholt worden. Battenberg wurde als fabelhaft geschildert: Wohnung in einem alten, großherzoglichen Jagdschloß, das Revier waldbaulich vielseitig, weil eine isoliert gelegene Försterei erheblich bessere Böden aufwies als das Hauptrevier, das auf Tonschiefer und Grauwacke stockte, jagdlich sehr gut: Rotwild, Rehwild, Schwarzwild und in der isoliert gelegenen Försterei gute Niederjagd mit berühmten Fuchsstrecken, dann die Eder mit ihrer Fischerei und verschiedene Nebenbäche mit Forellen. Man sagte mir, eine Bewerbung könnte ich mir schenken, denn als erste Stelle würde Battenberg nicht in Frage kommen. Ich bewarb mich trotzdem – und erhielt das Amt. Zufällig waren keine älteren Bewerber aufgetreten. Ich habe es nie bereut, mich um dieses forstlich interessante, landschaftlich sehr schöne und jagdlich hervorragende Revier beworben zu haben.

Ich werde nie vergessen, welch herrlichen Anblick das hoch auf einem Berg gelegene Forstamt bot, als ich zum erstenmal mit meiner Frau, von Hanau kommend, nach Battenberg fuhr.

Kurze Zeit vor unserem Umzug nach Battenberg waren meine Frau und ich zu Gast bei Kleins. Prof. Eckstein aus Eberswalde, der bekannte Entomologe, war aus irgendeinem Grunde ebenfalls dort und aß mit uns zu Mittag. Nach dem Essen gingen wir zigarrenrauchend durch den Garten, und um uns herum spielte Klein-Fritzchen, der etwa fünfjährige Neffe von Kleins, der zu Besuch dort war. Große Hummeln umschwirrten die Gartenblumen und Klein rief: „Fritzchen, komm mal schnell her und sieh mal, was für große Bienen hier sind." Fritzchen kam herbei, sah die Hummeln und sagte in vorwurfsvollem Ton: „Aber Onkel Richard, das sind doch keine Bienen, das ist doch bombyx terrestris." Wir dachten, der alte Eckstein würde sich vor Schrecken hinsetzen: „Mein Gott, woher weiß der Junge das?" Unter unserem schallenden Gelächter wurde ihm aber sehr schnell klar, daß „Exzellenz Klein" zu Ehren des Besuches seinem Neffen tagelang diese Antwort eingetrichtert hatte.

Battenberg liegt im sog. Hessischen Hinterland am Südostende des Rothaargebirges. Das Revier war ein Teil eines riesigen Waldgebietes; Rothaargebirge und Sauerland stießen hier zusammen. In Battenberg selbst sind zwei Forstämter, Elbrighausen und Battenberg, nach Westen schließt das Forstamt Hatzfeld und nach Osten das Forstamt Frankenberg an. Früher hatte dieses hessische Hinterland zum Großherzogtum Hessen gehört, erst 1866 war es an Preußen im Austausch abgetreten worden. Seit dieser Zeit waren in dem älteren Jagdschloß das Forstamt Elbrighausen und in dem neuen Jagdschloß das Forstamt Battenberg, zusammen mit dem Amtsgericht, untergebracht. Der Amtsgerichtsrat saß bereits über 30 Jahre dort, er war ein Original und wirkte wie ein Patriarch in seinem gesamten Gerichtsbezirk. Er hatte ein enormes Personengedächtnis und kannte jeden Menschen, ja jedes Kind; er duzte grundsätzlich alle. Wurde in einem Termin ein Zeuge aufgerufen, dann wußte der Amtsgerichtsrat jedesmal auswendig: seinen Vornamen, mit wem der Zeuge verheiratet war, wieviel Kinder er hatte, wie alt die Kinder waren usw. Als ich kurze Zeit in Battenberg war, nahm ich zum erstenmal als Zuhörer an einem Gerichtstermin teil; es handelte sich um einen Holzdiebstahl. Der Angeklagte stammte aus Elsoff, einem alten Wilddiebsnest in einer verlassenen Gegend und war etwa 30 Jahre alt. Der Amtsgerichtsrat beschimpfte ihn während des Termins in gröblichster Weise: „Wie kommst Du Nichtsnutz dazu, das Holz zu stehlen? Weißt Du nicht, daß Du aus einer ordentlichen Familie kommst; jetzt machst Du Lümmel Deinem alten Vater solchen Kummer?!! Deine Frau scheint auch nichts zu taugen, sie hätte Dir die Jacke voll hauen sollen, als Du mit dem gestohlenen Holz nach Hause kamst. Was hast Du dummer Lausebengel Dir eigentlich dabei gedacht?" So ging es während der ganzen Verhandlung weiter, der zitierte Vater und auch die Frau saßen als Zeugen dabei und hörten sich die Schimpfkanonade mit an. Mir wurde leicht schwül zumute – das konnte doch nicht gut gehen, das ließen sich die Leute doch sicherlich nicht gefallen, der gute Amtsgerichtsrat würde bestimmt Scherereien bekommen – aber nichts dergleichen geschah. Die einzige Folge war, daß der alte Vater des Angeklagten nach dem Termin zum Amtsgerichtsrat ging und sich dafür bedankte, daß er seinem Sohn so energisch ins Gewissen geredet hatte, ganz besonders habe ihn gefreut, daß er ihn einen dummen Lausebengel genannt habe, denn das wäre sein Sohn tatsächlich!

Der Amtsgerichtsrat war äußerst angesehen und beliebt, jeder wußte, daß hinter dieser rauhen Schale ein gütiges, goldiges Herz schlug. Wenn irgendwelche Schwierigkeiten in meiner Familie waren, wenn ein Testament gemacht werden mußte, wenn sonstige Fragen über Grundstücke o. ä. auftauchten, wurde der „Herr Rat" gefragt. Er herrschte wie ein ungekrönter König in seinem Bezirk. Ich habe mich die acht Jahre, die ich in Battenberg war, mit ihm ausgezeichnet gestanden. Er war passionierter Jäger, ein humorvoller Gesellschafter und konnte köstliche Geschichten aus seiner 30jährigen Praxis im hessischen Hinterland erzählen.

Als ich nach Battenberg kam, brachte ich meine hann. Schweißhündin „Gilka – Winnefeld-Solling" mit. Mein Vorgänger im Amt, der spätere Landforstmeister Schulz, war ein guter und passionierter Jäger. Als er den Hund sah, meinte er, es sei ja sehr schön, daß ich einen Schweißhund hätte, aber ich würde keine Arbeit für ihn finden. In den zehn Jahren, in denen er Revierverwalter in Battenberg gewesen sei, könne er sich keines einzigen Falles erinnern, wo ein Schweißhund notwendig geworden wäre. Ich erwiderte, daß ich das nicht glauben könnte, in Battenberg wurden jährlich etwa 30 Stück Rotwild geschossen, in Elbrighausen 20 Stück, in Frankenberg ebensoviel. Dazu kamen die zahlreichen angrenzenden Feldjagden mit Mondscheinschießerei, und schließlich konnte man auch noch den Burgwald von Marburg dazu rechnen, wo jährlich in drei Forstämtern sicher 50 bis 60 Stück Rotwild erlegt wurden. In diesem riesigen Gebiet existierte kein Schweißhund, und da sollte ich keine Arbeit bekommen? Dieselbe Ansicht wie Schulz vertrat sein damaliger Inspektionsbeamter Borggreve, der Bruder des Oberlandforstmeisters in Berlin. Ich ließ mich aber nicht entmutigen, und die Battenberger Zeit wurde später so reich an Nachsuchen, daß ich zum Schluß nicht mehr in der Lage war, alle Suchen durchzuführen. Ich hatte in den letzten Jahren einen Hilfsförster, der in erster Linie zur jagdlichen Unterstützung nach Battenberg versetzt worden war, und der von September bis Januar fast nur mit Nachsuchen beschäftigt wurde.

Das Totschießen eines Hirsches vom Hochsitz herunter mit einer modernen Büchse mit Zielfernrohr und vergüteter Optik hat ja eigentlich mit Jagd gar nichts mehr zu tun. Der Mensch mit seiner modernen Technik ist dem Tier, das nach wie vor nur auf seine Sinne angewiesen ist, derartig überlegen, daß neben den Einschränkungen, die das Gesetz bietet, noch Beobachtung des jagdlichen Brauchtums und freiwillige Beschränkungen dazu kommen müssen – kurz gesagt, waidmännisches Denken und Handeln – um dem verfolgten Tier überhaupt noch eine Chance zu geben, in dem immer ungleicher werdenden Kampf. Eine Nachsuche dagegen, etwa auf einen laufkranken, mit allen Salben geriebenen alten Hirsch, das ist noch Jagd im wahrsten Sinne des Wortes, das erfordert Einsatz aller Körperkräfte, Anspannung aller Intelligenz und Zusammenarbeit mit dem Hund, es erfordert genaue Kenntnisse der Fährten- und Pürschzeichen, der Lebensgewohnheiten des Wildes, es erfordert große Erfahrungen, unbändige Passion und nie erlahmenden Spurwillen! Diese Eigenschaften und Fähigkeiten machen den richtigen Jäger aus. Ist das denn noch Jagd, wenn sich jemand für teures Geld eine Jagd pachtet und dann in der Hirschbrunft mit seinem Auto bis wenige hundert Meter an einen bequemen Hochsitz heranfährt, um von dort einen bestätigten Hirsch umzublasen? Das ist Snobismus, aber kein Waidwerk! Im Hochgebirge ist das auch heute noch anders, da steht immer noch der Schweiß vor dem Erfolg – aber wie lange wird es noch dauern, dann landet der „Jäger" im Hubschrauber auf der höchsten Alm und braucht dann auch nur noch bergab zu pürschen.

Während der Hirschbrunft wohnte ich in Battenberg stets in meiner „Wilhelmshütte", die zentral im Hauptrevier lag und von der aus Pürschpfade nach allen Richtungen gingen, so daß man bei jedem Wind pürschen konnte. Die Hütte war einfach, ja primitiv. Zwei kleine, hintereinanderliegende Räume, davor eine kleine Veranda, das Ganze mit einem alten schönen Strohdach gedeckt. Der vordere Raum diente als Aufenthalts- und Kochraum, der hintere hatte zwei Eisenbettstellen und gute Matratzen. Die Auffassungen über Jagdhütten sind verschieden. Es gibt Jäger, die die Primitivität vorziehen und auf Fichtenreisig oder höchstens einem Strohsack schlafen wollen, die tagelang von Brot und Wurst leben und allen Komfort ablehnen, und es gibt andere, die sich komfortable Jagdhäuser bauen mit gekacheltem Bad, elektrischem Licht und anderen Errungenschaften der sog. Zivilisation. Nach meiner Meinung liegt das Richtige in der Mitte. Man soll nicht ganz auf den Reiz des Primitiven verzichten. Wenn man vier Wochen lang auf einem Brettstuhl gesessen hat, lernt man hinterher den Wert eines guten Klubsessels erst richtig schätzen; man braucht auch nicht nur von Wurst und Brot zu leben, mit Hilfe von Eingewecktem und Büchsenkonserven kann sich auch der Ungeübte mühelos eine Mahlzeit bereiten, die nach langer Pürsch besonders gut schmeckt. Hat man zuviel Luxus, dann ist man sofort auf weibliche Hilfe angewiesen – ich habe es immer als besonders angenehm empfunden, auf der Jagdhütte allein mit meinen Hunden zu sein, oder in Gesellschaft eines gleichgesinnten Freundes, aber kein Personal um mich zu sehen. Die Betten müssen allerdings gut sein, besonders, wenn man älter wird, legt man keinen besonderen Wert mehr auf Fichtenzweige oder Strohsack, in dem die Mäuse rascheln.

Im Laufe der Jahre erlebte ich zahlreiche, interessante Nachsuchen und brachte in der Zeit, in der ich in Battenberg war, über 50 Geweihte, rund 80 Stück Kahlwild und einige Dutzend Sauen zur Strecke. Dabei sind kurze Totsuchen nicht mitgerechnet, bei denen man den Schweißhund eigentlich nicht gebraucht hätte. Ich war bald in der ganzen Gegend bekannt und wurde bis ins Siegerland und ins Sauerland mit meinen Hunden geholt. Ich hatte mir später einen Sohn von meiner „Gilka" herangezogen, „Solo von Battenberg", der aber an Leistung seine hervorragende Mutter nie erreichte. Ich nahm dann beide Hunde zur Suche mit, arbeitete mit der nie versagenden „Gilka", und wenn ich diese zur Hetze geschnallt hatte, arbeitete ich die warme Hetzfährte mit „Solo" am Riemen aus. Durch dieses viele Arbeiten auf warmer Fährte erreichte der Rüde bei Nachsuchen auf kalter Fährte die Leistungen seiner Mutter nicht, aber ich hatte mit dieser Methode den großen Vorteil, daß ich im Gebirge nicht lange nach der stellenden Hündin suchen mußte – wie oft hatten wir früher die Hündin abends überhaupt nicht mehr gefunden – während später „Solo" mich mit absoluter Sicherheit auf der Hetzfährte zu seiner stellenden Mutter führte.

Wie kam es nun, daß früher keine Nachsuchen gemeldet wurden, und daß es im Laufe der Jahre immer mehr wurden? Nachdem ich einige schwierige Suchen, vor allem auf laufkranke Stücke, mit Erfolg gemacht hatte, wuchs mein Ruf und vor allem der meiner Hündin ins Legendäre. Auch Mondscheinjäger meldeten plötzlich ihre Anschüsse, vor allem deshalb, weil ich mich grundsätzlich jeglicher Kritik enthielt. Ich war nicht dazu da, die schlechten Schützen zu kritisieren oder gar zu beschimpfen, sondern ich war dazu da, die Leiden der kranken Stücke abzukürzen und das Wildpret für die Ernährung zu retten. Hatte so ein Mondscheinschütze seinen Anschuß gemeldet und ich brachte das Stück im Staatswald zur Strecke – meistens verlief die Suche so – dann setzte ich mich dafür ein, daß der Schütze das Geweih oder beim Kahlwild die Grandeln erhielt. Das sprach sich schnell herum, und jeder holte mich herbei, zumal er wußte, daß ihm nicht der Kopf gewaschen wurde. Manchmal wurde es mir schwer, ruhig zu bleiben: führende alte Tiere, beste Zukunftshirsche, abgeworfene Rehböcke in der Schonzeit, die bei Mondschein für Rotwild gehalten worden waren, führende Bachen und ähnliche Schweinereien kamen vor! Aber ich machte meine Nachsuchen wegen des Wildes und nicht wegen der sog. „Jäger". Hätte ich mich anders verhalten, dann wären sehr bald keine Anschüsse mehr gemeldet worden, das Wild wäre verludert oder hätte erbärmlich gekümmert, und die sog. „Jäger" hätte ich doch nicht gebessert. Aber auch in den Staatswaldungen und bei guten Jagdpächtern bekam ich viele Suchen, nachdem ich einige Male beschossene Stücke, von denen man mit Sicherheit annahm, daß sie nur einen Streifschuß hatten oder gar gefehlt wären, zur Strecke gebracht hatte, weil sie, entgegen der Annahme des Schützen, eben doch die Kugel im Leben hatten. Früher hatte man sich mit Fehl- oder Streifschuß beruhigt. Mir wurde in meiner Battenberger Zeit klar, wie unendlich wichtig ein Schweißhund in einem Rotwildgebiet ist, der als Spezialist auch den schwersten Aufgaben gewachsen ist.

Die längste Suche, die ich in Battenberg erlebte, möchte ich hier schildern; die Suche wäre anders verlaufen, wenn ich damals schon einen zweiten Hund gehabt hätte. Auf meiner Wilhelmshütte erreichte mich vormittags die Nachricht, daß am Nachmittag zuvor im Nachbarforstamt Frankenberg ein Hirsch von einem Jagdgast beschossen worden war. Der Hirsch hätte mit Sicherheit Vorderlaufschuß, am Anschuß seien Knochensplitter gefunden worden. Ich fuhr, zusammen mit einem Jagdfreund, der bei mir auf der Hütte war, sofort zum Anschuß, wo mich der Schütze und der zuständige Förster schon erwarteten. Der Hirsch, ein ungerader Eissprossenzehner, war am Abend vorher gegen 5.30 Uhr beschossen worden und hatte eine Buchendickung angenommen. In der Nacht hatte es etwa acht Stunden nicht geregnet – nein, es hatte gegossen! Am Anschuß fanden wir zahlreiche Knochensplitter, die zweifellos vom oberen Lauf herrührten. Schweiß oder Schnitthaare waren nicht zu finden, da der Regen alles verwaschen hatte. Ich legte meine alte „Gilka" zur Fährte, und hinein ging es in die klatschnasse Dickung.

Nach hundert Metern zeigte die Hündin einen völlig verwaschenen Tropfen Schweiß auf einem Stein, das war das einzige Zeichen, das wir auf der ganzen Nachsuche fanden! Zwei Stunden lang ging es nun durch Dickung und Stangenhölzer, wobei der brave Hund, jeden Widergang durch Bogenschlagen ausarbeitend, immer wieder die Fährte fortbrachte. Da keinerlei Anhalt vorhanden war, konnte ich nur, dem erfahrenen Hund vertrauend, am langen Riemen folgen. Irgendwelche Hilfen waren unmöglich, da weder Schweiß noch andere Zeichen erkennen ließen, ob der Hund recht hatte. Gesundes Wild war am Vormittag nach dem Regen überall frisch herumgezogen und brach auch verschiedentlich vor uns fort, und nichts bewies, daß die Hündin auf rechter Fährte war. Da ich aber meine alte Hündin genau kannte, folgte ich blindlings am langen Riemen, sicher wissend, daß sie niemals von einer einmal erkannten, kranken Fährte abgehen würde. Endlich kamen wir an einen Erdweg, auf dem man fährten konnte, und hier stand die deutliche Fährte eines Hirsches, der infolge des weichen Bodens tief eingetreten hatte, aber die Trittsiegel waren bis zum Rand mit Regenwasser angefüllt. Die Fährte konnte ebensogut drei Tage alt sein, das war nicht zu erkennen. Einem Teilnehmer erschien es mehr als zweifelhaft, ob dies wirklich die kranke Fährte war. Ich aber wußte, daß trotz aller widrigen Umstände meine Hündin recht hatte, und „Danach mein Hund verwundt" ging es weiter. Nach etwa 2 km Arbeit, bei der keinerlei Zeichen mehr gefunden wurden – mit jedem anderen Hund hätte man die Suche längst als hoffnungslos abgebrochen – kamen wir an den kranken Hirsch, der mit lautem Gepolter vor dem Hund fortbrach. Sofort wurde „Gilka" geschnallt, und lauthals ging die Hetze über Berg und Tal. Wir stürmten nach, was die Beine hergaben, und hörten bald den erlösenden Standlaut. Mit vorsichtig Wind holend, ging ich den gestellten Hirsch in der Dickung an. Herrlich tönte der tiefe Hals des edlen Hundes mir im Ohr. Höchste Jägerfreude, sich so an den gestellten Hirsch heranzuarbeiten, jeden Augenblick gewärtig, den Fangschuß geben zu müssen. Ich kam schließlich etwa 10 m an den gestellten Hirsch heran, ich sah den Hund, ich wußte genau, wo der Hirsch stand, aber ich konnte in der dichten Bürstendickung kein Haar von ihm sehen. Die gespannte Büchse im Anschlag, versuchte ich vorsichtig, einen Schritt zur Seite zu treten, und schon hatte der Hirsch mich weg und brach fort, laut hetzend die Hündin hinterher. Nach etwa 600 m erneut Standlaut. Vorsichtig versuchte ich, heranzukommen, aber schon lange, bevor ich in erreichbarer Nähe war, ging die Hetze weiter. Weit entfernt erklang alsbald der Standlaut des Hundes erneut zu mir herüber, und als ich mich der Stelle näherte, bot sich mir ein wundervolles Bild: Auf einer großen Kahlschlagfläche hatte sich der Hirsch im hohen, braunen Gras gestellt, hell von der Sonne beschienen, und wehrte mit dem Geweih den ihn stellenden Hund ab. Eine Zeitlang genoß ich diesen herrlichen Anblick, wie man es sonst nur auf den Bildern der Jagdmaler sieht, und dann versuchte ich mich abermals näher heranzupürschen, denn die Entfernung betrug über 200 m, und es war mir bei dem ständig den Hirsch umkreisenden Hund zu gewagt, so weit zu schießen. Infolge mangelnder Deckung bekam der Hirsch mich jedoch weg – und die Jagd ging wieder weiter. Und nun begann eine Nachsuche, die ich nicht vorausahnte. Wenn ich gewußt hätte, was uns bevorstand, so hätte ich doch den Schuß auf die weite Entfernung gewagt. Ich konnte beim Fortbrechen des Hirsches deutlich sehen, daß der rechte Vorderlauf schlenkerte. So schnell ich laufen konnte, folgte ich dem hetzenden Hund, verlor aber bald den Hetzlaut und das Schweigen des Waldes umfing mich. Nach langwierigem Abfährten stellten wir nun fest, daß Hirsch und Hund durch eine große Dickung hindurch in Richtung einer benachbarten Försterei gewechselt waren. Nachdem wir durch Signalblasen – ein Jagdhorn gehört unbedingt zur Ausrüstung des Schweißhundführers – die Teilnehmer an der Suche, die auch ortskundig waren, herbeigerufen hatten, wurde planmäßig die nächste Försterei abgesucht. Ergebnislos! In stockfinsterer Nacht, nachdem wir seit 4 Uhr morgens auf den Läufen waren, kehrten wir ohne Hirsch und Hund zurück. Nur wer das schon einmal selbst erlebt hat, weiß, welch niederschmetterndes Gefühl es ist, nach ergebnisloser Suche ohne Hund nach Hause zu müssen. Der brave Hund stellt bestimmt irgendwo das kranke Stück, sein Herr kann ihm keine Hilfe bringen! Todmüde läßt er vielleicht nach langen Stunden ab – man kriegt die Verzweiflung, wenn man sich das ausmalt.

Spät abends kommt plötzlich die telephonische Meldung: Die Hündin ist mit dem Hirsch bei Einbruch der Dämmerung 13 km von der Stelle, wo sich der Hirsch zuletzt gestellt hat, von einem Bauern gesehen worden, der mit Steinen und ähnlichen harten Gegenständen nach dem Hund geworfen hat. Ein Jagdaufseher, der auf dem Hasenanstand draußen war, hat außerdem den von der Hündin gehetzten Hirsch vorbeigeschossen. Kurz hinterher eine neue telephonische Meldung: Ein Motorradfahrer mit einem Sozius ist in einer scharfen Kurve mitten im Wald mit dem Hirsch zusammengestoßen, so daß der Hirsch zu Fall gekommen ist und Hirsch, Motorrad, zwei Menschen und der Schweißhund auf- und übereinander im Chausseegraben gelegen haben. Die beiden Motorradfahrer, die wie durch ein Wunder ohne erhebliche Verletzungen davongekommen waren, hatten versucht, den Hirsch mit dem Taschenmesser abzufangen; bevor ihnen das jedoch gelang, hatte sich der Hirsch wieder hochgerappelt und war, vom Hunde gefolgt, verschwunden.

Auf Grund dieser Nachrichten wurden sofort die weiteren Dispositionen für den nächsten Tag getroffen. Ich schickte in der Nacht ein Auto nach Westfalen und ließ den bekannten Schweißhundführer, Revierförster Dickel, mit seiner „Isolde von der Hunau" holen. Dieser war am nächsten Morgen um 8 Uhr an der Stelle, wo der Bauer am Spätnachmittag des Vortages Hirsch und Hund zuletzt gesehen hatte. „Isolde" fiel die 16 Stunden alte, völlig schweißlose Fährte des Hirsches sofort an und arbeitete über Berg und Tal bis in den sog. Herzberg hinein. Hier wurde festgestellt, daß meine „Gilka" den Hirsch zweifellos lange gestellt hatte. Die Nachsuche, einschließlich Hetze, bis hierher betrug ohne die Widergänge etwa 15 km. Aber auch der Hirsch mußte allmählich müde geworden sein, denn er hatte die große Dickung im Herzberg nicht mehr verlassen und „Isolde" kam bald an den Hirsch heran und wurde nun geschnallt. Da sie auch nicht mehr die Jüngste war, hatte ich zur Vorsicht meine Steinbracke, den Kopfhund meiner Saumeute, mitnehmen lassen, der mit „Isolde" gleichzeitig geschnallt wurde. Unglückseligerweise kam die Bracke sofort nach dem Schnallen an ein Stück Rehwild und hetzte in entgegengesetzter Richtung an dem Reh. Die Schweißhündin ließ sich hierdurch selbstverständlich nicht beeinflussen, sondern hetzte nun allein den Hirsch, der sich aber wiederum nicht stellte. Die Hetze ging schließlich über die Eder in ein benachbartes Forstamt hinein, und da keine Brücke über den Fluß vorhanden war, wurde jeder Anschluß verloren. In weitem Umweg mußte erst mit den Autos an die Stelle gefahren werden, an der „Isolde" den Hirsch über den Fluß gehetzt hatte. Wie sollte man den stellenden Hund finden?! Man stelle sich das Mittelgebirge vor, ein Höhenzug hinter dem anderen, sehr weite Besiedlung und außerordentlich schwere Orientierung in völlig fremdem Gebiet. Alles war schließlich verzweifelt. Zwei Schweißhunde, die Bracke und der Hirsch waren fort! Schließlich trafen wir auf Leute, die Hirsch und Hund gesehen und gehört hatten. Eilten wir aber, was die Beine hergaben, dort hin, dann war die Jagd schon längst woanders. Der Hirsch stellte sich anscheinend immer nur für ganz kurze Zeit und brach dann wieder fort. Schließlich gelang es zweimal, in die Nähe des Hirsches zu kommen, er hielt aber nicht lange genug aus und wurde auf weite Entfernung und unter ungünstigen Umständen im ganzen viermal vorbeigeschossen. Der Führer der „Isolde" klappte uns schließlich infolge der Überanstrengung zusammen. Da kam die Nachricht von einem Hütejungen, der Hirsch sei soeben durch die Eder zurück! Die letzten Kräfte zusammengerafft und über Berg und Tal zur Eder. Hier fanden wir die brave „Isolde", die ganz hervorragend gearbeitet hatte, völlig erledigt am Ufer der Eder liegen. Sie hatte den ganzen Tag lang nicht von dem Hirsch gelassen und war nun infolge Erschöpfung nicht mehr imstande, über die Eder dem Hirsch zu folgen. Wir packten das brave Tier in Decken und trugen es zum Auto. Welch entsetzliches Ergebnis! Mein Schweißhund verschwunden, vielleicht geforkelt, jedenfalls keine Spur von ihm, „Isolde" völlig zur Strecke, die Bracke verloren und wir Jäger alle total erledigt und körperlich derartig überanstrengt, daß wir nicht mehr konnten, und trotz all dieser Mühen war der Hirsch fort!

Nach kurzer Erholung fuhren wir noch nachts mit dem Auto zu dem Anschuß, um dort nachzusehen, ob sich meine Hündin bei dem dort am Vorabend abgelegten Rucksack eingefunden hätte. Auch das war ergebnislos. Zum Überfluß ging mitten im Wald die Lichtmaschine entzwei, so daß wir ohne jede Beleuchtung im Schneckentempo die Rückfahrt machen mußten.

Aber jetzt sagte ich: „Nun gerade!“ Und wenn die ganze Jägerei des Kreises samt allen Hunden zusammenbricht, der Hirsch kommt zur Strecke, und wenn es 14 Tage dauert! Für den nächsten Morgen wurden noch nachts um 1 Uhr telephonisch 15 Jäger zusammengetrommelt. Pünktlich um 8 Uhr war auch alles zur Stelle. Vom Griffon über den Münsterländer bis zum Teckel waren alle Hunderassen vertreten. Nach der Richtung zu urteilen, die der Hirsch nach dem Überqueren der Eder am Abend vorher genommen hatte und die der Hütejunge beobachtet hatte, war anzunehmen, daß der Hirsch in den Herzberg zurückgewechselt war. Da er zwei Tage lang ununterbrochen gehetzt worden war, vermutete ich, daß er die Dickung im Herzberg im Laufe der Nacht nicht verlassen hatte, immerhin war das nur eine Annahme. Hätten wir noch einen dritten brauchbaren Schweißhund herbeiholen können, so hätte man genau wie am Vortage mit „Isolde“ die Fährte ausarbeiten können. Da aber auf über 100 km im Umkreis leider kein wirklich guter Schweißhund, der mit Sicherheit solch schwierige Arbeit leisten konnte, außer „Gilka“ und „Isolde“ vorhanden war, mußten wir auf gut Glück die Herzbergdickung umstellen und drücken lassen.

Das erste Durchgehen durch die Dickung verlief ergebnislos, es wurde daraufhin zurückgetrieben und sämtliche Hunde wurden geschnallt. Dabei wurde der kranke Hirsch rege und kam einem vorgestellten Schützen, der ihm jedoch nur einen Keulenschuß beibringen konnte. Schließlich stellten die Hunde den Kranken, und ein Schuß auf den Träger erlöste ihn von all seinen Qualen.

Es war 12 Uhr mittags des dritten Tages, als das „Hirsch tot“ und „Halali“ sich an den herbstlich bunten Berghängen brach. Niemals in meiner langen Nachsuchenpraxis habe ich mit solchem Hochgefühl das Horn geblasen und dem Schützen den Bruch auf dem blanken Waidblatt überreicht. Zweieinhalb Tage hatten wir fast ununterbrochen die Nachsuche fortgesetzt, ein Hilfsförster von mir, den ich zur Unterstützung mitgenommen hatte, hatte in der ersten Nacht 1½ Stunden und in der zweiten Nacht 3 Stunden geschlafen, 25 km ohne Widergänge war die Suche lang gewesen! Zwei Schweißhunde und die Führer waren mehr tot als lebendig – aber unermüdlicher Spurwille und eiserne Energie hatten den Hirsch doch zur Strecke gebracht und die Leiden des Stückes beendet.

Es war ein ungerader Eissprossenzehner mit hohem Vorderlaufschuß. Der gesunde Vorderlauf wies verschiedene Schrammen und Hautrisse auf, die bei dem Motorradzusammenstoß entstanden waren.

Meine „Gilka“ hatte das Gebiet des Herzberges, in dem sie den Hirsch bis zur völligen Erschöpfung gestellt hatte, nicht verlassen und wurde von mir am nächsten Tag durch Signalblasen herbeigerufen und glücklich nach Hause gebracht. Auch meine Bracke bekam ich wieder. Diese war in einem Nachbardorf einem Gastwirt zugelaufen.

1932 hielt der Verein Hirschmann seine Hauptprüfung in Battenberg ab, an der, wie immer, auch der Schirmherr des Vereins, S. Kgl. Hoheit der Prinzgemahl der Niederlande, Herzog von Mecklenburg, teilnahm. Ich machte mit meiner „Gilka“ den I. Preis, was beim Hirschmann soviel bedeutet, als wenn man bei den Olympischen Spielen eine Goldmedaille erringt. Die Bedingungen sind sehr schwer, und Leistung und Glück müssen, wie bei den Olympischen Spielen, zusammenkommen, um es zum I. Preis zu bringen. Am letzten Abend bei der Preisverteilung saß ich beim Festessen als Gast neben dem Prinzgemahl, und zusammen mit dem damaligen Präsidenten des A.D.J.V., Prinz Alfons v. Ysenburg, wurde es eine feuchtfröhliche Sitzung. Der Prinz von Ysenburg konnte bildschön Jägerlatein erzählen, aber mit soviel Überzeugungskraft und soviel Charme, daß der Herzog von Mecklenburg sich köstlich amüsierte. Prinz Heinrich der Niederlande war ein passionierter Jäger und Freund des hann. Schweißhundes, er fehlte, solange er lebte, auf keiner Veranstaltung des Vereins Hirschmann, seine Protektion hat dem Verein und dem roten Hund viel geholfen.

Nicht nur das Jagen, auch das Fischen spielte in Battenberg eine große Rolle. Vor dem ersten Weltkrieg hatte oberhalb von Battenberg der König von England eine lange Ederstrecke gepachtet und verbrachte oft inkognito Urlaubstage an der Eder, um mit der Fliege auf Forellen zu fischen. Schon aus dieser Tatsache geht hervor, wie hervorragend die Fischerei in der Eder war. Damals gab es allerdings noch nicht die Edertalsperre. Nach dem Bau der Sperre ging die Fischerei zurück, war aber auch in meiner Zeit noch recht gut,

Der Matador. Stärkster Hirsch der Rominter Heide mit 228 Nadlerpunkten

Der Ameisenhirsch

zumal sehr viel ausgesetzt wurde. Die Eder hatte Forellen, Äschen, Hechte, Barben und Weißfische aller Art, vor allem viel Döbel, die eine stattliche Größe erreichten.

Es wurde auf Forelle und Äsche nur mit der künstlichen Fliege, auf Hecht mit Blinker oder auch mit lebendem Köderfisch und auf die Barbe wohl auch mit dem dicken Tauwurm gefischt. Die Fischerei in der Eder war von Industriellen aus Iserlohn gepachtet, während ich die einmündenden Bäche – etwa 10 km zusammen – gepachtet hatte. In diese Bäche stiegen die Forellen gerne zum Laichen hinein, und so waren sie für die Ederfischerei sehr wichtig. Bald verband mich mit den Ederfischern eine herzliche Freundschaft, und ich hatte für die Ederstrecke großzügige Fischereierlaubnis. Ich habe damals oft die Jagd erst an zweiter Stelle rangieren lassen; wenn es an die Eder ging, waren die Rehböcke zum mindesten vergessen. Da zahlreiche Brücken über die Eder führten, konnte man beim Fischen von diesen Brücken aus in dem kristallklaren Wasser beobachten, wenn ein Hecht biß. Man warf den lebenden Köderfisch, der an einem Hakensystem befestigt war, in die Nähe des Hechtes, den man häufig schon vorher genau stehen sah. Es war interessant zu beobachten, wie verschieden sich die Hechte verhielten. Es kam vor, daß das arme Köderfischlein 1/2 Stunde und noch länger um den stillstehenden Hecht herumzappelte, ohne daß dieser Miene machte, anzubeißen, und es kam ebensooft vor, daß der Biß schon erfolgte, kaum daß der Köderfisch richtig im Wasser war. Der Hecht faßte den Köderfisch stets quer und schwamm dann eine Strecke fort, um erst nach einigen Minuten den Fisch ruckweise nach der Seite zu schieben, so daß er den Kopf fassen konnte, dann schluckte er schnell den Köder mit dem Kopf zuerst herunter und hatte damit das Hakensystem im Rachen oder sogar im Futtersack fest. Nun begann das Drillen – der aufregendste Teil des Fischens. Wenn man so von der Brücke aus fischte, war es zweckmäßig, einen Gehilfen zu haben, der vom Ufer aus mit einem Käscher den Hecht landete. Am besten bissen die Hechte im Oktober, kurz nach der Hirschbrunft an frühen, kalten Morgen.

Einmal im Jahr wurde auch mit dem Zugnetz gefischt, um die zahlreichen Döbel etwas zu dezimieren. Im Hochsommer sammelten sich die Döbel und andere Weißfische in großen Mengen an den tieferen Stellen der Eder, wo das Wasser langsamer floß. Hier wurde quer durch die Eder ein Stellnetz gestellt und dann mit einem Zugnetz gegen das Stellnetz zu vorgegangen. Natürlich standen auch zahlreiche Hechte hier, da durch die vielen Weißfische der Tisch für sie stets gedeckt war. Dieser große Fischzug wurde durch das sog. „Ederfest“ im Hotel Clemens in Battenberg beschlossen. Prominente und weniger prominente Gäste nahmen daran teil, und wenn abends die gebackenen Hechte, in ihrer Käsekruste goldbraun leuchtend, auf den Tisch gebracht wurden, lag die Leber oben auf jedem Fisch. Jeder, der sich nahm, mußte dazu, altem Fischerbrauchtum entsprechend, einen Hechtlebervers aufsagen, also etwa:

Die Leber ist von einem Hecht
Und nicht von einem Spatzen.
Man kann beim Essen nur voll Lust
Laut schmatzen, ja, laut schmatzen.

Die Leber ist von einem Hecht
Und nicht von einem Pferde.
Wir saufen bei Clemens in Battenberg
Die Steine aus der Erde!

Die Leber ist von einem Hecht,
Drum eßt mir nicht zu wenig.
Wir krönen die Stirnen mit Laubgewind'
Karl Siebrecht, dem Ederkönig!

In diesem Stil ging es mit Knüttelversen weiter, und die Wogen der Begeisterung schlugen hoch.

In Battenberg fing ich an, mich literarisch zu betätigen. Ein Universitäts-Professor hatte mir als jungem Dachs gesagt: Bis zum Alter von 35 Jahren kann man als Mann noch suchen und probieren, in diesem Alter aber muß man sich entscheiden. Ist man Arzt, muß man klar sein, ob man die ehrgeizige oder die beschauliche Tour wählen will, kurzum, in diesem Alter muß man den Entschluß fassen, entweder mit der Masse zu trotten oder auf irgendeinem Gebiet etwas

Besonderes zu leisten. Es ist dabei gleichgültig, ob man die Biologie eines Käfers aus den Urwäldern des Amazonas erforscht oder auf einem anderen Gebiet etwas Besonderes kann und leistet. In irgendeiner Beziehung muß man aber, und sei es auf einem noch so kleinen Teilgebiet, mehr können als andere – wenn man etwas im Leben leisten und gelten will. Bis zu meiner Battenberger Zeit war ich mir keineswegs klar, daß ich neben meinem eigentlichen Forstberuf meine Lebensaufgabe darin sehen würde, das deutsche Waidwerk zu fördern, das jagdliche Brauchtum zu propagieren und ein Rotwildexperte zu werden, aber ich habe es bis heute nicht bereut, in dieser Richtung meine Kraft und Energie eingesetzt zu haben. – – Uns allen sind im Leben nur Teilerfolge beschieden, aber „wer immer strebend sich bemüht, den wollen wir erhören!" Ich begann in Battenberg zahlreiche jagdliche Artikel in der Jagdpresse zu schreiben, und ich gab die Bücher „Die gerechte Führung des hannoverschen Schweißhundes" und „Das jagdliche Brauchtum" heraus. Ich konstruierte das Waidblatt und hielt zahlreiche Vorträge jagdlichen Inhalts in verschiedenen Teilen Deutschlands.

In die Battenberger Zeit fiel auch meine erste Bekanntschaft mit dem Gamswild. Zwar hatte ich während meiner Münchner Studentenzeit bei Hochgebirgstouren häufig Gamswild beobachtet, aber ich hatte nie Gelegenheit gehabt, auf Gams zu jagen. Ein guter Freund von mir, der im Allgäu ein Gebirgsrevier gepachtet hatte, lud mich in jedem Jahr zur Gamsbrunft ein. Seit dieser Zeit hat es mich immer wieder im November in die Berge gezogen. Auf Sommergans zu jagen, habe ich dagegen immer abgelehnt – man nehme es mir nicht übel, aber das Gamswild sieht mir im Sommer zu ziegenähnlich aus. Dagegen im November, wenn sie „wie die schwarzen Teifi ausschaun", dann ist das Gamsjagen schon etwas Herrliches! Es geht mir mit den Sauen ganz ähnlich – so 'n Kartoffelkeiler im Sommer hat mich immer wenig gereizt, aber bei stiebendem Schnee, im Winter vor den Hunden, da ist eine Saujagd höchste Waidmannslust!

Ich habe auf Gams im Laufe der Jahre im Allgäu, im Karwendel, in Tirol und in der Steiermark gejagt. Meinen besten Bock schoß ich im Karwendel. Die Geschichte seiner Erlegung möchte ich hier schildern:

Auf einer kleinen Station, nicht weit von Innsbruck, aber auf deutscher Seite, holte mich der Jäger „Xaverl" – wobei die Betonung auf „verl" und nicht auf „Xa" lag – am Bahnhof ab. Seine Nachrichten waren gut, nur wenig Schnee, die Gams daher noch ziemlich hoch stehend, so daß die Hütten gut lagen und man nicht einen zu weiten Anmarsch hatte. Die Brunft war in vollem Gange, und für mich war ein besonders starker Bock zum Abschuß bestimmt, der sog. „Trögelbock vom Hinteröd". Es dauerte eine ganze Zeit, bis ich kapiert hatte, wie dieser sagenhafte Bock eigentlich hieß. Es war ein alter, starker Gamsbock, der im Sommer im Hinteröd, einem riesigen Kar mit zahlreichen Almen, stand. Auf einer dieser Almen befand sich eine Jagdhütte und unweit davon ein Wassertrog, an dem das Almvieh getränkt wurde am ewig laufenden Brunnen, daher kam der Name „Trögelbock (Trogbock) vom Hinteröd". Der Jäger erzählte Mordsgeschichten von diesem Bock, daß er im Sommer ganz vertraut sei, aber sobald das Almvieh abgetrieben wäre, sei er wie verhext. Der Herr Ministerialrat aus München sei vergangenes Jahr acht Tage auf den Bock gepürscht und habe ihn nicht zu sehen bekommen. Aber heuer müsse er sterben, und wir würden's schon angehn, und was so Sprüche mehr sind, die vor der Jagd gemacht werden, die aber, wenn auch tausendmal gehört, immer wieder die Spannung steigern und das Jägerherz klopfen lassen.

Der Aufstieg am nächsten Tag hatte es in sich! Zwar führte ein richtiger, für das Almvieh bestimmter Pfad hinauf nach Hinteröd, aber wir kürzten verschiedentlich ab, um etwas schneller hinaufzukommen. Unterwegs waren hier und da die üblichen „Marterln" angebracht, auf denen zu lesen stand, daß der ehr- und tugendsame Hieronymus Soundso hier beim Holzaufladen verunglückte oder sonstwie zu Tode gekommen war. Eines von diesen „Marterln" ist mir unvergeßlich geblieben. Es war eine Darstellung der biblischen Legende von Abraham und Isaak. Abraham hatte aber nicht, wie in der alttestamentarischen Geschichte überliefert, ein langes Messer in der Hand, um damit seinen Sohn Isaak zu opfern, sondern zielte mit einem alten Steinschloßgewehr auf seinen an den Felsen gefesselten Sohn. Der alte Abraham war etwa so dargestellt wie Andreas Hofer, in der kurzen Lederhose mit einem riesigen Vollbart. Oben am Himmel war eine lichte Wolke gemalt, auf der ein kleines Engelchen thronte und in hohem Bogen aus dem Himmel heraus dem Abraham genau auf die Pulverpfanne seiner Büchse pinkelte. Unter diesem köstlichen Bild stand geschrieben: „Abraham, Du zielst umsunst, ein Engel Dir auf's Zündloch brunst!"

Die Hinterödhütte lag in etwa 1700 m Höhe, wir brauchten fünf Stunden, um hinzukommen. Ich war lange nicht in den Bergen gewesen und dann ohne Training gleich fünf Stunden bergauf – da blieb kein Auge trocken und Hemd, Pullover und Rock auch nicht. Ich schwitzte wie ein Reserveoffizier und zog eine Hülle nach der anderen aus. Aber als der Jäger, der mindestens zehn Jahre älter war als ich und wie ein Jüngling stieg, mir die Büchse tragen wollte, weigerte ich mich energisch. Wenn ich meine Büchse nicht einmal mehr in den Bergen tragen konnte, dann wollte ich lieber zu Hause bleiben und pürschen fahren, aber nicht in die Berge und auf Gams jagen.

Hinteröd war ein grandioses, uriges Kar, mit Latschenfeldern, Almen und Geröllhalden, lichten Zirbelkieferbeständen und weiter unten mit Lärchen und Fichten bestockt. Nach Süden begrenzt durch fast senkrechte Wände, war das ganze Gebiet ein wildes, uriges Terrain, einsam und weitabgelegen, herrlich zum Ansitz, zum Pürschen, gewaltig in seiner unberührten Schönheit. Dampfend kamen wir an der kleinen Hütte an. Der Jäger Xaverl machte zunächst einmal Feuer, stieß die Fenster auf, um die feuchte, modrige Luft hinauszulassen, und kochte uns einen Tee, zu dem er pro Tasse 6 (!) Löffel Zucker nahm. Zucker ist als Stärkungsmittel bei großen Strapazen ausgezeichnet, und ich habe, belehrt durch Xaverl, sein Beispiel oft nachgeahmt. Der bullernde Herd hatte die Hütte bald so erwärmt, daß wir uns umziehen konnten. Die naßgeschwitzten Hemden hingen bald zum Trocknen über dem am Herd angebrachten Holzgestell. Schnell ein kalter Imbiß, wobei auch das „Hirschmandl", der bayrische Gebirgsschweißhund des Xaverl, nicht zu kurz kam, und hinaus ging's in das wilde Kar. Wir pürschten zu einem kleinen Kopf, von wo man sehr guten Ausblick hatte, und saßen, gut eingepackt in Wollpullover und Lodenmantel, auf unseren Rucksäcken in der Sonne, die herrliche Gebirgslandschaft vor uns. Der Jäger deutete mit seinem Bergstock halb unter uns nach vorn: „Do isch a guater Wechsel, wenn ma hier hocke bleibe, kimmt uns sicher a Bock, vielleicht aa der Tröglbock!“ Aber mein Verlangen nach dem Tröglbock ist heute gar nicht so groß, ich freue mich auf einige herrliche Tage hier oben und will nicht gleich am ersten Tag schießen. Aus den Zirbelkiefern da unten tönt der Ruf der Tannenhäher, die sich den Samen aus den schönen, dicken Zapfen herausholen – ich darf nicht vergessen, meinem Jungen zu Hause einen solchen Zapfen mitzubringen. Über uns schallt es gong – gong – die Vögel Wotans erinnern mich an den fernen Osten, wo der Kolkrabe noch häufig horstet. Weit auf der anderen Seite des Kars taucht jetzt ein Rudel Gams auf, und Xaverl zückt sein Spektiv, um hinüber zu spekulieren. Mit meinem 10 mal 50 Hensoldtglas kann ich nichts ausmachen, aber das 30fache Spektiv des Xaverl holt doch die Gegenstände selbst auf diese weite Entfernung so nahe heran, daß wir einen leidlichen Bock ansprechen können. „Der Tröglbock isch ’s net“, sagt der Xaverl, und als ich ihn frage, wieso er das auf diese Entfernung behaupten kann, erfahre ich, daß der Tröglbock eine außergewöhnlich breite Auslage hat, so als ob man beim Abkochen, wenn die Stirnzapfen weich sind, durch Auseinanderbiegen die Auslage künstlich verbessert hat, sagt der Xaverl. Ich werde auf den Tröglbock immer gespannter, denke an den Ministerialrat vom vergangenen Jahr, komme mir natürlich weit überlegen vor, male mir aus, wo ich in meinem Jagdzimmer die kapitalen Krucken hinhängen soll und überlege, ob der Bart wohl gut gereimelt sein wird. Für wirklich gute Bärte geht die Schußzeit zu früh zu Ende, drüben in Tirol schießen sie ihre Bartböcke erst im Dezember, bei uns ist am 30. November Feierabend. Immerhin, wir haben heute den 25. – also leidlich wird der Bart schon sein – da kommt ein Bock auf dem Wechsel halb unter uns, ich habe ihn genau im Glas und spreche ihn als etwa 5–6jährigen normal veranlagten Bock an. Xaverl bestätigt meine Beobachtung. „Den derfen ’S net schiaß’n, dös will erscht a Bock werdn.“ Ich habe gar keine Neigung zu schießen und beobachte, wie der Bock hinter einem großen Felsbrocken verschwindet. Ja, wenn so der Tröglbock käme, dann wär’s um ihn geschehen. Entfernung gut 100 Schritt, freies Schußfeld – – ich male mir aus, wie er im Schuß zeichnen würde, und erlebe in der Phantasie schon die Erlegung und alles Drum und Dran im voraus. Inzwischen fängt es an zu dämmern und man ist nach dem stundenlangen Sitzen richtig steif geworden. „Hoam geht's", sagt Xaverl, und bald sitzen wir in der Hütte bei einer Petroleumfunzel und dampfendem Tee, und der Hüttenzauber mit all seiner Gemütlichkeit und Weltenferne, mit der Befreiung vom Joch der Zivilisation – so sagt man doch so schön, kann doch nicht davon lassen – umfängt uns. Aber zum Erzählen bin ich heute zu müde, obschon der Xaverl sein Lieblingsthema, die Astrologie, reitet. Er berechnet nach den Sternen, wann man auf der Jagd Erfolg hat, und wann nicht – – und glaubt fest daran. Ich höre nur noch mit halbem Ohr etwas von Mars und Venus und werde erst wieder wach, als es empfindlich kalt in der Hütte ist und Xaverl schon das Feuer anzublasen versucht.

Wir wollen heute noch einmal zu unserem Ansitzköpfle; Xaverl hat in den Sternen gelesen, daß es heute klappen wird – also in St. Huberti Namen!! Der Platz ist herrlich, und das viele Pürschen, vor allem in diesem Kar, ist bestimmt nicht das Richtige. Ich könnte mir denken, daß nicht viel dazu gehört, um das ganze Hinteröd gamsrein zu laufen. Das Wetter ist prächtig, der Schnee liegt etwa 10 bis 20 cm hoch, für diese Jahreszeit sehr wenig, und wir richten uns gemütlich auf unserem Beobachtungsposten ein. Ich komme ins Träumen, schließlich nicke ich ein, der Höhenunterschied macht doch sehr müde – – –. „Ein guater Bock, schiaßn's", flüstert heiser vor Erregung die Stimme des Xaverl neben mir. Was Bock? Ich fahre herum und sehe auf 80 Schritt einen guten Gamsbock stehen, der uns wohl durch meine unbeherrschte Bewegung schon weg hatte und herüberäugt. „Schiaßn's doch, ein 9–10jähriger Bock." Aber anstatt zur Büchse zu greifen, nehme ich erst das Fernglas hoch, spreche den Bock an – und flüchtig geht die Reise fort. Zwei-, dreimal pfeift es noch irgendwo, und der Gams ist wie ein Spuk verschwunden. „Den haben's verpatzt", sagte der Xaverl und schaut mich an, als ob er überlegt, ist der Kerl nur dämlich oder ist er vielleicht überhaupt kein Jäger?! So ein Stadtfrack, so ein damischer, der wo nur auf den Aktenschemeln hocke tut, dös gibt's da bei de Forstleut' drobe in Preißn! „Der Tröglbock woar' ja net", tröstet er bald wieder. „Freili, wanns der gewesn wär' – – –"

fügte er hinzu, ohne den Satz zu vollenden. Ja, wenn der's gewesen wär', dann hätte ich mich gleich an der nächsten Zirbelkiefer aufhängen können, wenn ich nicht vom Xaverl hätte „derschlagn" werden wollen. Da hatte ich mich ja richtig blamiert, wie ein Anfänger hatte ich mich benommen, ohrfeigen hätte ich mich können – – na usw. Jeder Jäger hat solch Situationen erlebt, und ich tröstete mich damit, daß es ja nicht der Tröglbock gewesen war, und daß es ja nur dem Tröglbock gelte, und daß ich nun natürlich Himmel und Hölle in Bewegung setzen würde, um den Tröglbock zu bekommen. Nun wurde es einfach zu einer zwingenden Notwendigkeit, den Tröglbock zu schießen, das verlangte die Jägerehre, der jagdliche Ruf – – alles stand auf dem Spiel.

Wenn man leicht durcheinandergeraten ist, dann tut ein gutes Frühstück Wunder, um das seelische Gleichgewicht wieder zu erlangen, und so beschlossen wir, Brotzeit zu machen. Was gibt es Schöneres, als draußen auf der Jagd zu frühstücken! Wer darüber lacht, ist ein armer Tropf, denn zu den Schönheiten dieses Lebens gehören auch die materiellen Dinge. Wem es gleichgültig ist, was er ißt und trinkt, der hat nie erfahren, was das Dasein hienieden zu bieten vermag. Auf unserem herrlichen Ansitzposten inmitten der wildromantischen Natur mit dem Nicker vor einem Stück Schinkenspeck herschneiden und die schmalen rosigen Streifen zusammen mit einem Stück guten Landbrotes hinter die Zähne schieben, versöhnt mit vielen Widrigkeiten des Lebens. Ein alter Amtsgerichtsrat aus der Paderborner Gegend sagte mir mal auf einer Treibjagd: „Meinen Sie denn, ich liefe den ganzen Tag wie ein Narr über die gefrorenen Sturzäcker diesen lächerlichen Hasen nach, wenn man dabei nicht so einen bildschönen Hunger und Durst bekäme?!" Na, soweit geht es nicht bei mir – aber manches Frühstück am Holzhauerfeuer oder auf der Jagd draußen ist mir doch in angenehmer Erinnerung. „Der Tröglbock", zischt es neben mir. Maria und Josef!! Da kommt der Bock angezogen auf dem Wechsel, akurat dort, wo vor ein paar Stunden der erste Bock kam. Ich greife vorsichtig zur Büchse – nur nicht verpatzen, nur nicht erst durchs Glas schauen – ist das einzige, was ich denken kann. Die Büchse ins Gesicht – „nehm's sich Zeit, er kommt no besser", flüsterte der Xaverl – – da bricht der Schuß – – – und flüchtig geht mein Gamsbock ab – –! „Gefehlt hoams, Kruzitürken noch emal, was isch jetzt dööös?? Gewackelt hoams mit de Stutzen wie a Lämmerschwanz. In'n Schnee isch gange, 10 Meter vom Bock hat's eingeschlage, i hab's stiebn sehn", flucht Xaverl ganz despektierlich los. Ich habe ein Gefühl im Kopf, als ob man mit einem Holzlöffel in meinem Gehirn herumgerührt hätte, und sitze völlig apathisch da, die abgeschossene Büchse in der Hand, selbst das Repetieren habe ich vergessen. Das durfte nicht passieren – das nicht – das einzige, was ich denken kann. Erst einen guten Bock verpatzt, dann den Tröglbock, den sagenhaften, vorbeigeschossen. Was heißt „vorbeigeschossen", einfach losgeknallt habe ich, ohne zu zielen, und das passiert dir, der du dir einbildest, ein großer Jäger zu sein, der du – Hubertus verhülle sein Haupt – sogar einen Ruf als guter Jäger hast! Ich bin tatsächlich dem Weinen nahe vor Wut, vor Scham und Verzweiflung. Ich war vorzeitig mit dem Finger an den Abzug gekommen, und so war mir der Schuß losgegangen. Aber jetzt nur keine Minute mehr auf dem dreimal vermaledeiten Ansitzposten bleiben. Steigen, laufen muß ich, bis ich vor Müdigkeit umfalle. „Erst hab's den Tröglbock vergrämt, jetzt wollens das ganze Hinteröd leerlaufen, dös machen mer net", widerspricht der Jäger, aber er schleift mich dann in sehr schwierigem Gelände derartig, daß mir bald Hören und Sehen vergeht und ich todmüde mit zerschlagenen Gliedern in völliger Dunkelheit an der Hütte ankomme.

Als der Jäger den Schmarren macht, kann er sich doch nicht verkneifen zu sagen, daß uns heute abend eine Gamsleber besser zu Gesicht gestanden hätte, aber sonst ist er von einer rührenden Freundlichkeit und hat seine gute Laune längst wiedergefunden. Als ich schon auf meinem Strohsack liege, schaut der Jäger nochmal aus der Hütte und meldet, daß das Wetter wohl umschlagen wird. Schon mittags hatten wir oben auf dem Kamm die weißen Schneefahnen gesehen, die der Wind herüberblies. Wenn nur kein Nebel kommt – – – war das Letzte, was ich dachte, und schon war ich eingeschlafen, todmüde, wie ich war. Am nächsten Morgen war dicker Nebel und es schneite leicht. Der Gamshüter hatte den Tröglbock in seine schützenden Arme genommen. „Mit dem Jagen is nix", sagte Xaverl. Also erst einmal weiterschlafen.

Hüttendienst, Essenbruzeln, Rauchen und Erzählen ist auch mal schön – – aber in mir brannte das Verlangen zu jagen. Der Tröglbock mußte her, und wenn sich alles verschwor dagegen. Der Jäger erzählte den ganzen Tag köstliche Geschichten von Wildschützen und Schmugglern, und sein Repertoire an Witzen war unerschöpflich.

Am nächsten Morgen war schönstes Wetter, leicht bewölkt, aber nebelfrei, und mit neuem Mut und Optimismus ging es hinein ins Hinteröd, um den Tröglbock zur Strecke zu bringen. Wir pürschten langsam, fast mehr stehend als gehend, saßen an geeignet erscheinenden Stellen lange an, pürschten dann wieder ein Stückchen weiter, und als wir schließlich Brotzeit machten, hatten wir wohl etliche Gams gesehen, auch einige leidliche Böcke darunter, aber mit dem Tröglbock war's nix. Der Xaverl hatte sogar versucht, mich zu überreden, einen etwa sechs- bis siebenjährigen Bock zu schießen, aber ich hatte den Jäger nur angesehen und stumm den Kopf geschüttelt, da wußte er Bescheid und redete nicht weiter zu. Das Hoffnungsbarometer sank. Sollte ich ohne Tröglbock das Hinteröd verlassen müssen? Der Aktenonkel aus München hatte immerhin keine Chance gehabt – ich aber hatte mir die hervorragende Gelegenheit versaut, hatte den sagenhaften Bock gefehlt – nur durch mein Träumen und Sinnieren – würde der Xaverl sagen. Inzwischen war der Jäger dabei, mit dem Spektiv in ein Latschenfeld zu spekulieren, das halb unter uns lag, und wo ihn irgend etwas besonders zu interessieren schien. „Da sitzt in den Latschen a Gams", sagte er schließlich, „a Bock is es aa, aber i krieg das Haupt nich frei." Ich nahm das Spektiv, strich an meinem Bergstock an, visierte erst über dem Fernrohr die beschriebene Stelle an, und sah dann, ohne das Rohr zu bewegen, hindurch. Als Anfänger mit diesem Gerät findet man sonst bei dem kleinen Gesichtsfeld nur schwer die richtige Stelle. Tatsächlich – – da saß ein Gams im Bett und ein Bock war's auch, das sah man an dem Bart, aber Träger und Haupt waren hinter einem Latschenbusch verborgen. Nach langem Kriegsrat beschlossen wir, auf einem Umweg etwas tiefer hinunterzusteigen, um einmal näher an den Gams heranzukommen und ihn womöglich frei zu kriegen. Wir merkten uns genau die Stelle, wo der Bock saß, und wir brauchten wohl eine Stunde lang, bis wir endlich den Bock sitzen sahen – noch einige Meter nach links, und wir hatten ihn frei.

Ich hatte das zehnfache Glas am Kopf und sah einen sehr guten, ja kapitalen Gamsbock mit auffallend breiter Auslage – sollte es wahrhaftig der Tröglbock sein? Da setzte der Xaverl das Spektiv ab, holte tief Atem und sagte leise, aber mit zitternder Stimme: „Es isch der Tröglbock!“ Mich durchfuhr es heiß vor Freude – jetzt endlich war es soweit, nun bloß keine Dummheiten machen, die Situation war immerhin kritisch. Der Bock saß auf einem kleinen freien Platz auf dem Latschenfeld in einer Entfernung von etwa 200 m. Auf den sitzenden Bock wollte ich nicht schießen, wenn er aber aufstand und auch nur zwei Schritte weiter vorzog, war er schon in den Latschen drin – eine verteufelte Geschichte! Wenn es also klappen sollte, mußte der Bock aufstehen und stehenbleiben, aber wie dem Bock diese an Selbstmord grenzende Handlungsweise aufzwingen?! Also, zunächst warten. Ich postierte mich so, daß ich jederzeit schußbereit war und am Bergstock anstreichen konnte. Immerhin, auf die Entfernung mußte ich genau hinhalten, wenn es gutgehen sollte. Inzwischen besah ich mir mit dem Glas und dem Spektiv den Bock genauestens, die Krucken waren hoch und schienen auch stark zu sein, die Auslage außergewöhnlich. Auch gehakelt waren die Krucken gut, der Bart war im Sitzen schlecht anzusprechen – – wenn er doch bloß aufstehen wollte! Aber er dachte gar nicht daran. „Er schläft“, sagte der Xaverl leise. „Er schlaft halt immer noch“, nach einer weiteren halben Stunde. „Schiaßn's im Sitzen“, flüsterte er schließlich. Aber ich schüttelte mit dem Kopf, ich hatte noch nie auf ein sitzendes Stück Schalenwild geschossen, es sei denn, auf ein krankes Stück im Wundbett. Eine weitere halbe Stunde vergeht und der Nachmittag schreitet vor. Wenn das Licht erst schlecht wird, geht es überhaupt nicht mehr bei der Entfernung, und näher heranzukommen ist bei dem Gelände ausgeschlossen. Vor uns ist eine tiefe Rinne, und auf der anderen Seite ist am Hang das Latschenfeld, in dem der Bock auf einem kleinen freien Platz sitzt – fast ein Wunder, daß wir diese Stelle überhaupt gefunden haben, von der aus wir den Bock sehen können. Wir müssen den Bock hochbringen, anders geht es nicht.

Zuerst versucht der Xaverl es mit „Steinerln“. Ich liege im Anschlag, das Fadenkreuz etwa 30 cm über dem Rücken des Bockes – – der Bock reagiert aber absolut nicht auf das „Steinerln“. Selbst als der Xaverl einen gehörig dicken Steinbrocken in die Rinne unter uns rollen läßt, rührt sich der Bock nicht. Wahrscheinlich ist er stark abgebrunftet und fühlt sich in dem Latschenfeld vollkommen sicher. Also pfeifen – – aber auch Pfeifen hilft nichts, und zu laut zu pfeifen können wir nicht riskieren, da dann die Gefahr besteht, daß der Bock sofort flüchtig wird – und dann ist's ganz aus. Resigniert hört der Xaverl auch bald mit seinen schönen Pfeifarien auf und fängt an zu blädern, als auch das nichts hilft, flüstert er mir zu: – „Da kannst halt nix machen!!" – – und so sitzen wir weiter vor dem schlafenden Tröglbock und starren wie hypnotisiert in das Latschenfeld. Ich bin mir klar, daß, wenn nicht bald was passiert, die Sache schiefgeht, und ich beschließe schließlich, entgegen allen Jägerregeln, auf den sitzenden Bock zu schießen. Xaverl bindet unsere beiden Bergstöcke oben mit einem Bindfaden zusammen, so daß ein zweibeiniger Zielstock entsteht. Ich lege in der Gabel auf – – ziele sehr ruhig mit auf 200 m eingestelltem Zielfernrohr – – und komme ausgezeichnet in der Mitte des Blattes ab. Im Schuß schnellt der Bock sich wie ein Ball hoch in die Luft und ist sofort in den Latschen verschwunden. Die Kugel hat er – das ist mir klar – da taucht der Bock auf einer lichten Stelle in dem Latschenfeld für einen Augenblick auf, und wir haben beide den Eindruck, daß er den rechten Vorderlauf schont. Laufschuß – – –? dann ist die Entferung von uns unterschätzt, und Xaverl meint nun auch, daß es vielleicht etwas weiter als 200 m sein könnten. Dazu die Streuung auf diese Entfernung, also ausgeschlossen ist ein Laufschuß nicht. Ehe ich es noch verhindern kann, schnallt Xaverl bereits sein „Hirschmandl", der den ganzen Vorgang genau beobachtet hat und auch sofort auf die richtige Fährte kommt und lauthals dem Bock folgt. Wenn das nur gut geht! Wir haben höchstens noch eine Stunde Licht; ob bis dahin der Hund gestellt hat, und ob wir bis dahin den Hund gefunden haben und dann noch den Fangschuß anbringen können, erscheint mir sehr fraglich. Als mir der Xaverl dann auch noch gesteht, daß dies die erste Hetze des „Hirschmandl" ist, bin ich mal wieder der Verzweiflung nahe! Warum habe ich mich auch nur verleiten lassen, auf den sitzenden Bock zu schießen! Es ist immer falsch, einem sitzenden Stück Schalenwild die Kugel antragen zu wollen. Wie oft habe ich das mit jagdpäpstlicher Überlegenheit meinen Lehrlingen und Referendaren eingehämmert – aber es ist keine Zeit für Selbstvorwürfe und zwecklose Anklagen. Dem Hunde nach, ist die einzig richtige Parole!

Die Jagd ist über die nächste Höhe hinweggegangen, und nun bleibt kein Faden trocken. Ich schnaufe hinter dem Xaverl her, der ein Höllentempo vorlegt – – endlich kommen wir völlig außer Atem oben auf der Höhe an – und hören tief unter uns in einer mit Zirbelkiefern und Lärchen bestandenen Schlucht den Standlaut des Hundes. Es beginnt bereits zu dunkeln, und der Xaverl schlägt vor, daß er allein absteigen will, um den Fangschuß zu geben. So schmerzlich mir das ist, so gebe ich ihm doch recht. Er ist schneller als ich und geländekundiger, und jetzt kommt's auf jede Minute an, sonst wird's uns dunkel und der Gams geht uns verloren. Ich setze mich also am Steilabhang hin und verschnaufe erstmal, während der Xaverl schon zwischen den Zirbelkiefern verschwunden ist. Aber kein Fangschuß fällt, und auf einmal geht der Standlaut wieder in Hetzlaut über, Richtung talabwärts, und verliert sich schließlich in weiter Ferne. Es wird immer dunkler – nichts mehr zu hören – ich klappere vor Kälte, das klatschnasse Hemd klebt mir am Leib, und der Jäger kommt nicht zurück. Gamsbock weg, Hund weg, und jetzt auch noch der Jäger verschwunden – – sollte ihm am Ende etwas passiert sein? Bei dem wilden Abstieg? Ich horche angestrengt, ob ich irgend etwas höre, aber das Schweigen der Nacht umfängt mich, und, nachdem ich ungefähr eine Stunde gewartet habe, mache ich mich auf den Weg zur Hütte. Das ist bei der Dunkelheit in dem unwegsamen Gelände gar nicht so einfach, und ich brauche fast zwei Stunden, bis ich völlig erledigt an der Jagdhütte ankomme. Kaum habe ich das Feuer angemacht, als auch Xaverl erscheint und berichtet, daß der Hirschmann von der kranken Fährte des Gamsbockes abgekommen sei und wohl auf einen einzelnen Hirsch gestoßen ist, der sich in der besagten Schlucht dem Hund gestellt hat. Als der Xaverl herankam, ging die Jagd sofort weiter talab, und im Schnee war einwandfrei zu sehen, daß es sich um einen gesunden Hirsch handelte, da keinerlei Schweiß zu finden war. Der Xaverl war der Fluchtfährte noch eine weite Strecke gefolgt, weil er hoffte, der Hund würde ablassen. Aber schließlich hatte er wegen der Dunkelheit abbrechen müssen und war dann zur Hütte aufgestiegen.

Das war ja nun wirklich eine tolle Schweinerei, aber der Xaverl verlor den Mut nicht. Nach einem gewaltigen Abendessen stieg er zu dem zwei Stunden hinunter und gut drei Stunden herauf entfernten Jagdhaus, wo Telefon war, um den Hilfsjäger Toni mit seiner „Silva", einer alten, erfahrenen Schweißhündin, herauf nach Hinteröd zu beordern. Spät in der Nacht war der Xaverl zurück und meldete, daß der Toni morgen früh gegen 9 Uhr da sein würde. Früher ging's nimmer, da er schon um 4 Uhr in der Früh losgehen müsse, um den Weg bis 9 Uhr zu schaffen. Welch ein Aufwand! Alles nur wegen meiner schlechten Schießerei! Nur wegen des Tröglbockes, der den leibhaftigen Satan im Leib haben mußte!

Kurz nach 9 Uhr am nächsten Morgen erschien Toni, ein stämmiger, großer, gutaussehender Mann, der als Hilfsjäger angestellt war. Er brachte seine alte „Silva" und außerdem „Hirschmandl" mit, der ihm unterwegs, Richtung Heimat, entgegengekommen war. Er hatte schließlich wohl eingesehen, daß er den gesunden Hirsch doch nicht kriegen könnte, und von der Hetze abgelassen und war auf dem Wege zur Wohnung des Xaverl, als er dem Toni in die Arme lief. Da der Hund aber völlig übermüdet war, ließen wir ihn auf der Hütte zurück und zogen mit „Silva" los. Nun bestand ich aber darauf, daß vom Anschuß an am Riemen die Wundfährte ausgearbeitet wurde, was nebenbei gesagt, durch das Latschenfeld sicherlich kein Vergnügen war! Bald zeigte sich, wo „Hirschmandl" am Abend vorher die kranke Fährte überschossen hatte und abgekommen war. Der kranke Gams hatte einen Haken geschlagen, und der junge Hund hatte mit seiner geringen Erfahrung die Fährte überschossen und war dann wahrscheinlich sehr bald auf den gesunden Hirsch geraten.

Der Tröglbock schweißte gut und der rechte Vorderlauf schleppte, was im Schnee deutlich zu sehen war. Das Folgen der Wundfährte war keine Kunst, der Schweiß ließ zwar später nach, aber bei dem Schnee wäre die Fährte auch ohne Hund gut zu halten gewesen. Wohl aber war es eine große Anstrengung, der Fährte zu folgen, und ich war bald wieder wie aus dem Wasser gezogen. Die beiden Jäger nahmen mit ihrem Tempo keinerlei Rücksicht auf mich armen Mann aus der Ebene. Wir mochten etwa 1 km gefolgt sein, wobei der kranke Gams meist bergauf gezogen war, als die Fährte in ein großes Latschenfeld hineinstand. Es war mit Sicherheit anzunehmen, daß der Bock in diesem Latschenfeld stecken würde, „Silva“ wurde geschnallt. Nach etwa zehn Minuten hörten wir weit hinten den Hetzlaut der Hündin, die Jagd kam dann wieder auf uns zu, und plötzlich sah ich den kranken Bock, wie er aus den Latschen herauswechselte und über eine große Geröllhalde hinauf gegen die steilen Wände flüchtete. Deutlich konnte ich mit dem Glas den schleppenden Vorderlauf erkennen. Jetzt wurde auch die Hündin sichtbar und kurz danach ertönte der Standlaut, anscheinend aus einem Riß heraus oder hinter einem Felsblock, denn sehen konnten wir nunmehr weder Gams noch Hund. Nun nichts wie hin! „Der kimmt uns nimmer aus“ sagt Xaverl und saust los. Ich hinterher, aber die Geröllhalde, die so harmlos ausgesehen hatte, hatte es in sich, ein verteufeltes Terrain, viel steiler, als ich gedacht hatte. Riesige Felstrümmer versperrten das Vorwärtskommen, und wir brauchten fast eine volle Stunde, bis wir in die Nähe der ständig lautgebenden Hündin kamen. Jetzt wurde es ernst. Der Toni wollte allein weiter, um den Fangschuß anzubringen. So sehr ich das verstand und so richtig es im allgemeinen ist, wenn nur der Hundeführer den Fangschuß gibt, so bitter wäre es mir in diesem Falle gewesen, wenn ein anderer dem Tröglbock nach all diesen Erlebnissen und Nackenschlägen den Fangschuß gegeben hätte. Ich pürschte also, die Büchse im Arm, langsam weiter vor, gefolgt von Xaverl und dem Toni. Als ich vorsichtig einen großen Felsblock umging, stand plötzlich auf etwa 80 m der Tröglbock vor mir an einem hausgroßen Felsblock, umkreist von der lautgebenden, hirschroten Hündin, im Hintergrund ragten die rotleuchtenden, fast senkrecht aufragenden Steilwände hoch. Ich holte ein paarmal tief Luft, strich mit der Büchse am Bergstock an und – – – im Schuß brach der Tröglbock zusammen und war schon verendet, als wir hinzutraten, und der Toni seine brave „Silva“ belobte und streichelte. Einen Bruch bekam ich erst auf dem Heimweg, denn wir waren weit oberhalb der Latschengrenze, wo kein Baum und kein Strauch mehr wuchs.

Die erste Kugel hatte den rechten Vorderlauf oben und den linken Hinterlauf noch oberhalb der Schale verletzt, aber ohne den Knochen zu zerschlagen. Der Bock hatte also nicht ganz breit, sondern halb spitz gesessen, und die Entfernung war von uns unterschätzt worden, so daß die Kugel wohl seitlich richtig, aber zu tief saß.

Nördlich von Battenberg lag das Revier Hallenberg. Hier war, einige Jahre vor meiner Dienstübernahme in Battenberg, Muffelwild ausgesetzt worden und hatte sich gut entwickelt. Ich entschloß mich daher, auch in Battenberg diese sympathische Wildart einzubürgern. Dank der Gebefreudigkeit meiner Freunde hatte ich bald das Geld für den Ankauf zusammen – der Staat hat für solche Dinge bekanntlich nie Geld – und besorgte aus der Tschechoslowakei vom Grafen Edelsheim zwei Widder und sechs Schafe. Man hatte mir versichert, daß dieses Wild reinblütig sei, also nicht mit dem „ungarischen Zackelschaf" gekreuzt war. Mir lag daran, Wild auszusetzen, das unter keinen Umständen schälte. Nach den damaligen Erfahrungen hatte nur das mit den ungarischen Zackelschafen gekreuzte Wild diese Untugenden. Heute scheint diese Annahme nicht mehr ganz haltbar zu sein. Daß nichtreinblütiges Muffelwild überall stark schält, scheint erwiesen zu sein, aber nach den neuesten Untersuchungen muß man mit der Möglichkeit rechnen, daß auch reinblütiges Muffelwild, das in dem bisherigen Standrevier niemals geschält hat, in einen anderen Biotop gebracht, plötzlich anfängt zu schälen, so daß man also praktisch bei der Neueinbürgerung auch von reinblütigem Wild keine Garantie hat, daß es nicht schält. Das ist sehr bitter und wird der Verbreitung dieses schönen Wildes in Zukunft Abbruch tun. Daß verschiedene Umweltfaktoren den Geschmack des Wildes beeinflussen können, dafür nur ein Beispiel, daß ich Reviere kenne, in denen der Besenpfriem (sarothamnus scoparius) vom Rotwild niemals, auch in strengen Wintern nicht, verbissen wird, und daß in anderen Revieren der Besenpfriem sehr gerne genommen, ja direkt als Futterpflanze zum Anbau empfohlen wird. Immerhin besteht die Möglichkeit, das ausgesetzte Wild wieder abzuschießen, wenn es sich herausstellt, daß die Umwelt die Voraussetzungen für das Schälen schafft. Tatsache ist, daß das Muffelwild in Battenberg und in den Nachbarrevieren, auf die es sich inzwischen verteilt hat, bis heute nicht schält, seit dem Aussetzen sind aber inzwischen rd. 25 Jahre vergangen. Der Bestand hat sich auf über 200 Stück vermehrt.

Jägerhof Rominten (Haupteingang)

Jägerhof Rominten (Einfahrtseite)

Wir setzten damals aus Ersparnisgründen die acht Stück in ein sehr kleines Eingewöhnungsgatter von etwa 2 ha Größe. Das Wild wurde aus Wildfängen Ende Februar geliefert, ich hatte, wohlgemerkt, keine Wildhandlung eingeschaltet, da man dann niemals für die Provenienz garantieren kann, sondern Direktbezug vorgezogen. Anfang April setzten die Schafe bereits im Gatter, und die kleinen Lämmer folgten sofort und verhältnismäßig flüchtig ihren Müttern. Da ich Angst hatte, daß wildernde Hunde in das kleine Gatter kommen könnten, ließ ich das Wild schon Mitte April in freie Wildbahn. Man soll bei der Einbürgerung von Wild nie die Stücke zu lange im Eingewöhnungsgatter lassen, alle Nachteile des Gatterwildes treten dabei auf, ohne daß Vorteile zu erkennen sind. Wenn nämlich dem ausgesetzten Wild der Standort nicht zusagt, wechselt es doch fort zu einem ihm genehmeren Standort, ob es nun 4 Wochen oder 1 1/2 Jahre im Eingewöhnungsgatter gestanden hat. Selbstverständlich ist es wünschenswert, daß das Wild zum erstenmal im Gatter setzt.

Das Muffelwild blieb zu meiner Zeit in einem Gebiet von etwa drei Förstereien, also auf einer Fläche von 1500–1800 ha stehen, war also ungewöhnlich standortstreu. Merkwürdigerweise überquerte es niemals nach Osten ein enges Tal, in dem ein Bach, eine Landstraße und eine Eisenbahn entlangführten. Die Eisenbahn war eine Nebenlinie und nur wenig befahren, und auch die Landstraße wies damals keinen dichten Verkehr auf. Nach Westen wechselte das Wild dagegen sehr bald über das Grenztal zum Nachbarforstamt hinüber, obschon auch in diesem Tal ein Bach und eine Landstraße entlangführten. Ob die Muffel also nur die Eisenbahnschienen gemieden haben, wage ich mangels sonstiger Beobachtungen nicht zu behaupten.

Ich habe das Muffelwild jahrelang sehr oft und sehr genau beobachtet, es trat überhaupt nicht im Felde aus, stand sehr selten auf Wiesen, sondern zog in Buchenverjüngungsschlägen über weite Flächen, hier und da kurz äsend und irgendwelche Kräuter und Gräser bevorzugend. Verbiß von Forstpflanzen aller Art oder etwa Schälschäden wurden niemals beobachtet. Bestimmte Wechsel wurden im allgemeinen nicht innegehalten, aber es gab besonders beliebte Einstände.

Als ich schon einige Jahre in Rominten war, erhielt ich vom Regierungsforstamt in Kassel die Mitteilung, daß einem Widder, den ich ausgesetzt hatte, die rechte Schnecke in den Träger zu wachsen drohte, und daß der Widder, der inzwischen 10jährig geworden war, abgeschossen werden müsse. Da ich das Wild ausgesetzt hätte, würde ich hiermit eingeladen, den Widder in Battenberg zu schießen. So viel Generosität habe ich beim Fiskus nur einmal in meinem Leben erlebt! Es war wohl auch diesmal nicht der Fiskus, sondern der damalige Leiter des Regierungsforstamtes Kassel-West, Oberlandforstmeister Linnenbrink, der in Battenberg zuletzt mein Inspektionsbeamter gewesen war, der diese großzügige Einladung veranlaßt hatte.

Ich fuhr von Ostpreußen nach Battenberg, um den Widder zu schießen, und um anschließend im Allgäu zur Gamsbrunft zu sein. Drei Tage hatte ich für Battenberg vorgesehen. Ich kannte das Revier wie meine Westentasche, ich wußte, wo das Muffelwild mit Vorliebe stand, ich kannte alle Pürschpfade und Wechsel, wußte, wie der Wind an einzelnen Hängen und Höhen strich – und brauchte eine ganze Woche, um den Widder zu kriegen! Ein Beweis dafür, wie heimlich und unstet das Muffelwild ist und daß es genauso schwierig und damit so reizvoll ist, *den* bestimmten Widder zu schießen als etwa *den* bestimmten Hirsch oder Rehbock.

Da das Rotwild infolge der ständig zunehmenden Bevölkerungsdichte und der ständig verfeinerten und immer intensiver werdenden Landeskultur, sowohl auf forstlichem wie auf landwirtschaftlichem Sektor, immer mehr auf Inseln, sog. Rotwildgebiete, zurückgedrängt wird, bedeutet das Muffelwild, das anpassungsfähiger ist und in dieser Hinsicht mehr dem Rehwild ähnelt, für viele Reviere einen Ersatz des Rotwildes und für alle Reviere eine erfreuliche Bereicherung der freilebenden Tierwelt. Dabei ist das Muffelwild – von Haus aus zwar ein Bergwild – nicht unbedingt auf das Gebirge angewiesen. Das Herauswachsen der Schalen, das besonders in der Schorfheide beobachtet wurde, und von dem man annahm, daß die mangelnde Abnutzung, infolge des Sandbodens und des Fehlens von Stein- und Felspartien, die Ursache sei, hat sich später als eine Erkrankung der Schalen herausgestellt und wurde in steinigen Revieren auch beobachtet. Auf jeden Fall ist das gesamte Mittelgebirge als Standort für das Muffelwild geeignet, nur allzu hohe Schneelagen liebt das Wild nicht, in solchen Gebieten treten im Winter Verluste auf.

Wenn ich zurückblicke, dann war in Battenberg das Schöne, daß ich dort, weder von Vorgesetzten noch von prominenten Gästen behelligt, jagen durfte. Später in Rominten und auch im Schwarzwald wurde die Jagd, wenigstens auf den edlen Hirsch, immer mehr eine Repräsentationsangelegenheit, wohl sehr interessant, aber, jagdlich betrachtet, nicht mehr so ungebunden, so frei, so schön! Wenn ich in der Brunft mit einem Freunde in der Wilhelmshütte war, wenn wir morgens und abends pürschten und die Hirsche mit dem Ruf angingen, wenn wir tagsüber im weiten Umkreise Nachsuchen mit dem Hannoveraner machten – – das war herrlichstes, ungebundenes Jagdleben; und wenn ein Hirsch zur Strecke gekommen war, dann ließ ich ihn vor der Wilhelmshütte strecken und wir bliesen ihm das „Hirschtot" und das „Halali" als letzten Gruß. Und dann wurden aus dem Kellerloch unter der Hütte die Pullen hervorgeholt. Nur zwei Getränke waren zum Tottrinken eines Hirsches zugelassen, „Dorette lächelt" und die „Schwarze Johanna". Das erstere Getränk bestand aus Pilsner Bier und Sekt und das zweite aus schwarzem Johannisbeersaft und Sekt. Die „Schwarze Johanna" war mehr etwas für Damen, während wir Männer Pilsner mit Schampus vorzogen. Wenn dann „Dorette" längere Zeit gelächelt hatte, ging man mit brennenden Kerzen nach draußen, um zum hundertstenmal das Geweih und den Hirsch zu besehen, und wenn „Dorette" ausgelächelt hatte, dann stieg als letztes das berühmte Lied vom Gamsgebirg:

So leb denn wohl, du wunderschönes Gamsgebirg,
Wo's Schiaßn überall
In Berg und Wiesental –
So leb denn wohl, du wunderschönes Gamsgebirg,
Wo's Schiaßn überall verboten ist!

VIERTES KAPITEL

Rominten

Rominten – das waren wogende Fichten- und Kiefernwälder, Rominten – das waren erlen- und aspenumsäumte, grünleuchtende Wiesen, Rominten – das waren stille Waldseen mit Hecht und Schlei, mit Aal und Krebsen, Rominten – das waren murmelnde Wasser, die im Mondlicht gleißten, Rominten – das waren stille Brüche mit Porst und Rauschbeere, Rominten – das war Stille und Ruhe, war Ferne vom Hasten der Zivilisation, Rominten – das war das Röhren der Hirsche zur Brunftzeit, Rominten – das war das Trompeten der Kraniche, das Puitzen und Quorren der Schnepfen, das Klingeln der Wildenten, das Meckern der Bekassinen, Rominten – das war blauender Himmel mit goldenen Birken mit weißen Altweiberfäden, Rominten – das war tiefverschneiter Forst mit seinen vor Kälte knackenden Bäumen, mit dem Rufen der Wodansvögel, Rominten – das war heulender Sturm mit stiemendem Schnee, mit dem Dampfen der Pferde und dem Geläut der Schlitten, Rominten – das war Büchsenschall und Hörnerklang, Rominten – das war das Paradies für den Jäger und Naturfreund!

Als ich 1936 in Wiesbaden meine militärische Bekanntmachungsübung als Reserveoffizier machte, wurde ich aus Berlin angerufen, man wolle mich in die Schorfheide versetzen. Ich nahm Urlaub, fuhr nach Berlin ins Ministerium und bat um die Erlaubnis, mir die Verhältnisse in der Schorfheide ansehen zu dürfen. Nach meiner Besichtigungsreise lehnte ich ab; meine Eindrücke in der Schorfheide waren in jeder Beziehung negativ gewesen. Ich wäre ein Narr gewesen, wenn ich freiwillig mein schönes Battenberg aufgegeben hätte.

Ich hatte in Berlin mit solcher Schärfe abgelehnt, daß ich hoffte, man würde mich in Ruhe lassen, aber wenige Wochen später erfolgte ein neuer Anruf, ich solle mir Rominten in Ostpreußen ansehen, es würden dort zwei Forstämter frei, von denen ich mir eins aussuchen könnte. Ich flog also nach Königsberg und fuhr von dort nach Rominten, um das mir schon aus meiner Referendarzeit einigermaßen bekannte Gebiet zu besichtigen, vor allem aber, um mich über die Personalverhältnisse zu orientieren. Ich merkte sofort, hier konnte, hier durfte ich nicht nein sagen. Die Aussicht, mit Hermann Göring und sonstigen Gästen des Dritten Reiches zu tun zu haben, reizte mich nicht sehr, aber als Jäger konnte ich dieses Angebot nicht ausschlagen – für Rominten hätte ich mich dem leibhaftigen Teufel verschrieben! Als ich im Sommer 1945 als Flüchtling, der nichts als das Leben gerettet hatte, einen alten Bekannten aus der Nähe von Battenberg wiedertraf, sagte mir dieser: „Sehen Sie, Frevert, jetzt haben Sie die Quittung! Ich habe Ihnen damals abgeraten, nach Rominten zu gehen, wären Sie meinem Rat gefolgt, dann säßen Sie heute noch geruhsam in Battenberg!" Ohne mich zu besinnen, antwortete ich: „Und wenn ich vorher gewußt hätte, wie es mir ergehen würde – – ich wäre trotzdem hingegangen!!"

Ich habe über meine Zeit in Ostpreußen ein besonderes Buch „Rominten" geschrieben, das ich dem Leser, der sich für dieses herrliche Revier näher interessiert, empfehle. In einem einzigen Kapitel kann man der Bedeutung dieses Reviers nicht gerecht werden. Ich beschränke mich daher darauf, zu versuchen, einen allgemeinen Einblick in die Verhältnisse Ostpreußens zu geben und einige nette Geschichten und Anekdoten aus der damaligen Zeit zu berichten.

Ostpreußen war das Land der Güter, aber es war nicht das Land der Junker, wie man sich das im Westen Deutschlands oft vorgestellt hatte. Der Landbesitz war nur zu einem geringen Teil in den Händen des Adels, die meisten Güter gehörten bürgerlichen Landwirten. Ein Junkertum im üblen Sinne war in Ostpreußen schon deshalb nicht möglich, weil Klima und Bodenverhältnisse erheblich höhere Ansprüche an den Wirtschafter stellten, als das im Westen der Fall war und heute noch ist. Bei der Kürze der Vegetationszeit mußten Bestellung und Ernte erheblich schneller vonstatten gehen als im Westen. Die Landwirtschaft erforderte also viel mehr Arbeitskräfte und Pferde oder Maschinen als anderswo.

Wer da nicht organisieren und rechnen konnte, war sehr schnell bankrott, und wer sich unter diesen schwierigen Umständen behauptete, mußte ein Kerl sein und etwas verstehen. Das Verhältnis zwischen Landarbeiter und Gutsbesitzer war bis in unsere Zeit patriarchalisch geblieben. Die „Instleute" erhielten keinen hohen Lohn, aber sie hatten Wohnung, ein Stück Land, ein oder zwei Schweine im Stall und bekamen Milch und sonstiges Deputat an Getreide, Kartoffeln usw. Sie lebten einfach, aber nicht schlecht und sicher besser und glücklicher als mancher Industriearbeiter in den westlichen Steinwüsten, der an barem Gelde erheblich mehr verdiente. Während im Sommer hart, zur Zeit der Ernte und Bestellung sogar sehr hart gearbeitet wurde, war das Leben im Winter sehr viel geruhsamer. Diese Zeit dauerte oft fünf, manchmal auch sechs Monate, und die notwendigen Arbeiten wie Dreschen, Holzfahren und ähnliches waren ohne Hast und große Anstrengung in dieser langen Zeit zu schaffen. Der Gutsherr mußte die Leute aber die ganze Zeit durchhalten, er konnte nicht, wie im Westen in der Industrie, die Leute bei schlechter Konjunktur arbeitslos werden lassen. Hierdurch entstand für die Landarbeiter das Gefühl des Geborgenseins, der Sicherheit, und es erwuchs eine Zusammengehörigkeit, eben ein patriarchalisches Verhältnis. Der Landarbeiter verkaufte nicht dem Gutsherrn seine Arbeitskraft, sondern er fühlte sich zum ganzen Gutsbetrieb gehörig, er war ein Teil einer Arbeitsgemeinschaft. Natürlich war das nicht überall so, aber die treue Anhänglichkeit, die heute noch, nach 12 Jahren, zwischen früheren Gutsbesitzern und ihren „Instleuten" hier im Westen besteht, dürfte Beweis für das Gesagte sein.

Neben den größeren Gütern gab es in Ostpreußen den sog. Besitzer. Es waren das Bauern, die etwa 50 bis 100 ha bewirtschafteten. Diese Besitzgröße war in Ostpreußen für die besonderen Verhältnisse aber zu klein, es sei denn, daß besonders guter Boden vorhanden war. Nach meiner Überzeugung war in Ostpreußen das Optimum etwa 200 bis 500 ha; bei kleinerem Besitz wurde das Wirtschaften unlukrativ und bei größerem unübersichtlich.

Natürlich gab es auch Arbeiterlandwirte, also Menschen, die in erster Linie als Waldarbeiter, als Wegarbeiter, als Maurer usw. ihr Brot verdienten, und die fast immer – jedenfalls auf dem Lande draußen – ein eigenes Häuschen und eine eigene Landwirtschaft besaßen, die von den übrigen Familienangehörigen bewirtschaftet wurde. Diese Arbeiter standen sich nicht schlecht. Wenn in Ostpreußen auch nicht die Spitzenlöhne westlicher Industriearbeiter gezahlt wurden, so hatten diese Holzhauer usw. doch einen guten Lohn, sie hatten mehr bares Geld als die Instleute, und auch in schwierigen Konjunkturverhältnissen hatten sie infolge ihrer kleinen Landwirtschaft immer satt zu essen.

Meine Wünsche, an deren Erfüllung ich meine Zustimmung, nach Rominten zu gehen, geknüpft hatte, wurden mir in Berlin anstandslos erfüllt bis auf einen. Ich hatte u. a. darum gebeten, die Jagdleitung der gesamten Rominter Heide in meine Hände zu legen, da ich sehr schnell erkannt hatte, daß nur bei einer einheitlichen Leitung das Höchstmögliche bei dem Rotwild zu erreichen war. Bisher, merkwürdigerweise auch in der kaiserlichen Zeit, hatte jeder Forstmeister jagdlich für sein Revier gewirtschaftet, der Abschuß war forstamtsweise festgesetzt, die Fütterung blieb den einzelnen Forstmeistern überlassen, die finanziellen Mittel für jagdliche Zwecke wurden den Forstmeistern einzeln zugewiesen usw. Es war klar, daß dabei keine Höchsterfolge in der Hege zu erzielen waren, denn das Wild hielt sich natürlich nicht an die Grenzen eines Forstamtes. Ein Gatterrevier wie Rominten kann jagdlich nur *einheitlich* bewirtschaftet werden. Dabei war die Heide eigentlich kaum noch als Gatterrevier zu bezeichnen, sie umfaßte 25 000 ha, die als Waldinsel in einem großen Feldbezirk lagen. Diese 25 000 ha waren eingegattert, der Zaun war über 100 km lang, er war daher niemals ganz dicht zu halten. Zahlreiche Einsprünge befanden sich in dem Gatter, außerdem waren sämtliche angrenzenden Feldjagden, zusammen etwa 10 000 ha, angepachtet, so daß das Gesamtrevier 35 000 ha groß war – da konnte man trotz des Gatters kaum noch von einem Gatterrevier sprechen.

Die erstrebte jagdliche Gesamtleitung wurde mir aber sehr bald von Hermann Göring persönlich übertragen. Als ich ihm die Vorteile einer solchen einheitlichen Abschuß- und Hegeplanung auseinandersetzte, sah er das sofort ein und ging noch einen Schritt weiter, indem er mir auch die forstliche Leitung, und zwar unter

Loslösung der gesamten Rominter Heide aus dem Verband der preußischen Forstverwaltung, übertrug. Ich hatte also die Funktionen eines Regierungsforstamtes und unterstand unmittelbar dem Ministerium, und zwar dem Reichsjagdamt. Diese auch forstliche Unterstellung unter das Reichsjagdamt war verwaltungsmäßig natürlich schwierig und löste Ärger aus. Daß sie trotzdem funktionierte, ist in erster Linie dem Takt und der Geschicklichkeit des Oberstjägermeisters Scherping und seines forstlichen Referenten, Oberlandforstmeister Nüßlein, zu verdanken.

Ich selbst hatte als Oberforstmeister der Rominter Heide eine sehr selbständige, man kann sagen, einmalige Stellung; aber ich habe sie niemals ausgenutzt und für mich und meine Beamten nie versucht, persönliche Vorteile herauszuholen. Ich habe alle meine Forstbeamten – es waren 55 an der Zahl – stets wissen lassen, daß der, der die Situation für sich ausnutzt, also die gute Stimmung Görings oder eines anderen offiziellen Gastes dazu benutzt, irgendwelche privaten Vorteile herauszuholen, die Heide verlassen muß! Ich muß gestehen, daß eine ausgezeichnete Kameradschaft unter den Forstbeamten aller Dienstgrade bis zum bitteren Ende geherrscht hat, nicht einer ist „abtrünnig" geworden, auch nicht nach Beendigung des Krieges. In einer Zeit, in der man sonst so viel Erbärmlichkeit, so viel Gemeinheit, so viel Denunziation erlebt hat, erfüllt es mich mit Freude und Glauben an den guten Kern des Menschen, wenn ich ehrlichen Herzens dieses gute Urteil über meine Rominter Forstbeamten niederschreiben kann.

Als ich in Rominten die Dienstgeschäfte übernahm, war gerade eine große Nonnenkalamität zu Ende gegangen, d. h., sie dauerte eigentlich noch an. Man bekämpfte die Nonne durch Giftbestreuung vom Flugzeug aus. Der die Aktion leitende Forstassessor erklärte, 2500 ha Holzbestand durch die Bestäubung gerettet zu haben. Es kam darauf an, wie man die Sache ansah. Nonnenkalamitäten pflegen nach zwei bis drei Jahren in sich zusammenzubrechen, da meistens bei Massenvermehrung die sog. Polyederkrankheit ausbricht, der die Raupen erliegen. Probezählungen hatten nun ergeben, daß je Baum eine unerhörte Menge – ich kann mich aus dem Gedächtnis nicht auf Zahlen verlegen – Raupen pro Baum vorhanden waren. Die Begiftung war, von gutem Wetter begünstigt, ein voller Erfolg, denn es wurden 95 bis 98% aller Raupen vernichtet. Die verbleibenden 2 bis 5% reichten aber aus, den Stamm kahl zu fressen, sie hatten Nahrung genug, sich zu verpuppen, und die Kalamität ging also ins nächste Jahr hinein weiter, während vielleicht ohne Bekämpfung alle Raupen restlos verhungert bzw. der Polyederkrankheit zum Opfer gefallen wären; der Beweis und der Gegenbeweis sind schwer zu erbringen. Es soll auch hier kein Werturteil über Giftbestäubung gefällt werden, es soll nur gesagt werden, daß eine 95%ige Vernichtung eines Insektenschädlings noch keineswegs ein wirklicher Erfolg zu sein braucht. Wenn ich z. B. 1 Million Insektenschädlinge auf einer bestimmten Fläche festgestellt habe und ich vergifte 95% – was an sich ein sehr hoher Prozentsatz ist – dann bleiben 5%, also 50000 Stück, übrig, die sich satt fressen können, die sich verpuppen und sich im nächsten Jahr stark vermehren.

Leider werden wir Forstleute uns wohl damit abfinden müssen, daß wir in absehbarer Zeit nicht ohne die Chemo-Therapie auskommen werden, aber man sollte sich hüten, wegen ein paar Maikäfern oder wegen einiger Mäuse Totalbestäubungen oder -bespritzungen vorzunehmen. Mit Gift in größerem Umfang stören wir das Gleichgewicht in der Natur, wir vernichten nicht nur die dem Menschen schädlichen Insekten, sondern auch die nützlichen, wir töten die Raubinsekten aller Art, und inwieweit wir die Bodenfauna durch Totalbegiftung zerstören, dürfte noch nicht restlos erforscht sein.

Wir werden, wie schon gesagt, bei Insektenkatastrophen vorläufig nicht ohne chemische Mittel auskommen, aber wir sollten aufhören, hemmungslos tonnenweise Gift in die Natur zu bringen, wenn es nicht unbedingt nötig ist. Es dürfte in vielen Fällen besser sein, gewisse Schäden in Kauf zu nehmen und mit anderen, vielleicht nicht so schnell wirkenden, aber natürlicheren Mitteln die Schadinsekten zu bekämpfen. Ich denke da vor allen Dingen an biologische Bekämpfungsmethoden, also Vogelschutz, Züchtung und Vermehrung von Raubinsekten, von Krankheitsviren u. ä. Es ist erfreulich, festzustellen, daß die Wissenschaft, die noch vor wenigen Jahren das Gift als Allheilmittel ansah, jetzt bereits ihre warnende Stimme erhebt und den Schwerpunkt der Forschung auf den biologischen Sektor verlegt hat.

In Rominten traten die Nonnenkalamitäten periodisch auf, man konnte sagen, daß alle 40 bis 60 Jahre eine Massenvermehrung der Nonne vorhanden war; welche Ursache das hatte, war nicht zu ergründen. Eine große Kalamität hatte in den 50iger Jahren des vorigen Jahrhunderts geherrscht, ihr waren besonders die Jagen um den Ort Rominten herum zum Opfer gefallen. Man hatte damals den Einschlag des trockenen Holzes nicht geschafft, große Abteilungen waren zusammengebrochen, das vermodernde Holz lag mehrere Meter hoch, und überall fand sich Aspen- und Birkenanflug ein. Diese Jagen wuchsen ohne forstliche Pflege wieder hoch. Kaiser Wilhelm II. bestimmte ferner 1899, daß keine Axt diese Abteilungen, die als „wilde Jagen" bezeichnet wurden, berühren sollte. In diesem Urwald von Aspen, Birken, Ahorn, Hainbuche und Erle war später überall die Fichte von außen her wieder angeflogen, so daß ein romantisch schöner und jagdlich hervorragender Urwald entstanden war, der vor allem im Herbst eine herrliche Farbensymphonie darstellte. Die Wiesen leuchteten dann in hellstem Grün und waren mit lilafarbenen Herbstzeitlosen dicht besät, der Wald prangte in knalligem Gelb der Aspen, in der Goldfarbe der Birken und dem tiefen, satten Grün der Fichten – – und darüber stand der azurblaue Himmel des östlichen kontinentalen Klimas, während feine, weiße Altweiberfäden in der Luft schwebten; wenn dann noch ein braunroter Hirsch auf einer solchen lilagrünen Wiese stand, gab es eine Komposition von Farben, die nur in der Natur schön war. Ich habe Prof. Löbenberg oft ermuntert, diese Landschaft einmal zu malen, aber er hat es nicht getan – selbst auf dem besten Gemälde hätte, zumindesten das Lila der Herbstzeitlosen, kitschig gewirkt.

Die Insektenkalamitäten waren übrigens nicht, wie man so oft hört, eine Folge moderner Forstwirtschaft, insbesondere keine Folge der so viel geschmähten gleichaltrigen Monokulturen. Schon in prähistorischer Zeit müssen solche Kalamitäten mit einer gewissen Periodizität eingetreten sein. Pollenanalytische Untersuchungen in den Mooren und Brüchen der Rominter Heide ergaben, daß eine gewisse Zeit lang überwiegend Fichtenpollen neben Aspen, Birken, Hainbuchen und Eichenpollen abgelagert waren. Schlagartig hörten dann die Fichtenpollen auf, und eine gewisse Zeitspanne lang waren nur die Laubholzpollen nachweisbar. Dann nahmen die Fichtenpollen wieder zu, um schließlich wieder dominierend zu werden. Nach einiger Zeit wiederholte sich derselbe Vorgang. Die Fichte muß also schon in prähistorischer Zeit in erheblichem Maße bestandsbildend aufgetreten, wenn auch früher infolge des zweifellos höheren Grundwasserstandes mehr Laubholz in der Rominter Heide vorhanden gewesen sein muß als zu unserer Zeit. Die Fichte ist dann plötzlich – also zweifellos durch eine Katastrophe – ausgeschaltet und die Laubhölzer sind geblieben. Langsam eroberte dann die Fichte wieder die Gebiete, die sie vorher schlagartig verloren hatte. Nur Insektenkatastrophen können für diese Erscheinung die Ursache gewesen sein.

Bis in unsere Tage konnte man so die Entwicklung der Bestände beobachten. Im Jahre 1910 war ein starker Nonnenfraß im Forstamt Warnen. Die kahlgefressenen Flächen wurden damals mit Stieleiche aufgeforstet, die sowohl als Saat wie auch als Kleinpflanzung eingebracht wurde. Mit zwischenständiger Birke und Aspe waren die Flächen zu unserer Zeit frohwüchsige Stangenhölzer. Der Nonnenfraß von 1935/36, dem noch eine Borkenkäferkalamität folgte, hatte etwa 2000 ha Kahlfläche geschaffen, die im Jahre 1944, als wir die Heide räumen mußten, fertig aufgeforstet waren. Auch diesmal waren je nach Bodenverhältnissen große Gebiete mit Stieleichen kultiviert worden.

Das Forstamt Nassawen – später Oberforstamt Rominter Heide – das ich mir als Dienstsitz ausgesucht hatte, lag am Nordrand der Rominter Heide. Das Dienstgehöft bestand aus einem alten, im Landhausstil gebauten Haus und einem großen, von den Ökonomiegebäuden umbauten Hof. Nach drei Seiten fiel das Gelände ab zu zwei Seen, deren Fischerei ich vom Staat gepachtet hatte. Nach der dem Hof abgekehrten Seite lag ein kleiner Park mit schönen alten Bäumen. Das Ganze machte den Eindruck eines mittleren gepflegten Gutshofes. Ich hielt vier Pferde, Trakehner Abstammung, darunter zwei Zuchtstuten, Rindvieh, Schweine, Geflügel aller Art und ein Auto. An Personal waren zwei Kutscher, eine Wirtschafterin – in Ostpreußen Wirtin genannt – und zwei Mädchen vorhanden. Ich erwähne das nur, um zu zeigen, in welchem Lebensstil ein Forstmeister in Ostpreußen lebte.

Auf dem Kuhstall war ein altes Storchennest, das jedes Jahr besetzt war und wo immer junge Störche ausgebrütet wurden. Ich hatte den Ehrgeiz, auch auf der Scheune ein zweites Nest zu haben, und ließ das alte Wagenrad, das dort befestigt war, erneuern, die Eisenteile entfernen und gut mit Weiden durchflechten. Die Störche besahen im nächsten Frühjahr die neue Nistgelegenheit eingehend, aber ein Horst wurde nicht gebaut. Dabei möchte ich erwähnen, daß die Landesfrauenklinik in Insterburg stolz ein in jedem Jahr besetztes Storchennest auf dem Dach trug, wohl die einzige Frauenklinik in Deutschland – und dann soll noch jemand daran zweifeln, daß der Storch die Kinder bringt!

Eines Tages kam nun ein berühmter Wünschelrutengänger nach Nassawen – er sollte im Jägerhof nach Wasseradern forschen – und ich erzählte ihm meinen Mißerfolg mit dem zweiten Storchennest. Der Wünschelmann nahm seine Stahlrute und stellte fest, daß sich genau unter dem angebrachten Rad zwei starke Wasseradern kreuzten. Es sei ausgeschlossen, erklärte er daraufhin, daß jemals ein Storch dort nisten würde. Als kurze Zeit später mein Vorgänger, Oberforstmeister Wallmann, bei mir zur Entenjagd als Gast war, erzählte ich ihm diese Geschichte. Er hörte sich alles in Ruhe an und sagte dann: „Zu meiner Zeit hat mindestens 15 Jahre lang jedes Jahr ein Storchenpaar auf dem alten Rad, das Sie erneuert haben, genistet.“ Man sieht, auch Wünschelrutengänger unterliegen Irrtümern! Allerdings besteht die Möglichkeit, daß sich Wasseradern verlagern.

Ostpreußen war das Land der Pferde. Die Erntewagen wurden „Vierelang“ gefahren, und man fand selbst bei kleineren Besitzern ausgezeichnete Mutterstuten, die von den überall auf dem Lande verteilten Hengsten des staatlichen Gestüts Trakehnen gedeckt wurden. Diese kleinen Züchter – dazu gehörten auch die Forstbeamten – behielten die Fohlen bis zum Herbst, also etwa ein halbes Jahr, dann kauften die Gutsbesitzer diese Fohlen auf, um sie weiter aufzuziehen. Als Dreijährige wurden sie dann an die Militärverwaltung als „Remonte“ verkauft. Der Vorsitzende dieser Remontekommission, meistens ein alter Kavallerieoberst, der sog. „Remontepräses“, war ein kleiner König in Ostpreußen. Es gab Güter, die im Jahr 40 bis 70 Remonten stellten. Von dem glatten

Absatz dieser Remonten hing die Wirtschaftlichkeit des ganzen Betriebes zu einem hohen Anteil ab. Die Remontekommissionen bestanden aus Männern, die nicht zu bemogeln waren. Ich habe oft Remontemärkte mitgemacht und, obschon ich mir einbildete, etwas von Pferden zu verstehen, habe ich immer wieder gestaunt, mit welcher Sicherheit sofort die geringsten Fehler erkannt wurden. Eine solche Fähigkeit kann zum Teil durch Erfahrung erworben werden, der Blick dafür muß aber angeboren sein, und man muß mit Pferden aufgewachsen sein, um es zu wirklichem „Pferdeverstand" zu bringen. Mich interessiert diese Frage deshalb besonders, weil das Wiedererkennen der Hirsche in der gleichen Ebene liegt. Es gab in der Rominter Heide Forstbeamte, die jeden Hirsch auch ohne Geweih wiedererkannten, so wie der Schäfer seine 300 Schafe sämtlich kennt, obschon die Tiere für den Laien alle gleich aussehen. Ich besitze diese Fähigkeit trotz jahrelanger Übung nicht, aber Forstbeamte, die den sechsten Sinn für Hirsche hatten, waren fast immer auch gute Pferdekenner. Ein großer Teil der Forstbeamten hielt sich Mutterstuten und verkaufte die Fohlen im Herbst an die Güter.

Trotz des Pferdereichtums der Provinz Ostpreußen war es nicht leicht, ein paar gute Pferde zu kaufen. Es galt auch in guten Kreisen durchaus nicht als unanständig, seinen besten Freund beim Pferdekauf übers Ohr zu hauen. Man war in dieser Beziehung eben „Kopscheller", d. h., wer so wenig von Pferden verstand, daß er die Fehler selbst nicht sah, der fiel eben beim Kauf herein, es war seine eigene Schuld, daß er so dämlich war! Dabei wurde an sich korrekt verfahren. Das Pferd wurde in allen Gangarten vorgeführt, aber irgendwelche, nicht gleich ins Auge springenden Fehler wurden den Interessenten nicht gesagt – sollte der Käufer doch selbst sehen, was mit dem Gaul los war. Man mußte das wissen, wenn man nach Ostpreußen kam, um Pferde zu kaufen. Aber die Remontekommission konnte man nicht täuschen. Ich verkaufte im Sommer 1939 einen bildschönen Wallach an die Militärverwaltung. Damals wurden für den bevorstehenden Polenfeldzug zusätzlich Pferde gemustert. Der Wallach war etwas zweifelhaft auf der Vorderhand, aber nur wenn er sehr beansprucht wurde, was bei mir aber bei den weiten Entfernungen sehr oft der Fall sein mußte. Das

Pferd wurde angekauft, aber nach Beendigung der ganzen Aktion kam der Remontepräses zu mir und sagte: „Ich nehme an, daß Ihr Wallach bis Warschau durchhält, und das wird ja genügen.“ Er hatte sofort die einzige Schwäche des Tieres erkannt.

Bekannte Pferdezüchter, mit denen ich viel zusammen war, waren mein Schwager Karl Rothe-Samonienen und v. Kobylinski-Korbsdorf. Der Sohn meines Schwagers, Otto Rothe, hat bei den Olympischen Spielen in Helsinki und in Stockholm die silberne Mannschaftsmedaille in der Military für Deutschland geholt, und mit dem Schwiegersohn Kobylinskis verbindet mich heute noch eine herzliche Freundschaft. Kobylinski war bis 1933 Präsident des A.D.J.V. für Ostpreußen. Seiner Initiative waren die berühmten Elchschutzverordnungen zu verdanken, die der damalige Landwirtschaftsminister, spätere Ministerpräsident Otto Braun, unterzeichnete und damit zweifellos nach dem ersten Weltkrieg den Elch in Ostpreußen vor der Ausrottung rettete.

Kobylinski hatte einen Gutsförster, Jonigkeit, der weit und breit als Original bekannt war. Als einmal der bekannte Kammerherr von Oldenburg-Januschau, der seinerzeit als Reichstagsabgeordneter den Reichstag mit einem Leutnant und zehn Mann auflösen wollte, meinen Freund K. besuchte, machten die beiden, damals schon älteren Herren, eine Wagenfahrt durch den Gutsforst. Unterwegs begegnete ihnen der alte Jonigkeit, die Büchse über der Schulter. „Juten Morjen, jnädiger Herr!“ „Waidmannsheil, Jonigkeit, na, wie jeht's?“ fragte der Oldenburg den Alten, den er schon lange kannte: „Jehen, jeht noch ganz gut, jnädiger Herr, bloß man die Fűßkes woll'n nich mehr so ...“ „Na, dann steigen Sie mal ein und fahren Sie mit uns.“ Und mit einem „Dank auch schön“ steigt Jonigkeit auf den Bock, setzt sich neben den Kutscher und legt die Büchse neben sich, so daß der Lauf auf die beiden Herren im Wagen gerichtet ist. Nach einiger Zeit wird der Weg sehr schlecht. Als der Wagen in ein richtiges Schlagloch hineinrumpelt, geht die Büchse von Jonigkeit los und die Kugel fährt zwischen den Köpfen der beiden Herren hindurch. Der Januschauer gerät in eine wahnsinnige Wut, drischt auf den alten Jonigkeit los: „Sind Sie denn wahnsinnig geworden, eine geladene Büchse so auf den Wagen zu stellen, Sie wollen uns hier im Wagen wohl totschießen, Sie verfluchter Kerl,

Sie – – –“ Der alte Jonigkeit hörte sich die Schimpfkanonade in aller Ruhe an, und als sich der Wutausbruch etwas gelegt hatte, sagte er treuherzig: „Jnäd'ger Herr, wenn ich ihr nich jestochen jehabt hätte, wär' se nie nich losjegangen!“

Kobylinski war ein ausgezeichneter und passionierter Reiter. Als vor dem ersten Weltkrieg seine Schwester in Potsdam heiratete, ritt er in einem viel beachteten Dauerritt von Ostpreußen nach Potsdam und tanzte anschließend bei der Hochzeitsfeier die ganze Nacht durch. Er lebte sehr einfach und bescheiden und war, auch noch in hohem Alter, unerhört zäh im Ertragen aller Strapazen. Ich war später im zweiten Weltkrieg längere Zeit mit ihm zusammen und habe in ihm einen Kavalier alter Schule, einen hervorragenden Jäger und Reiter und einen überaus geistreichen und interessanten Unterhalter schätzen gelernt.

Als ich im Herbst 1936 nach Ostpreußen übersiedelte, richtete ich mein Haus nach meinen Wünschen ein, zumal ich sicher hoffte, bis zu meiner Pensionierung auf dieser Stelle bleiben zu können. Ein großes, saalartiges Zimmer wurde als Jagdzimmer bestimmt und mit Holz bis zu $^1/_3$ Höhe getäfelt. Dort wurden die stärksten Trophäen aufgehängt. Hatte ich in späteren Jahren einen besseren Hirsch, Bock usw. geschossen, dann wurde die jeweils schlechteste Trophäe auf den Flur oder die Diele verbannt und das Beste kam ins Jagdzimmer. Es waren verhältnismäßig nur wenig Trophäen in diesem Zimmer, aber diese hingen vor weißem Rauhputz und hatten Platz genug, um voll zur Wirkung zu kommen. Ich hatte im Laufe der Jahrzehnte fast auf alles europäische Wild gejagt, und von allen Wildarten hing wenigstens eine Trophäe im Jagdzimmer. Trotzdem wurde durch weise Beschränkung ein musealer Eindruck vermieden. Das Zimmer war nur mit Kerzenlicht zu beleuchten, als Konzession an die zivilisatorischen Bedürfnisse gab es lediglich einen Steckkontakt, an dem man gegebenenfalls eine elektrische Stehlampe anschließen konnte.

In der einen Ecke des Raumes baute ich einen großen offenen Kamin. Diese offenen Kamine sind eine Marotte von mir. Überall, wo ich gewesen bin, habe ich Kamine gebaut. Man kann nirgends so gut nachdenken wie vor dem prasselnden Feuer, man wird auch niemals Langeweile empfinden bei dem Anblick der rotglutenden Flamme. „Das Feuer ist der beste Unterhalter" – – sagt Nietzsche.

Die heutigen Menschen kennen das Feuer kaum noch. Zentralheizung und elektrische Küche beherrschen die Wohnung, und die heranwachsenden Kinder verlieren jede Beziehung zum Feuer, obwohl dieses für die Menschheit von allergrößter Bedeutung ist. In fast allen alten Kulturen wird das Feuer für heilig gehalten, und es gab Priester und Priesterinnen, die das Feuer hüteten und bewahrten. Mit dem Geschenk des Feuers wurde der Mensch erst ein höheres Wesen. Sicher war das Feuer durch Unachtsamkeit häufig verloren worden und man mußte warten, bis durch Blitzschlag die Flamme wieder gewonnen und behütet werden konnte. Daher die uralte Sorge um die Bewahrung dieser Gottesgabe.

Wir hatten auf Obersekunda einen Professor, der Junggeselle war und uns eines Tages im Unterricht erzählte, daß er seine Wirtschafterin fristlos entlassen hätte, weil sie den Herd, des Hauses heiligste Stätte, eine „Kochmaschine" genannt hätte. Wir lachten damals als Pennäler über den schrulligen Pauker – später habe ich an diese Episode oft denken müssen. Im letzten Kriege waren meine Soldaten nicht imstande, bei Regenwetter im östlichen Urwald ein Feuer anzuzünden, und sie waren erstaunt, als ich mit Birkenrinde und Reisig in kürzester Zeit eine hellodernde Flamme hervorzauberte, sie hatten den Umgang mit dem Feuer infolge ihrer Verstädterung völlig verlernt. Nicht umsonst bauen heute die Architekten fast in jedes bessere Haus einen Kamin ein – der Mensch hat eine uralte Sehnsucht nach dem sichtbaren Feuer, das Wärme, Kraft und Leben spendet.

Wenn bei mir die Gefahr bestand, in der niederträchtigen Sorge des Alltags zu versinken, dann habe ich mit einem Kienspan den Kamin angesteckt. Die Stunden, die ich mit guten Freunden vor dem flackernden Feuer über Gott und die Welt meditierte oder auch allein sinnend verbrachte, sind mir stets besonders wertvoll erschienen. Kein Platz eignet sich auch besser, das Vergessen zu erlernen, das oft lebensentscheidend sein kann.

Auch das Gefühl des Geborgenseins, des Zuhauseseins, ist nie so stark wie vor dem brennenden Kamin. Der nüchterne Realist mag sagen, daß ich den Kaminfimmel habe – – andere Leute sammeln

Kapitalhirsch aus Rominten

Verlandender See (Igler See)
in der Rominter Heide

Partie aus dem Romintetal

Briefmarken, Münzen oder was weiß ich – ich baue Kamine und fühle mich glücklich dabei.

Die Rominter Heide bestand aus vier Forstämtern: Warnen, das später zur Erinnerung an den vor Warschau gefallenen Forstmeister Dr. Barckhausen in „Barckhausen" umbenannt wurde, Nassawen, Rominten und Szittkehmen, später in „Wehrkirchen" umgetauft. Während des Krieges wurde unmittelbar an der litauischen Grenze noch ein neues Forstamt Adlersfelde eingerichtet und zur Rominter Heide geschlagen. Seit alten Zeiten war Rominten ein bevorzugtes Jagdrevier gewesen. Die Hochmeister des deutschen Ritterordens, später die Herzöge von Preußen, dann die Kurfürsten von Brandenburg, insbesondere der Große Kurfürst, haben hier gejagt und hatten an der Rominte, damals „Romitte" genannt, schon Jagdhäuser. Später wurde Rominten, dessen Wildstand in der ersten Hälfte des 19. Jahrhunderts stark zurückgegangen war, neu entdeckt von dem Prinzen Friedrich-Karl von Preußen, dem späteren Feldmarschall des Krieges 1870/71. Als Kaiser Wilhelm II. im Jahre 1888 zur Regierung kam, erhob er sehr bald das alte historische Hohenzollernrevier zum Hofjagdrevier. Unter seiner Regierung erlangte das Jagdgebiet Weltruf. Nach 1918 jagten in Rominten die preußischen Ministerpräsidenten und Minister, und 1933 reservierte sich Hermann Göring die Heide. Die kaiserliche Glanzzeit wurde bezüglich der Stärke der Hirsche weit überboten.

Es ist ein eigentümliches Zusammentreffen in meinem Leben, daß ich stets in alten Hofjagdrevieren gewirkt habe: Wolfgang war ein altes fürstliches Revier, das Forstamt befand sich in einem schönen, alten Jagdschlößchen. In Battenberg hatten die Hessen gejagt, vor allem der „große Jäger", Landgraf Ludwig VIII. von Hessen, hatte hier kapitale Hirsche gestreckt, die zum Teil von Ridinger auf Kupferstichen verewigt sind, während die Originalgeweihe heute noch in Kranichstein bei Darmstadt hängen und unsere Bewunderung erregen. Rominten, das alte hohenzollernsche Leibrevier, war meine nächste Station, und es folgte später Kaltenbronn, das altes großherzoglich badisches Hofjagdrevier war, in dem zahlreiche Angehörige der alten regierenden Fürstenhäuser Europas gejagt haben – von Großfürst Nikolai Nikolajewitsch bis zu Kaiser Wilhelm II., von den Markgrafen und Großherzögen von Baden bis zum Herzog von Edinburgh, dem Gemahl der jetzigen Königin von England.

1937 stieg in Berlin die Internationale Jagdausstellung. Wir begannen mit den ersten Vorbereitungen bereits im Winter 1936. Ich erhielt den Auftrag, das Rotwildrevier Rominten in drei nebeneinanderliegenden Kojen darzustellen und außerdem eine große Schau „Jagdliches Brauchtum“ aufzubauen. Was für diese Ausstellung an Arbeit geleistet wurde, davon macht sich der Außenstehende kaum einen Begriff. Für Rominten kam die Ausstellung zu früh – und die zweite Internationale Ausstellung in Düsseldorf 1954 zu spät! Die stärksten Hirsche wurden in Rominten in den Jahren 1938 bis 1944 erbeutet, 1954 aber war das Gros dieser Kapitalhirsche beim Zusammenbruch verlorengegangen. Wo die einmalige Geweihsammlung Görings, in der allein 50 Rominter Kapitaltrophäen vorhanden waren, geblieben ist, weiß ich nicht. Die meisten Geweihe waren nach dem Westen „gerettet“, wahrscheinlich sind sie von da als „Souvenirs“ weiter „gerettet“ worden. Trotz aller Nachforschungen konnte ich 1954 in Düsseldorf nur vier Geweihe Görings zusammenbringen, darunter allerdings den besten Rominter, den berühmten „Matador“, der in Düsseldorf der zweitstärkste Hirsch der gesamten Ausstellung war.

In Berlin konnten wir 1937 aus Rominten wohl starke Geweihe, aber nichts Überragendes zeigen, zumal die starken Kaiserhirsche, die vor 1914 erlegt waren, in der Revolution 1918 verlorengegangen waren! Es ist die Tragödie Romintens, daß aus zwei Epochen höchster Entwicklung die Trophäen bis auf geringe Reste verloren sind. Was hat dieses eine Revier von 25 000 ha Größe an Kapitalgeweihen geliefert! In meinem schon einmal erwähnten Buch „Rominten“ ist der Nachweis darüber erbracht.

In Berlin 1937 war die Organisation der Internationalen Jagdausstellung großzügig, man bekam genug Geld, um das, was erforderlich war, zu gestalten. 1954 in Düsseldorf stand die Ausstellung unter der Übung einer Messe. Jedes Stück Bindfaden, jeder Nagel mußte von der Zentrale angefordert werden! Wichtigste Dinge wurden bis zum letzten Moment hinausgezögert, immer aus Angst, es könnte zuviel kosten.

Für den Außenstehenden war Düsseldorf natürlich ein großes

Erlebnis, aber es war zu früh, um diese Ausstellung zu starten. Der Deutsche kann oft nicht warten, er hat keine Geduld und keine Zähigkeit. Hätten wir die zweite Internationale Jagdausstellung zwei oder drei Jahre später gemacht, wäre der Erfolg noch größer gewesen, zumal wir dann auch mehr Gelder gehabt hätten. Man hatte außerdem den großen Fehler gemacht, die gesamte Gestaltung einem Architekten zu überlassen, der von Jagd nicht das Geringste verstand. In Berlin hatte dagegen die künstlerische Gestaltung Prof. Löbenberg in Händen, der gleichzeitig Künstler und Jäger in hohem Maße ist.

Wer also hinter die Kulissen geschaut hat – und das habe ich bei beiden Jagdausstellungen getan –, muß mir beipflichten, daß die Berliner Ausstellung der Düsseldorfer weit überlegen war. Natürlich lag das auch darin begründet, daß durch den totalen Zusammenbruch sehr viel Material verlorengegangen war, daß die Jagd erst seit kurzem wieder in deutschen Händen lag, und daß nur geringe finanzielle Mittel zur Verfügung standen – – aber dann hätten sich die maßgebenden Stellen eben weigern sollen, die Ausstellung zu machen. Es wird ewig schade sein, daß sich der Präsident des D. J. V. vom „conseil international de la chasse“ hat überreden lassen, der Ausstellung in Düsseldorf zuzustimmen.

Aber einen positiven Eindruck hat diese Ausstellung in Düsseldorf doch auch bei mir hinterlassen: Solange es noch so viele Männer gibt, die aus Interesse an der Sache, aus wirklicher Liebe und Leidenschaft für das Waidwerk bereit sind, derartige Opfer an Zeit, Arbeit und Ärger zu bringen – so lange kann es um die Jägerei noch nicht schlecht bestellt sein! Solange Männer, unter den primitivsten, ja unwürdigen Verhältnissen untergebracht und verpflegt, monatelang für eine Demonstration für Jagd und Hege nicht zögern, ihr Bestes zu geben – so lange können wir optimistisch in die Zukunft sehen und brauchen negative Erscheinungen nicht zu tragisch zu nehmen!

Die mit derartigen Ausstellungen nun einmal verbundenen Empfänge und Festlichkeiten waren in Berlin wohl etwas übertrieben, in Düsseldorf dafür aber zu gering. Unvergeßlich wird mir die Festaufführung 1937 in Berlin in der Staatsoper bleiben. Es wurde „Der Freischütz“ gegeben, mit dem der Reigen der Feste eröffnet wurde.

Obschon ich zweimal die Festspiele in Bayreuth und Salzburg erlebte, und obschon ich an mehreren großen Theaterpremieren in Berlin und München teilgenommen habe, hat niemals vorher oder nachher eine Theateraufführung solch einen Eindruck bei mir hinterlassen. Ausstattung und Kostüme waren für diese Aufführung neu beschafft worden, die besten Künstler hatte man verpflichtet, es war alles getan, um diese Festaufführung zu einem besonderen Ereignis werden zu lassen. Nur geladenes Publikum war anwesend, und dieses bestand aus der jagdlichen Prominenz der Welt. Fracks in Grün, Blau, Schwarz und Rot und herrliche Toiletten und kostbarer Schmuck ergaben ein unerhört festlich buntes Bild. In allem Talmischein des „Dritten Reiches" waren die Olympischen Spiele 1936 und die Internationale Jagdausstellung 1937 für mich in meinem Leben Höhepunkte berauschender Schönheit und festlichen Glanzes. Sie verdanken diese Möglichkeit, unabhängig von der Zeit, nicht zuletzt ihrem internationalen Charakter.

In meinen Erinnerungen aus Ostpreußen spielen auch die Elche eine Rolle. In der Rominter Heide gab es kein Elchwild mehr, zumal die Heide seit 1890 eingegattert war, aber bei Meliorationsarbeiten und beim Anlegen von Gräben auf den Wildwiesen wurden verschiedentlich Abwurfstangen gefunden, so daß mit Sicherheit feststeht, daß in früheren Jahrhunderten auch der Elch Standwild in Rominten gewesen ist. Ich schoß meinen ersten Elch im Forstamt Kobbelbude als Gast des dortigen Forstmeisters. Wenn man Elchwild in freier Wildbahn noch nie gesehen hat, ist man vom ersten Anblick sehr stark beeindruckt. Es ist nicht nur die Größe dieser Tiere, sondern auch der eigenartige Körperbau, der völlig anders ist als beim Rotwild, Rehwild oder unseren sonstigen Schalenwildarten. Besonders das Haupt mit dem riesigen Windfang, der sog. Muffel, wirkt bizarr und aufregend.

Man liest oft in Jagdzeitschriften, daß der Erleger beim Anblick des erlegten Stückes eine Art Wehmut empfindet, ein schlechtes Gewissen bekommt, daß er dieses Tier getötet hat. Ich habe dieses Empfinden nie gehabt, nicht beim Hirsch und nicht beim Rehbock und schon lange nicht bei einem Keiler – – wohl aber bei meinem ersten Elch. Der Elch ist weich. Er brach also mit meiner 9,3-mm-Kugel in der Fährte zusammen. Ich kam mir irgendwie kümmerlich vor. Da hatte ich ein so großes Tier, das in Deutschland selten war und wie ein Relikt aus grauer Vorzeit wirkte, mit einem einzigen Schuß getötet – von Kampf, von Erjagen im ursprünglichen Sinne konnte nicht die Rede sein. Es war mir so, als ob ich ein Pferd erschossen hätte! Dieser Eindruck wurde verstärkt durch das Verhalten des Elches. Das Elchwild war häufig – nicht immer – erheblich weniger scheu als alle anderen Schalenwildarten. Man mußte den Eindruck haben, daß diese Tiere sich ihrer Größe und Stärke bewußt waren und daher den Menschen längst nicht so fürchteten, wie etwa das Rotwild.

Am besten paßte dieses urige Wild in den sog. Elchwald, ein etwa 50000 ha großes Niederungsrevier, das im Überschwemmungsgebiet der Memel lag, und in dem weite Gebiete mit Erlenniederwald bestockt waren. Hier fand der Elch an Weichhölzern aller Art, besonders Erlen, Aspen, aber leider auch Eschen und anderen Werthölzern, reiche Nahrung. Der Elch lebt zum großen Teil von Blättern und jungen Trieben. Ich habe Eschenhorste gesehen, die etwa 5 bis 6 m hoch und bis in die Spitze restlos kahl geäst waren. Der Elch überreitet solche Stämmchen mit seinem Körpergewicht und biegt sie zu Boden, um sie dann völlig kahl zu beißen. Der Laie zerbricht sich den Kopf darüber, wie es möglich ist, daß in dieser Höhe ein totaler Verbiß stattgefunden haben soll.

Hier im Elchwald schoß ich einen starken, alten Stangenelch. Man saß entweder auf sehr hohen Hochsitzen, von denen man etwas Einblick in das Meer von Schilf und Niederwald hatte, und von dem aus breite Schneisen gehauen worden waren, so daß man einen Schuß anbringen konnte, oder man fuhr auf einem „Kahnchen" pürschen; das Letztere habe ich für erheblich reizvoller gehalten. Man saß vorne im Kahn, und hinten stakte ein Waldarbeiter mit langer Stange fast lautlos durch das Wasser. Mit etwas Phantasie konnte man sich vorstellen, man sei in Venedig. Riesige Gebiete, mit Erlenniederwild bestockt, waren durch ein Netz von Kanälen erschlossen. Jeder Verkehr, insbesondere der Holztransport, ging über diese Kanäle. Kam ein Querkanal, dann stieg man kurz vorher aus und pürschte vorsichtig am Uferrand, auf Bülten balancierend, vor, um die Uferränder des Querkanals abzusuchen. Die Elche standen sehr häufig am Ufer der Kanäle, um hier die Weidenschößlinge zu verbeißen. Meinen Stangenelch sahen wir auf diese Weise auf sehr weite Entfernung – es mochten etwa 800 m sein – am Rande eines Kanals in Weidebüschen stehen. Zu Fuß konnte man die Strecke nicht überwinden, da zwischendurch völlig versumpfte Strecken lagen. So stakten wir langsam – der Wind war gut – hart am Ufer mit dem Kahn bis auf 300 m heran, dann stieg ich aus und pürschte noch etwa 150 m vor. Der Elch brach auf meinen Schuß nach zwei Fluchten verendet zusammen. Als ich ihn aufgebrochen hatte – das Aufbrechen eines starken Elches grenzt an Schwerarbeit – stakte mein Begleiter los, um vier Waldarbeiter herbeizuholen, während ich dem alten Vorzeitrecken die Totenwacht hielt. Wie herrlich war es doch, daß dieses urige Wild in Deutschland noch seine Fährte zog! Wie nahe war 1918 seine Vernichtung gewesen! Wie gut hatte sich die Hege verantwortungsbewußter Jäger inzwischen ausgewirkt; auf 1800 bis 2000 Stück wurde der Bestand an Elchwild zu meiner Zeit in Ostpreußen geschätzt. Welch gute Folgen hatte auch beim Elch die Hege mit der Büchse gehabt. Durch planmäßigen Abschuß der Stangenelche und Schonung der jüngeren Schaufler hatte sich das Verhältnis zwischen Stangenelchen und Schaufelelchen außerordentlich zugunsten der letzteren verschoben. Es ist übrigens erwiesen, daß beide Formen auch schon früher in prähistorischer Zeit nebeneinander vorgekommen sind, weil man sowohl Stangengeweihe als auch Schaufelgeweihe aus Mooren ausgegraben hat. Ziel der Hege war natürlich der gute Schaufler, und wenn der ostpreußische Elchschaufler auch nicht an die besten schwedischen oder kanadischen Elche herankam, so waren es doch sehr beachtliche Trophäen, die etwa in der Zeit von 1935 bis 1944 in Ostpreußen erbeutet wurden.

Inzwischen kam mein Begleiter mit den Holzhauern zurück. Wir hatten viel Mühe, den starken Wildkörper aus dem Bruch heraus in den Kahn zu bekommen. Wir streckten ihn im Kahn, mit dem Haupt auf einer Bank liegend und mit Brüchen geschmückt. Ich saß dem kapitalen Haupt gegenüber und rauchte meine Zigarre, und langsam stakte mein Begleiter den Kahn über die Kanäle zurück. Ich hätte stundenlang so fahren können im Anblick des riesigen Wildkörpers, leise durch das Wasser gleitend. Es war die eigenartigste Heimkehr nach einer Jagd, die man sich denken kann.

Bekanntlich läßt sich der Elch in Gefangenschaft nicht gut halten. In Ostpreußen hatte jedoch ein Graf D. einen zahmen Elch, der zu einem kapitalen Schaufler heranwuchs und frei im Park herumlief. Er kam auch ins Haus, ging die Treppen ohne Schwierigkeit hinauf und hinunter und wurde in keiner Weise bösartig, wie das bei zahmen Rothirschen und Rehböcken immer der Fall ist.

Eines Tages kam ein Kunstprofessor aus Berlin zu Besuch, um sich die Kupferstichsammlung des Grafen D. anzusehen. Man saß in einer Ecke der Halle und trank Tee, und zwar saß der Gast so, daß er seinen Rücken der Flügeltür nach draußen zukehrte. Plötzlich kam der Elch herein, infolge des Teppichs war er nicht zu hören. Er stellte sich hinter den Sessel, auf dem der Professor saß, und blieb mit stoischer Ruhe dort stehen, sein Haupt ragte genau über den Kopf des Gastes. Da sagte der Graf: „Hinter Ihnen, Herr Professor, steht jemand, der möchte Ihnen auch noch guten Tag sagen." Der Professor, in der Annahme, die Frau des Hauses sei gekommen, will aufspringen, dreht sich herum und sieht auf allernächste Entfernung das Haupt eines Elches vor sich. Der Mann sank in seinen Sessel zurück und mußte mit Kognak wieder auf die Beine gebracht werden. Er erklärte später, daß es weniger Schrecken gewesen wäre, was ihn umgeworfen hätte, als daß ihm schlagartig die Erkenntnis gekommen sei, er müsse wahnsinnig geworden sein und unter Halluzinationen leiden, denn ein riesiger Elch in solch unmittelbarer Nähe könnte unmöglich Wirklichkeit sein!

Fast jeden Winter wechselten Wölfe nach Ostpreußen ein, und zwar in die großen Waldgebiete am Ostrande der Provinz, also Memelwald, Rominter Heide, Borker Heide und Johannisburger Heide. Ich selbst habe sowohl in Ostpreußen als auch in Polen und Litauen auf Wölfe gejagt und im Laufe der Jahre drei Wölfe geschossen und war bei der Erlegung von etwa 20 Wölfen dabei. Dieses für einen deutschen Jäger seltene Wild übt natürlich eine ungeheure Anziehungskraft aus, denn nur wenigen vergönnt Diana die Gunst, auf diesen Räuber waidwerken zu dürfen. In früheren Jahrhunderten wurde der Wolf mit allen nur möglichen Mitteln gejagt, Wolfsgruben, Wolfsgärten, Fallen aller Art spielten dabei die Hauptrolle. Aber auch große Treibjagden auf Wölfe wurden abgehalten, vornehmlich mit dem sog. „Wolfszeug", und besondere

Wolfsjäger waren angestellt, die Spezialisten in der Bejagung und Erlegung dieses Raubwildes waren. Eine Treibjagd auf Wölfe in Polen, die ich mitmachte, und die sich kaum von den Wolfsjagden der vergangenen Jahrhunderte unterschied, will ich erzählen.

Bei einer Neuen, Mitte Januar, fuhren wir morgens beim ersten Büchsenlicht los – zwei Gajowis, ein Jagdfreund und ich, sowie zwei Mann zur Bedienung der Lappen. Wir hatten vier Pferdeschlitten, im ersten fuhr mein Freund mit einem Gajowi, im zweiten ich mit dem zweiten Gajowi, und dann kamen zwei Schlitten vollbeladen mit 6000 m Lappen und den zwei Hilfskräften. Lautlos glitten die Schlitten durch den Pulverschnee, ein herrlich klarer Wintermorgen zog herauf, dichter Schneehang auf allen Zweigen und Ästen der urwaldartigen Bestände, durch die wir fuhren. Wie eine Wolke schlug der Atem der Pferde aus den Nüstern und gefror an unseren Pelzen sehr bald zu einem weißen Reif – es waren sicher 15 bis 20 Grad unter Null, aber bei der klaren trockenen Luft, geschützt durch Filzstiefel und Schafspelz und innerlich brennend vor Erwartung und Passion, spürte man die Kälte nicht. In flottem Trabe ging es eine schnurgerade Schneise entlang, gesprochen wird kein Wort, jeder biegt sich an seiner Seite aus dem Schlitten heraus, um keine Spur oder Fährte ungesehen zu überfahren. Da, ein kurzer Halt – es ist ein starker Luchs, der sich über die Schneise spürt. Trotz des Pulverschnees ist das deutlich an den runden Trittsiegeln zu erkennen. Verschiedentlich kreuzen wir Fährten von Rotwild und Rehwild, auch eine Elchfährte überqueren wir – da hält der vorderste Schlitten wieder. Mein Jagdfreund und der Gajowi steigen aus. Als wir hinzukommen, stehen wir vor einer Wolfsspur. Der eine Gajowi beugt sich zu der Spur herunter, geht einige Schritte rückwärts der Spur nach und meint, daß es sich um drei bis vier Wölfe handeln muß. Dieser Gajowi war ein Spezialist für Wölfe, ein Mann, der genau Wechsel und Gewohnheiten der Wölfe kannte, der den sechsten Sinn für Wölfe hatte. Er stammte aus Masuren und war ein vierschrötiger, gewaltig wirkender Mann.

Da die Wölfe stets genau in die Spur des Vordermannes treten, ist es nicht ganz leicht festzustellen, um wieviel Wölfe es sich jeweils handelt; in Zweifelsfällen tut man am besten, der Spur rückwärts so weit zu folgen, bis die Wölfe sich mal getrennt haben, was beim

Verhoffen oder Lösen öfter einmal vorkommt, so daß man dann die Einzelspuren ansprechen kann.

Wir lassen die beiden Schlitten mit den Lappen auf der Wolfsspur warten und umschlagen nun mit unseren beiden anderen Schlitten das vor uns liegende Jagen. Alles geht leise und still vor sich, um die Wölfe auf keinen Fall rege zu machen. Als wir wieder zusammentreffen – mein Jagdfreund ist links und ich bin rechts herumgefahren – berichtet mein Freund, daß die Wölfe heraus sind. Sofort fährt ein Schlitten zurück und beordert die Lappenschlitten in Richtung des Wolfswechsels etwa drei Jagen voraus, wo sie weitere Anordnungen von uns abwarten sollen. Wir umschlagen nun Jagen für Jagen – immer sind die Wölfe wieder heraus, aber der Masur erklärt, daß die Spur nicht ganz frisch ist, sondern daß sie von heute nacht stammt. Die Wölfe sind also nicht etwa von uns rege gemacht worden, so daß wir noch Hoffnung haben, sie festzukriegen. So fahren wir stundenlang hinter den Wölfen her, immer wieder die Lappenschlitten nachziehend und vorschickend. Der Wald wirkt tot, man sieht nicht ein einziges lebendes Wesen, und wenn wir nicht zahlreiche Fährten von Rotwild, Rehwild und Sauen dauernd kreuzen würden, könnte man annehmen, das ganze riesige Revier sei so gut wie wildleer. Der dichte Unterwuchs, der in fast allen Jagen vorhanden ist, läßt kaum einen Einblick in die Bestände zu, und wo mal ein Kahlschlag geführt ist oder der Sturm eine Lücke gerissen hat, hat sich sofort ein üppigwuchernder Anflug von Birke, Aspe, Hainbuche, vermischt mit Fichte, angefunden, so daß sehr bald eine bürstendichte Dickung entsteht. Diese kompakte Geschlossenheit eines Urwaldreviers macht die Landschaft fast unheimlich, man kommt sich in den riesigen Beständen verloren vor und hat den Eindruck, erdrückt zu werden. Man fährt Stunde um Stunde im Schlitten und sieht nichts als Wald und wieder Wald wie eine geschlossene Mauer, wie eine drohende Masse. Der Ausblick, die Abwechslung, das Liebliche, das eine mitteldeutsche Landschaft mit ihren Wiesentälern, Kulturflächen und eingestreuten Dörfern und Siedlungen bietet, fehlen hier im Urwald vollkommen. Dieser etwas feindliche Eindruck, den der Wald macht, wird noch unterstrichen durch die Leblosigkeit, durch die Totenstille, die über allem liegt. Aber man hat nicht viel Zeit, solchen Gedanken beim Kreisen auf Wölfe nachzuhängen, denn es heißt, scharf aufzupassen, um unter keinen Umständen zu überspüren.

Inzwischen ist es Mittag geworden, wir sind bereits 30 km gefahren und müssen den Pferden eine Pause gönnen. Als wir mit unseren beiden Lappenschlitten wieder zusammentreffen, wird schnell ein Feuerchen gemacht – der Pole macht immer und überall Feuerchen – und ausgiebig wird gefrühstückt. Die Pferdchen bekommen ihren Freßsack um und werden mit Decken zugedeckt, was in Polen eine Seltenheit ist. Aber wir können uns dem Zauber des Frühstückes im tiefverschneiten Urwald nicht lange hingeben – der Gajowi drängt zum Aufbruch, sobald die Pferde ausgefressen haben; denn gegen 2 Uhr nachmittags pflegen die Wölfe oft schon rege zu werden, und wenn wir sie heute noch einlappen wollen, wird es höchste Zeit.

Als wir das nächste Jagen umschlagen, spüren wir eine neue Wolfsspur in das Jagen hinein, es scheinen zwei Wölfe zu sein, die von rechts hergekommen sind und wahrscheinlich mit unserer alten Rotte nichts zu tun haben. Beim Zusammentreffen stellen wir fest, daß nichts heraus ist, also müssen die erste Rotte von drei bis vier Wölfen und die zuletzt gespürten zwei Wölfe zusammen in dem Treiben stecken. Lautlos zurück zu den Lappenschlitten – weit hängt man aus dem Schlitten heraus, um noch einmal nachzuspüren, damit die Sache auch ganz sicher ist – kein Zweifel, in dem Jagen müssen die Wölfe stecken. Das Jagen ist ein teilweise bruchartiger Erlen-Aspen-Kiefernbestand mit einigen Schilfpartien und teilweise ein Fichten-Birkenmischbestand mit dichten Anflughorsten – Bestandsverhältnisse, wie sie der Wolf und auch der Luchs besonders lieben.

Nun geht die Arbeit des Lappens los. Die schweren Fahrpelze werden ausgezogen, und die Lappen, die schön gebündelt zu je hundert Meter Länge auf den Schlitten liegen, werden, ohne daß ein Wort dabei gesprochen wird, in etwa 1 m Höhe aufgehängt, und zwar auf der dem Treiben abgekehrten Seite der Schneise, damit sie frei und gut sichtbar hängen. Die Lappen sind leuchtend rot und gelb gefärbt und heben sich gut vom Schnee ab. Nach zwei Stunden angestrengter Arbeit steht die Lappstatt, die Uhr zeigt bereits 3 Uhr nachmittags. Das wird morgen eine feine Jagd werden! Für heute ist es zum Treiben zu spät. Bei den weiten Entfernungen und den kurzen Tagen gelingt es nur in seltenen Fällen, an ein und demselben Tag zu kreisen und zu jagen, meistens wird erst am nächsten Tag das Treiben durchgeführt, nachdem am Tage vorher die Wölfe gekreist und gelappt sind. Ich habe es selbst erlebt, daß die Wölfe bis zu vier Tagen in einer solchen Lappstatt gehalten wurden! Man konnte, wenn man Wölfe gelappt hatte, telegraphieren und zur Wolfsjagd einladen. Voraussetzung war jedoch, daß kein Sturm- und Stiemwetter herrschte, sondern stilles, klares Wetter und möglichst Mondschein, damit die Wölfe nachts die Lappen sehen konnten. Allerdings kamen hierbei auch Ausnahmen vor. Ich erlebte es auch mehrfach, daß die Wölfe nachts die Lappstatt überfallen hatten oder auch unter den Lappen durchgekrochen waren. Wollte man ganz sicher gehen, dann war es empfehlenswert, die Lappen doppelt zu ziehen, also die obere Lappstatt etwa 1,20 m und die untere 0,50 m hoch, hierzu brauchte man aber bei großen Treiben viele Kilometer Lappen, und es war eine erhebliche Arbeit, eine solche doppelte Lappstatt aufzubauen. Wahrscheinlich waren es beim Mißlingen, alte, erfahrene Wölfe, die schon öfters in einer Lappstatt gesteckt hatten und den Rummel genau kannten und daher die Lappen nicht mehr respektierten. Auch kam es vor, daß eingelappte Wölfe an Wild innerhalb der Lappen gerieten und dann an diesem hetzten. Das gehetzte Stück überfiel natürlich die Lappen, und die Wölfe hetzten in fast allen Fällen nach. Jungwölfe bleiben dagegen, nach meiner Erfahrung, fast immer einige Tage in der Lappstatt und können dann mit Erfolg bejagt werden. So hatten wir einmal im Wald von Augustowo eine alte Wölfin und drei Jungwölfe eingelappt. Wir ließen die Lappstatt mehrere Tage stehen, da einige prominente Gäste von weither kommen sollten. Die alte Wölfin kroch in der ersten Nacht unter den Lappen durch, während die Jungwölfe nicht gewagt hatten, ihr zu folgen. In den nun folgenden Nächten heulten sich die Wölfe gegenseitig an. Die alte Wölfin kam bis auf wenige hundert Meter von außen an die Lappstatt heran und fing an zu heulen, und die Jungwölfe antworteten stundenlang auf dies Geheul aus der Lappstatt heraus, ohne jedoch zu wagen, die Lappstatt zu überfallen und zu ihrer Mutter zu wechseln. Am dritten Tag wurden die Jungwölfe gejagt, zwei von ihnen kamen zur Strecke.

Doch zurück zu unseren eingelappten Wölfen!

Am nächsten Morgen fuhren wir mit fünf Schützen zu der Lappstatt. Zwei Gajowis waren schon vorausgefahren und hatten vorsichtig das Treiben umschlagen. Sie meldeten bei unserem Eintreffen, daß alle Wölfe noch drinsteckten. Nun wurde die Lappstatt auf 500 m Länge leise aufgenommen und diese Strecke mit fünf Schützen abgestellt. Getrieben wurde im rechten Winkel zur Windrichtung, so daß die Schützen halben Wind hatten. Der Wolf pflegt beim Treiben zunächst gegen den Wind zu gehen, man kann aber natürlich nicht gegen den Wind treiben, weil dann die wechselnden Wölfe von den vorgestellten Schützen den vollen Wind bekommen. Wird dagegen im rechten Winkel zur Windrichtung getrieben, dann wechselt der Wolf gegen den Wind, kommt dort an die Lappen und geht nun an den Lappen entlang, bis er an die Lücke gelangt, wo er versucht, auszubrechen, und dabei den Schützen schußgerecht kommt. Deshalb sind die beiden ersten Posten an den Lücken stets die besten, und zwar die dem Wind zugekehrten. Aber auch hier gibt es natürlich Ausnahmen, immerhin ist das Treiben auf eingelappte Wölfe eine ziemlich sichere Sache, wenn es richtig und vorsichtig gemacht wird.

Die Treiber waren auf Umwegen an die andere Seite des Treibens auf Schlitten herangebracht und hatten sich entlang der Lappen verteilt. Nach der Uhr wurde angegangen – es empfiehlt sich nicht, die Wolfsjagden anzublasen, da die Wölfe häufig sehr leicht rege sind und schon durch das Blasen auf die Läufe kommen und dann durch die Treiberlinie zurückgehen. Auf alle Fälle darf das Signal zu Beginn des Treibens keinesfalls von den vorgestellten Schützen aus gegeben werden. Ich stellte nach meiner Uhr fest, daß das Treiben etwa fünf Minuten in Gang sein mußte – hören konnte man bei dem Schneehang nichts, auch sollte ohne großen Krach getrieben werden – als es links von mir zweimal hintereinander knallte. Ich stand auf dem vierten Stand – die besten Chancen waren also links von mir, da der Wind von dort herkam und die Wölfe, wie oben beschrieben, wenn alles programmäßig gehen sollte, zunächst, links an den Lappen entlangwechselnd, den am Ende der Lappstatt stehenden Schützen kommen mußten. Es vergingen etwa zehn Minuten – lautlose Stille um mich herum – tief verschneit ist das Bruch vor mir, in das ich von meinem Stand aus etwa 50 bis 60 m weit hineinsehen kann, – da bemerke ich, wie irgend etwas Graues im Troll heranwechselt – ein Reh denke ich zunächst – da sehe ich den Kopf und jetzt einen Augenblick den ganzen Körper – ein starker Wolf – jetzt ist er verdeckt – schnell die Gelegenheit benutzt und mit der Büchse ins Gesicht – da taucht er im leichten Troll wieder auf – halb spitz auf mich zu – auf 30 m Entfernung komme ich gut auf dem Strich ab – eine Schneewolke – – der Wolf liegt! Er versucht noch einmal hochzukommen, ehe ich aber schießen kann, sinkt er bereits verendet zurück und liegt so tief im Pulverschnee, daß ich nichts mehr von ihm sehen kann. Jetzt klopft das Herz aber doch vor Aufregung, und ich muß mich zusammenreißen, um noch still zu stehen und nicht hinzulaufen vor Freude, und um die seltene Beute zu betrachten. Nach fünf Minuten fällt drüben, anscheinend auf demselben Stand wie vorher, wieder ein Schuß – das scheint ja heute gut zu klappen! Nach einiger Zeit höre ich bereits die Treiber – na – jetzt wird's wohl zu Ende sein – da sehe ich links vor mir im stiebenden Schnee einen Wolf ankommen – Büchse hoch – mitziehen – Wolf – Baum – Wolf – Baum – das gerät nicht mehr, sagt der Ostpreuße, der Bestand ist zu dicht – Entfernung etwa 60 m – – also erst auf der Schneise schießen. Ich ziehe gut mit – – da verhofft der Wolf unmittelbar vor der Schneise einen Augenblick, und ich habe den unverschämten Dusel, daß er für mich frei ist. Ein abgezirkelter Blattschuß wirft ihn in den Schnee, und ich weiß mich vor Freude nicht zu fassen – – zwei Wölfe auf einem Stand!! Das ist selbst in diesen Revieren, in denen der Wolf noch Standwild ist und durchaus nicht selten vorkommt, ein unerwartetes Waidmannsheil.

Aber ich wurde geschlagen – der zweite Schütze links hatte aus einer anwechselnden Rotte von vier Wölfen eine saubere Dublette herausgeschossen, die beiden anderen Wölfe waren zurück durch die Treiber und dann auch durch die Lappen gegangen. Mit dem letzten Schuß, den ich gehört hatte, hatte derselbe Schütze noch einen Kugelfuchs zur Strecke gebracht, so daß er zwei Wölfe und einen Fuchs auf einem Stand erlegt hatte. Immerhin war die Strecke von vier Wölfen und einem Fuchs, zumal mit fünf Kugeln, ein hervorragendes Ergebnis, unsere Mühen vom Tag zuvor waren voll belohnt. Der Gajowi aus Masuren aber hatte recht gehabt, die erste

Rotte, die wir gestern verfolgten, hatte aus vier Wölfen bestanden, wozu noch die beiden zuletzt eingespürten Wölfe kamen, so daß sechs Wölfe in der Lappstatt gesteckt hatten.

Ungeheuer war die Entfernung, die Wölfe oft in einer Nacht zurücklegten. Wir haben mehrfach Spuren, die wir nach einer Neuen frühmorgens fanden, bis in die sinkende Nacht mit Schlitten verfolgt und mußten dann ergebnislos abbrechen, weil sich die Wölfe nirgends gesteckt hatten. Spätnachts kamen wir dann mit völlig übermüdeten Pferden, mit denen wir an solchen Tagen bis zu 80 km gefahren waren, wieder zu Hause an, und man selbst hatte nach solchen Tagen auch genug. Aber herrlich war's trotzdem, dieses Wolfsjagern im dichtverschneiten östlichen Urwald.

Einmal wurde ein starker Wolfsrüde erlegt, der eine Eisenschlinge um den Hals hatte. Die Bevölkerung stellte in der dortigen Gegend viel Schlingen, sogar Sauen mit abgedrehten Schlingen kamen gelegentlich zur Strecke. Der Wolf, den ein Jagdfreund von mir schoß, hatte die Drähtschlinge sicher schon sehr lange getragen, der Draht hatte sich am Hals in den Balg eingeschnitten und war teilweise eingewachsen. Der Wolf war gut bei Leibe, die Schlinge hatte ihn anscheinend nicht behindert. Er kam beim Treiben an einem Holzabladeplatz entlang, auf etwa 300 m schon zu sehen, hochflüchtig parallel der Lappen und von diesen etwa 50 m entfernt. Es war ein herrliches Bild, wie er mit hechelnder Zunge flüchtig durch den Schnee kam, immer den Kopf etwas zur Seite der Lappen gedreht. Am Ende der Lappstatt stand als erster Schütze mein Freund, ich war der nächste Schütze und konnte so alles sehr genau verfolgen. Sobald die Lappen aufhörten, bog der Wolf fast im rechten Winkel ab, um durch die Lücke zu wechseln, dabei kam er meinem Freunde breit, der ihm hochflüchtig eine saubere Kugel antrug, so daß der Wolf sich im stiebenden Schnee überrollte. Es war der erste Wolf, den er schoß, und es war seit Jahren sein sehnlichster Wunsch gewesen, einen Wolf zu schießen. Er begann auf seinem Stand einen Indianertanz aufzuführen, riß trotz der Kälte seine Pelzmütze vom Kopf und warf sie vor Freude immer wieder hoch in die Luft!

Die Wölfe rissen in der dortigen Gegend außer Rehwild und Rotwild vor allem Sauen, und es kamen Jahre vor, in denen man so gut wie überhaupt keine Frischlinge sah, weil fast alle von den Wölfen gerissen worden waren. Aber auch an stärkere Sauen gingen die Wölfe heran. Bei einem Treiben auf gelappte Wölfe wurde von den Treibern eine Bache gefunden, die schon halb aufgefressen war. Ich ging persönlich zu der Stelle hin, um mir die Sau anzusehen. Es handelte sich um eine sehr starke Bache mit sehr viel Weiß, die aufgebrochen etwa ein Gewicht von 220 bis 230 Pfund haben mochte, und die zur Hälfte von den Wölfen verzehrt worden war. Es war dies allerdings der einzige Fall, den ich erlebt habe, daß eine so starke Sau von Wölfen gerissen wurde. Es ist nicht ausgeschlossen, daß diese Bache irgendeine Schußverletzung gehabt hat und daher den Wölfen zum Opfer fiel. Bei fast allen Wölfen aber, bei deren Erlegung ich zugegen war, und deren Magen ich untersuchte, habe ich neben Rehhaaren, Rotwildhaaren, Hasenwolle und Undefinierbarem fast immer Sauborsten gefunden.

Sehr leicht ließen sich die Wölfe in den polnischen Revieren ankirren. An ein ausgelegtes Pferdeluder kamen sie sehr bald – bei Schnee und großer Kälte sogar schon bei Büchsenlicht. Ich habe öfters Wölfe am Luder beobachtet, das Schießen am Luder war jedoch verpönt. Hierbei möchte ich betonen, welch ausgezeichnete und waidgerechte Jäger die Polen waren. Wolf und Luchs durften z. B. nur mit der Kugel geschossen werden, Rotwild und Schwarzwild wurde genauso gehegt wie das übrige Wild. Die Jägerei war ausgezeichnet ausgebildet und geschult. Ich erinnere mich an einige besonders prominente polnische Jäger, mit denen ich waidwerken durfte: Exzellenz Lipski, Botschafter in Berlin, Graf Potocki und General Fabricy.

Voraussetzung für die Beobachtung von Wölfen war das Vorhandensein eines sehr hohen Hochsitzes, der unabhängig vom Wind macht. Man fuhr mit dem Schlitten dann so an die Hochsitzleiter heran, daß man vom Schlitten aus gleich auf die vierte oder fünfte Sprosse der Leiter stieg, ohne den Erdboden zu betreten. Die Wölfe pflegten nämlich zuerst mehrmals das ausgelegte Luder zu umkreisen in erst weiteren, dann immer enger werdenden Bogen und kamen nicht heran, wenn sie dabei auf einigermaßen frische Menschenspuren stießen. Natürlich nahmen auch die Sauen das Pferdeluder an, und ich hatte beim Ansitz am Luder ein interessantes Erlebnis.

So war ich einmal etwa eine Stunde vor Dunkelwerden mit dem

Schlitten an die Hochsitzleiter herangefahren und, mit Filzstiefeln und schwerem Schafpelz ausgerüstet, die Leiter mühsam hochgeklettert. Es war klares Wetter und wenige Tage vor Vollmond, das Thermometer hatte vor meiner Abfahrt 15 Grad unter Null gezeigt, also würde es nachts sicherlich auf 20 Grad hinuntergehen. Ich hatte mir aber den Schlitten erst auf 11 Uhr nachts wiederbestellt, mußte also so lange durchhalten. Bei Einbruch der Dämmerung kam eine Rotte Sauen, eine Bache mit Frischlingen und mehrere Überläufer an das Luder und fingen an, sich gütlich zu tun. Es sah zu komisch aus, wie sie die einzelnen Rippenknochen des Pferdes immer wieder durchs Gebrech zogen, sie lutschten richtig daran, um auch die letzte Fleischfaser von den Knochen herunterzukriegen. Es war ein Grunzen und Quietschen wie auf einem Körnungsplatz. Bei dieser Beobachtung wurde einem die Zeit nicht lang. Plötzlich hörte ich weit einen Wolf heulen und nach einiger Zeit wieder, aber nun schon erheblich näher. Die Sauen hatten von dem Heulen des Wolfes keinerlei Notiz genommen, sondern eifrig weitergefrühstückt, ein Überläufer hatte sich sogar so weit in den Pferdekörper buchstäblich hineingefressen, daß nur noch Hinterhand und Pürzel herausguckten. Plötzlich warf die Bache auf – ein erschrecktes Blasen – und wie der Blitz verschwand die ganze Rotte hochflüchtig. Sollte etwa der Wind von meinem Hochsitz heruntergezogen sein, oder sollten die Wölfe kommen? Nach kurzer Zeit sah ich drüben im Schatten des Bestandes den ersten Wolf auftauchen, aber wohl eine halbe Stunde verstrich, bis nacheinander zwei Wölfe langsam zum Luder kamen und sofort anfingen, Fraß aufzunehmen, wobei sie sich gegenseitig anknurrten und anfletschten und überhaupt so benahmen, wie futterneidische Hunde. Man hätte bei dem Mondlicht sehr gut schießen können, aber ich wußte, daß der Jagdherr das nicht wünschte, so begnügte ich mich mit Zielübungen und stellte letztlich fest, daß ich moralisch beide Wölfe mit Sicherheit geschossen hatte. Da hörte ich hinter mir im Bestand blasen, die beiden Wölfe verließen langsam das Luder und zogen sich mit eingekniffener Rute zurück. Tapp – tapp – tapp hörte ich es unter meinem Hochsitz ziehen – und dann wurde im vollen Mondlicht ein Mordskeiler sichtbar, und was für einer! Ein richtiger Urwaldkeiler, die hier bis über 4 Zentner aufgebrochen schwer wurden. Da reichte das be-

Verfasser mit Rominter Kapitalgeweih

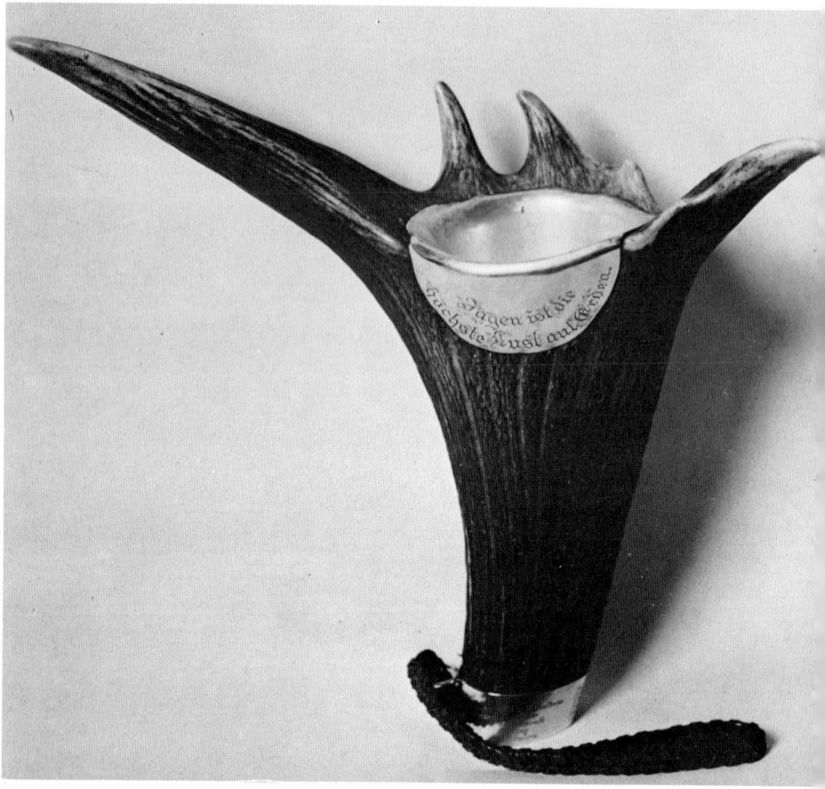

Der Geweihbecher aus Rominten

So wurden dem Erleger eines Hirsches die Grandeln überreicht

rühmte Klavier als Vergleich nicht mehr aus, man mußte mindestens an einen Bechsteinflügel denken! Der dort unten war bestimmt der stärkste Keiler, den ich in meinem Leben gesehen habe, obschon ich mehrere Dreizentnerkeiler erlegt habe. Er zog, ohne die Wölfe zu beachten, an das Luder heran, die Wölfe verschwanden endgültig. Die alten Wolfsjäger bestätigten später meine Beobachtung, daß Wölfe einem wirklichen Hauptschwein stets ausweichen, da sie vor den Waffen eines solchen Keilers Angst haben.

Interessant war das ziemlich seltene Vorkommen vom Fuchs in diesen Revieren. Ich möchte annehmen, daß die Füchse von den Wölfen gerissen wurden und daher so selten waren. Da der Wolf mit Vorliebe Hunde reißt, warum sollte er nicht auch an den Fuchs herangehen. Allerdings habe ich für meine Annahme keine Beweise, sicher ist jedoch, daß der Wolf in freiem Feld den Fuchs mühelos einholt.

Es ist unglaublich, wie sich ein Wolf vollschlingen kann. Ich war dabei, wie Wölfe zur Strecke kamen, die frisch am Riß gewesen waren und geradezu ekelhaft vollgeludert waren. Wie alle Raubtiere, kann der Wolf aber auch tagelang ohne jede Nahrung auskommen. Ich habe erlegte Wölfe untersucht, die völlig leer waren und sicherlich mehrere Tage keinerlei Fraß aufgenommen hatten. Es ist daher schwierig, Gewichte von Wölfen zu vergleichen. Ein vollgeluderter Wolf wiegt sicherlich bis zu 15 Pfund mehr als ein Wolf, der völlig leer ist. Wenn man daher Wolfsgewichte vergleichen will, muß man die Wölfe vor dem Wiegen aufbrechen und die Gewichtsangaben ohne den Aufbruch machen, wie das beim Schalenwild von jeher geschieht. Der stärkste Wolf, den ich in Polen erlegt habe, wog 86 Pfund, war aber so gut wie leer, vollgeludert hätte er sicherlich hoch in die 90 Pfund gehabt. Die meisten Wölfe hatten Gewichte zwischen 70 und 80 Pfund und Jungwölfe wogen 60 bis 65 Pfund.

In Ostpreußen traten die Wölfe, mit seltenen Ausnahmen, nur im Winter auf und auch nur in sehr strengen Wintern. Wenn der Schnee einen halben Meter und darüber lag, wenn das Thermometer 20 Grad Kälte und noch weniger zeigte, wenn bei eisigem Ost- und Südostwind die feinen Eiskristalle wie Pulver in der Luft wirbelten, wenn die Eisblumen an den Fenstern nicht mehr auftauten, wenn der Wind sich dann zum Sturm steigerte, dem draußen kein Pelz und drinnen kein Kachelofen mehr gewachsen war, wenn es – wie der Ostpreuße sagt – richtiges Stiemwetter war, dann erfaßte die Wölfe Litauens und Polens ein großes Sehnen nach den wildreichen Revieren Ostpreußens, dann trabten sie durch die eiskalten Winternächte aus ihren Einständen in den riesigen Waldgebieten von Augustowo und Bialystok gen Westen, Hunderte Kilometer weit auf uralten Fernwechseln, auf denen schon Generationen von Wölfen getrabt waren in ihrem Drang nach Westen, und auf denen nur wenige in ihre alten Standquartiere zurückkehrten. Fast alle wurden in Deutschland zur Strecke gebracht, die als winterliche Gäste Unheil über die gepflegten Rotwild- und Rehwildbestände ostpreußischer Reviere brachten; aber immer wieder drangen Vorposten dieses Räubers, dieser Geißel der Wildbahn, nach Westen vor. Wie finden die Wölfe die alten Wechsel, die schon seit Jahrzehnten der Jägerei bekannt sind? Woher wissen sie, daß hundert Kilometer weiter nach Westen große Wildbestände sind, die ihren Hunger stillen können? Alles das wird wohl immer ein Geheimnis bleiben. Wenn wir bei Rotwild und Sauen von Fernwechseln sprechen, die zwischen weit entlegenen Waldgebieten bestehen und bekannt sind, so können wir uns immer vorstellen, daß ältere Tiere diese Kenntnis auf die jüngeren übertragen, aber wie findet ein einzelner Wolf, der nie in Deutschland gewesen ist, den alten Fernwechsel, der, aus den Wäldern Litauens und Polens viele Kilometer weit über freies Feld führend, in der Johannisburger Heide oder im Memelwald endet?

In den ostpreußischen Revieren entlang der litauischen und polnischen Grenze – und nur in diese Grenzgebiete wechselten in den letzten Jahrzehnten Wölfe ein – wurde immer sehr bald festgestellt, wenn ein Wolf da war, auch ohne, daß Spurschnee lag. Schon am Verhalten des Rotwildes merkte man, daß ein solcher Räuber im Revier sein Unwesen trieb. Überall fand man flüchtige Fährten, das Wild war unstet, hielt keine Wechsel mehr, wurde sehr heimlich, und bald wurden dann auch die ersten Risse gefunden. Der Wolf jagte in diesen Revieren sehr verschwenderisch. Während ich in Polen oft erlebte, daß die Wölfe an ihren Riß zurückkehrten, habe ich dies in den ostpreußischen Revieren nie erlebt, meistens wurde das gerissene Stück nur angeschnitten und dann liegengelassen. Die Jagdmethoden, die die Wölfe anwandten, waren ganz verschieden und wechselnd. So stellte ich bei Schnee einwandfrei fest, daß ein Wolf, in Deckung auf dem Bauch kriechend, sich an ein Rudel Rotwild herangepürscht und dann aus nächster Nähe ein Schmaltier aus dem Rudel angesprungen und an der Drossel niedergerissen hatte. Ein andermal ging ich die Hetzfährte eines Wolfes aus, der ein Alttier durch zwei Forstämter hindurch etwa 8 bis 9 km weit hochflüchtig verfolgt hatte, und dann das gewiß völlig zustande gehetzte Wild gerissen hatte. Im Winter 1937/38 hatte sich ein Wolf in meinem Revier an eine Rotwildfütterung herangeschlichen und ein Alttier unmittelbar an der Heuraufe gerissen. Der Wolf mußte, nach der Fährte im Schnee zu urteilen, das völlig vertraute und nichts ahnende Stück angesprungen haben. Er hatte dem Alttier Drossel und Schlund aus dem Träger herausgerissen. Jeder Jäger, der öfters ein Stück aufgebrochen und aus der Decke geschlagen hat, weiß, wie dick und widerstandsfähig die Decke gerade am Träger ist und was schon dazu gehört, mit einem leidlich scharfen Messer die Decke an dieser Stelle durchzuschärfen. Der Wolf hatte nicht nur mit einem Biß die Decke zerfetzt, sondern Drossel und Schlund mit herausgerissen und damit den Tod des Stückes herbeigeführt.

Am häufigsten wurden Rehe gerissen. Bei tiefem Schnee war es für die Wölfe ein leichtes, ein Stück Rehwild zu hetzen und zu reißen. Meistens hatte der Wolf das Stück nur wenige hundert Meter verfolgt, dann eingeholt und niedergerissen. Allerdings gelang ihm dies nicht immer auf Anhieb. Ich ging einmal eine Hetze hinter einem Stück Rehwild aus und stellte im Schnee einwandfrei fest, daß der Wolf dreimal vergeblich das Reh angesprungen hatte. Jedesmal war im tiefem Schnee Haar zu finden und eine Art Schleifspur zu sehen, also waren zweifellos Reh und Wolf zu Fall gekommen, es war Haar geflogen und Reh und Wolf waren zu Boden gekommen. Dreimal war jedoch das Reh wieder flüchtig abgegangen, erst beim vierten Versuch war es gerissen und dann an den Dünnungen und an den Keulen wenig angeschnitten worden.

Meistens hielten sich die Wölfe nur kurz in den ostpreußischen Revieren auf, sobald Tauwetter einsetzte, wechselten sie zurück, aber, wie schon erwähnt, gelang das nur den wenigsten, die meisten wurden vorher zur Strecke gebracht, denn sobald ein Wolf in einem Revier bestätigt war, ging ein intensives Jagen los. Bei jeder Neuen wurde mit Schlitten alles abgekreist, und, sobald der Wolf fest war, wurde es an das Forstamt gemeldet. Früher hatte man im allgemeinen mit Posten oder grobem Schrot auf Wölfe geschossen, ich ordnete aber sofort an, daß nur der Kugelschuß erlaubt sei, und das war richtig so – einmal aus waidgerechten Erwägungen heraus, denn es kann nicht als waidmännisch bezeichnet werden, auf ein so starkes Wild mit einem so dicken Balg mit Schrot zu schießen, und zweitens, weil beim Schießen mit Schrot oder Posten die Feststellung des Erlegers fast zur Unmöglichkeit wird.

War ein Wolf eingekreist gemeldet – meistens steckten die Wölfe in großen Brüchen, nur selten in geschlossenen Dickungen – dann wurde durch Fernsprecher alles mobilisiert, was eine Büchse tragen konnte. Der Treffpunkt mußte möglichst früh vereinbart werden, denn ab 2 Uhr nachmittags waren die Wölfe meistens schon wieder rege, zum mindestens gingen sie sehr leicht nachmittags schon beim Anstellen aus dem Treiben heraus. Die Meldungen der Kreiser mußten also spätestens bis 10 Uhr vorliegen. Das Einlappen hatte wenig Zweck, da die Wölfe in den Revieren, in denen sie nur Gastrollen gaben, so scheu und unstet waren, daß sie im allgemeinen keine Lappen hielten oder bereits beim Einlappen das Jagen verließen. Ein Einlappen über Nacht, wie in Polen, gelang bei mehreren Versuchen in Ostpreußen nicht. Die Wölfe wechselten nachts stets aus der Lappstatt heraus. Da die Verkehrsverhältnisse in den deutschen Revieren erheblich besser waren als in Polen und man mit Hilfe des Telephons genügend Schützen in kürzester Zeit zusammentrommeln konnte, wurde stets noch an demselben Tag auf die eingespürten Wölfe gejagt.

In einem besonders strengen Winter machte uns in meinem Revier ein starker Wolf erheblich zu schaffen. Wir bemerkten bereits Anfang Dezember – sonst wechselten die Wölfe meist erst Mitte Januar nach Einsetzen des richtigen östlichen Winters zu – an dem Verhalten des Wildes, daß im Revier etwas nicht in Ordnung sein konnte. Bald wurden auch die ersten Risse gefunden. Es konnte kein Zweifel bestehen, daß ein Wolf sein Unwesen trieb, spüren war unmöglich, da keinerlei Schnee lag. Die Temperatur war immer 10 bis 15

Grad unter Null. Wenn kein Schnee kam, war kaum etwas Vielversprechendes auf den Wolf zu unternehmen. Ansitz beim Mondschein an den zahlreichen Lauerhütten meines Reviers, an denen Pferdeluder ausgelegt war, führte zu keinem Ergebnis, das Luder wurde allenthalben von Füchsen und Sauen angenommen, aber der Wolf ließ sich weder am Luder sehen, noch wurde er gespürt. Er hatte das Luder gar nicht nötig, es war genug Rehwild, Damwild und Rotwild da, täglich also liefen Meldungen über gefundene Risse ein.

Erst Anfang Januar kam der erste, von der ganzen Jägerei heißersehnte Schnee. Während man in Polen in den dortigen riesengroßen, urwaldartigen Revieren den Wolf nicht ausrotten wollte, sondern ihn mit einer gewissen Schonung bejagte, was auch voll berechtigt war, konnten wir in den jagdlich gepflegten ostpreußischen Revieren unter keinen Umständen einen Wolf dulden, da der Schaden, den er in unseren Jagdgebieten nicht allein durch Reißen, sondern auch durch Beunruhigung des gesamten Wildstandes anrichtete, zu groß war.

Am ersten Tag nach der Neuen wurde kein Wolf gespürt; das war nichts Außergewöhnliches. Es kam öfters vor, daß ein Wolf am Tage nach Neuschnee seinen Einstand nicht verließ, ein Verhalten, das man auch bei anderem Wild, insbesondere bei Rotwild und Sauen, beobachten kann. Am nächsten Morgen wurde der Wolf schon um 9 Uhr früh fest gemeldet im sog. Hühnerbruch. Sofort ging das Telephonieren los, und um zwölf Uhr trafen wir, eine Jagenbreite vom Einstand des Wolfes entfernt, zusammen. Fünfzehn Schützen waren zusammengekommen, so daß wir die Front und auch einen Teil der Flanken abstellen konnten – für den Rückwechsel blieb allerdings kein Schütze zur Verfügung, aber auf dem Rückwechsel pflegt der Wolf nur zu kommen, wenn er vorne Wind bekommt oder erfolglos beschossen worden ist. Das Hühnerbruch war stellenweise sehr licht, so daß man von einzelnen Ständen aus einen weiten Einblick in das Treiben hatte, andere Partien waren wiederum mit Erle, Birke und auch Schilf bestanden, sicher steckte der Wolf in einer solchen Schilfpartie.

Die Treiber waren ebenfalls eine Jagenbreite von dem Treiben entfernt auf der entgegengesetzten Seite zusammengezogen und sollten erst angehen, nachdem die Schützen ihre Stände eingenommen hatten. Lautlos wurde angestellt. Die Schlitten blieben am Treffpunkt zurück, nur der Schlitten eines Revierförsters fuhr noch etwas weiter mit, weil der betreffende Revierförster eine Knieverletzung hatte und nicht so weit zu Fuß gehen konnte. Seine junge, hübsche Frau spielte den Kutscher und blieb schließlich auf einer Schneise mit dem Schlitten stehen, und zwar so, daß sie durch keinen Schützen gefährdet werden konnte. Der Revierförster humpelte zum nächsten Stande – wäre er nur in seinem Schlitten sitzengeblieben, doch davon später. Ich stand vielleicht eine Viertelstunde auf meinem Stand, die Treiber mußten schon angetreten sein – das Treiben wurde nach der Uhr angegangen – als es auf der entgegengesetzten Seite knallte, kurz darauf eine wilde Schießerei, ich zählte vier schnell hintereinander abgegebene Schüsse. Das ist sicher daneben gegangen, denke ich; da wird auch schon von drüben her abgeblasen.

Der Wolf war sofort nach dem Antreten der Treiber langsam und sehr vertraut öfter verhoffend, auf einer lichten Stelle in Richtung Schützenfront gewechselt. Der Schütze, auf den der Wolf zuwechselte, hatte diesen bereits von weitem kommen sehen und stand, die Büchse im Anschlag, gut gedeckt, um ihn in aller Ruhe anlaufen zu lassen. Da hatte ein Schütze von der Flanke her auf eine Entfernung von etwa 150 m in das Treiben hinein auf den Wolf geschossen. Die Passion, in diesem Fall mußte man schon sagen Schußgier, waren mit ihm durchgegangen. Der Wolf, der in der Front sicher zur Strecke gekommen wäre, wurde auf die weite Entfernung gefehlt und kam nun hochflüchtig, von seiner ersten Richtung schräg abbiegend, einem jungen Hilfsförster, der mit seinem Repetierer eine wahre Kanonade eröffnete und auf den schließlich auf dreißig Schritt bei ihm vorbeiflüchtenden Wolf drei Kugeln los wurde. Der Nachbar hatte auch noch geschossen – – und alles war vorbei! Der Wolf hatte in windender Fahrt das Jagen verlassen und war nun unmittelbar bei der jungen Förstersfrau, die friedlich in ihrem Schlitten saß, vorbeigekommen; nur mit Mühe hatte sie das wild werdende Pferd zügeln können.

In den nächsten Tagen setzte Stiemwetter ein, der Wolf war nicht festzukriegen, da die Spuren zu schnell verwehten. Nach etwa einer Woche wurde er endlich in einem Nachbarforstamt fest gemeldet, aber die Meldung war ziemlich spät gekommen, wir konnten erst gegen zwei Uhr nachmittags zusammentreffen. Als wir anstellten, stand die Spur des Wolfes schon aus dem Treiben heraus – also wieder nichts! Tagelang wurde der Wolf überhaupt nicht gespürt, kein Wunder, denn ohne eine Neue war es sehr schwer, einen Wolf zu spüren, da die Wölfe dann sehr gerne die ausgetretenen Rotwildwechsel annehmen und dann überhaupt nicht zu spüren waren. Der Wolf wechselte kurze Zeit später auf einem seit Jahrzehnten bekannten Fernwechsel aus der Rominter Heide aus. Er war einer der wenigen, dem es gelungen war, seinen Balg aus der Rominter Heide zu retten.

Ich hatte auch das seltene Waidmannsheil, in Polen einen Luchs zu schießen. Ich stand zwischen zwei prominenten Gästen mitten im Treiben auf einem Mittelgestell, so daß wir die erste Hälfte des Treibens an der Front und die zweite Hälfte auf dem Rückwechsel waren. Ich hatte, solange wir in der Front standen, mit fünf Kugeln vier Sauen, darunter zwei grobe, geschossen. Als die Treiber bei uns durch und auf die andere Seite der Schneise getreten waren, sah ich durch eine Lücke im Bestand auf 100 m einen vermeintlichen Fuchs angeschnürt kommen, ich dachte, das wird ein feiner Kugelfuchs, ging in Anschlag und wartete, daß der Fuchs auf einer vor mir befindlichen Lücke erscheinen sollte. Da bewegte sich in der dichten Verjüngung etwas, und, wie ich abkam, sah ich, daß ich einen starken Luchs vor mir hatte. Im Schuß sprang er etwa 2,5 m hoch an eine alte Eiche und krallte sich in deren Rinde fest; ich hatte sofort repetiert, sah aber den Schweiß rot leuchtend genau auf dem Blatt herausrinnen und wußte, daß die 9,3 ihre Schuldigkeit tun würde. Der Luchs hatte den Kopf mir zugedreht und keckerte mich wütend an, dann verließen ihn die Kräfte und er stürzte rücklings verendet zu Boden. Kaum hatte ich mich wieder etwas gefaßt, da hörte ich es vor mir tapp – tapp – tapp im trockenen Laub kommen – das konnte nur eine starke Sau sein. Ich ging sofort in Anschlag – aber ich wollte nicht mehr schießen. Meine Nachbarn waren keine Kugel losgeworden, und ich hatte schon vier Sauen und einen Luchs geschossen – verzweifelt suchte ich dem Nachbarschützen zuzuwinken, aber der Unglückliche hörte etwas schwer, hatte also das Anwechseln des Wildes nicht vernommen und schaute ausgerechnet nach der anderen Seite. Da kam ein Hauptschwein auf der Schneise zwischen uns – ich wartete, solange es ging, aber als es drüben nicht knallte, wurde ich gerade noch im letzten Augenblick die Kugel los, 50 m vom Anschuß lag ein grober Keiler. Fünf Sauen, darunter drei grobe, und ein Luchs mit sieben Kugeln auf einem Stand – – das gelingt nur einmal im Leben und dann auch nur, wenn Diana, die launische, einen 'mal ausnahmsweise besonders liebt.

Im Jahre 1937 erhielt ich von Hermann Göring den Auftrag, als Gastgeschenk dem polnischen Staatspräsidenten Exzellenz Mosciky einen hannoverschen Schweißhund zu überbringen. Ich kam mir vor wie die alten Besuchsjäger, die früher als Geschenk einem Nachbarfürsten einen Leithund überbringen mußten. Meistens wurde damals der Jäger gleich mitgeschenkt, was in meinem Falle erfreulicherweise unterblieb! Noch Mitte des vorigen Jahrhunderts wurden zwei Schweißhunde als Geschenk an den Kaiserhof nach Wien gebracht. Der Förster, der die Hunde überbringen mußte, zog es vor, vom Harz zu Fuß nach Wien zu gehen. Der Postkutsche wollte er die kostbaren Tiere nicht anvertrauen, so wanderte er mit seinen Hunden durch die deutschen Lande bis zur Wiener Hofburg. Ich machte die Sache etwas moderner und fuhr mit meinem „Wahrto v. Feuerstein" im Schlafwagen I. Klasse über Warschau nach Bialowies, wo ich dem Staatspräsidenten den Rüden übergab. Ich wurde äußerst liebenswürdig empfangen und lernte in dem Staatspräsidenten eine sehr sympathische, weltgewandte Persönlichkeit kennen. Ein deutschstämmiger Oberjäger sollte den Schweißhund führen. Ich blieb etwa eine Woche in Bialowies und wohnte in dem alten Zarenschloß, um den Oberjäger in der Führung des Hundes zu unterweisen. Wir machten ausgedehnte Gänge und Fahrten in den herrlichen Urwald und ich ließ „Wahrto" auf kalter Fährte arbeiten, unterwies den Jäger in allen hirschgerechten Dingen und hatte zum Schluß den Eindruck, daß der Hund und sein neuer Führer ihre Sache schon machen würden.

Im folgenden Winter schoß der polnische Staatspräsident auf einer Drückjagd einen Luchs vorderlaufkrank. Knochensplitter am Anschuß ließen über den Sitz des Schusses keinen Zweifel. Da man keine anderen Hunde hatte, mußte der Oberjäger am nächsten Morgen die Sache mit „Wahrto" machen. Der Hund arbeitete die Fährte, die gut schweißte, einwandfrei, und nach etwa $1^1/_2$ km wurde der Luchs aus dem Wundbett flüchtig. Der Oberjäger war in arger Bedrängnis – den wertvollen Hund an einem solch wehrhaften Wild zu schnallen, erschien ihm mehr als riskant. Da es sich aber um den Luchs des Staatspräsidenten handelte, entschloß er sich doch, die Hetze zu wagen. Nach kurzer Zeit hörte er bereits den wütenden Standlaut des Hannoveraners, und als er sich vorsichtig heranpürschte, sah er den Luchs auf einer vom Winde geworfenen starken Fichte sitzen, während der Hund den Rüden wütend verbellte. Sobald der Hund näher herankam, versuchte der Luchs, mit der gesunden Pranke nach ihm zu schlagen, wobei er immer vornüber über den Stamm fiel. Der Fangschuß machte dem Drama ein Ende, der hannoversche Schweißhund aber stieg in ganz Polen in seinem Ansehen erheblich. Als 1939 die Russen in Bialowies einrückten, wurde der herrliche „Wahrto" sofort erschossen – als Attribut kapitalistischer Ausbeutung, wie mir der Oberjäger später persönlich erzählte.

Im Vorwinter jeden Jahres veranstaltete ich in Nassawen die sog. „Westelbische Jagdwoche". Ich lud für eine Woche lang ein halbes Dutzend alte Freunde aus dem Westen ein, und dann wurde acht Tage lang nur gejagt. Entenstrich und Papchenjagden, Treibjagden und böhmische Streifen auf Hasen und Hühner, Saujagden mit der Meute und Pürsch auf Kahlwild und für denjenigen, der noch keinen Rominter Hirsch geschossen hatte, auch auf einen Abschußhirsch, füllten die Tage. An den Abenden wurde der Becher geschwungen oder, wenn Mondschein war, an den Lauerhütten auf Fuchs und Marder angesessen. Wie glücklich bin ich heute, daß ich vielen alten Jagdfreunden dieses Vergnügen vermitteln konnte, wie freue ich mich heute über jeden Hirsch, den ein Freund von mir in Rominten geschossen hat, und dessen Geweih gerettet wurde.

Bei einer solchen westelbischen Jagdwoche wäre beinahe eine schlimme Sache passiert. Ein Freund von mir sollte einen Abschußhirsch schießen. Ein guter Abschußhirsch in Rominten war aber so viel, wie im Westen ein Kapitalhirsch. Einer meiner Förster führte meinen Freund auf einen bestätigten Hirsch, dessen Wechsel genau bekannt war. Der Hirsch trat mit zwei anderen jungen Hirschen abends auf einer Wiese aus und zog später bei Dunkelheit zu einer etwa 1 km entfernten Fütterung. Am ersten Abend waren die Hirsche zu spät ausgetreten, so daß man nicht mehr ansprechen konnte. Immerhin hatte mein Freund mit seinem guten Glas noch sehen können, wie hoch das Geweih gewesen war. Er kam noch ganz aufgeregt im Forstamt an, daß er einen so starken Hirsch schießen dürfe. Am nächsten Abend saßen Förster und Gast kaum im Schirm – es war noch vollkommen Tag – als sie etwa 1 km entfernt einen Hund hetzen hörten. Ein hetzender Hund war für Rominten, für ein derartig gepflegtes Revier, natürlich besonders schlimm. Der Förster pürschte also sofort los und ließ meinen Freund, da nicht revierkundig, allein im Schirm zurück. Das Geweih des Abschußhirsches war genau beschrieben, auch waren Abwurfstangen vom Jahr vorher gezeigt worden. Beim letzten Büchsenlicht traten die beiden jüngeren Hirsche auf die Wiese. Jetzt mußte jeden Augenblick der Abschußhirsch – es war ein 14-Ender mit doppelseitiger Stiefelknechtkrone – erscheinen. Mein Freund drehte den Sicherungsflügel herum und machte sich fertig – da teilten sich die Zweige und der dritte Hirsch trat aus der Dickung heraus. Wie mein Freund schon in Anschlag geht, durchfährt es ihn: So stark kann doch dein Hirsch nicht sein, so gewaltig hat er doch auch gestern abend nicht ausgesehen. Er setzt ab, nimmt sein zehnfaches Glas und setzt sich vor Staunen auf die Sitzbank. Es war ein Hirsch, wie man ihn sich nur erträumen kann, ein Hirsch, so gewaltig, so ungeheuerlich – mit einem Wald von Enden auf dem Haupt, daß einem der Atem wegblieb! In diesem Augenblick kehrte der Förster lautlos in den Schirm zurück und erstarrte vor Schrecken – – – der dritte Hirsch auf der Wiese war der „Matador", der stärkste Hirsch der ganzen Heide, der auf der Internationalen Jagdausstellung in Düsseldorf der zweitbeste Hirsch der Welt wurde!

Mir lief es noch nachträglich heiß und kalt den Rücken herunter, als ich abends die Geschichte hörte. Bei etwas weniger Sorgfalt und Vorsicht meines Freundes hätte der „Matador" gelegen, und das wäre, beim Hl. Hubertus, eine Katastrophe geworden. Der Hirsch hatte sich aus irgendeinem Grunde plötzlich umgestellt, er hatte sonst seinen Einstand in einer anderen Försterei. Zwei Tage später schoß mein Freund dann aber seinen richtigen Hirsch, der bis heute sein Lebenshirsch geblieben ist.

Abends wurde der Hirsch totgetrunken, das Haupt wurde, nach dem Verblasen vor dem Forstamt, abgeschlagen und auf den Sims des offenen Kamins gestellt, in dem die Birkenscheite gluteten. Der letzte Bissen steckte im Äser. Fichtenbrüche hinter dem Haupt gaben den richtigen Hintergrund, rechts und links brannten mehrarmige alte Messingleuchter, vor dem Kamin lag auf der Sauschwarte der hannoversche Schweißhund, und alle Teilnehmer der westelbischen Jagdwoche saßen in weitem Bogen um das Feuer. Der glückliche Erleger mußte aus dem Geweihbecher trinken, der aus der kapitalen Krone einer Abwurfstange aus Rominten gefertigt worden war. Die Krone war ausgehöhlt und in die Hohle ein silberner Becher eingelassen, der etwa $^{1}/_{3}$ Liter faßte. Auf dem umgeschlagenen Rand des Bechers war eingraviert: „Jagen ist die höchste Lust auf Erden."

Jeder, der als mein persönlicher Gast einen Hirsch geschossen hat, muß aus dem Becher trinken und wird auf der unteren silbernen Einfassung durch Eingravieren seines Namens verewigt. Aus dem Becher darf nur Sekt getrunken werden. Zwanzig Namen stehen bis heute auf dem Pokal, der von meiner Frau auf dem Treck von Ostpreußen gerettet wurde und sich heute noch als kostbares Erinnerungsstück in meinem Besitz befindet. Die Abwurfstange, in deren Krone der Becher eingelassen wurde, ist aus Tausenden Rominter Abwurfstangen ausgesucht und dürfte einmalig sein. Fast alle, die diesen Pokal geschwungen haben, tranken damit ihren Lebenshirsch tot, sie alle tranken Freude, Frohsinn und höchstes Jägerglück!

Im Ort Rominten lag das Hotel „Zum Hirschen", ein staatliches Lokal, welches langfristig an Frau Schebsdat verpachtet war. „Tante Gretchen" war für alle jungen Hilfsförster und Forstanwärter wie eine Mutter. Wie mancher junge Grünrock bekam hier, wenn am Ende des Monats das Geld knapp wurde, eine gute, kostenlose Atzung. Die Küche von „Tante Gretchen", auch „Heidewirtin" genannt, war berühmt. Besonders beliebt waren die Krebse, die bei der Heidewirtin herrlich lecker schmeckten, wahrscheinlich auch, weil sie stets frisch aus dem nicht weit entfernten Marinowosee geholt wurden.

Nach Beendigung der Jagdsaison, etwa Mitte Februar, fand im „Hotel zum Hirschen" ein grüner Abend statt, zu dem sämtliche Forstbeamten, die Nachbarsgutsbesitzer und sonstige Bekannte und

Freunde der grünen Farbe mit ihren Damen erschienen. Meistens herrschte um diese Zeit bittere Kälte, und es war ein schönes Bild, wenn ein Schlitten nach dem anderen angeklingelt kam, um seine in dichte Pelze gehüllten Insassen abzusetzen.

Eine besondere Hasenjagd, die ich in Polen mitmachte, möchte ich noch schildern. Wir waren etwa zehn Flinten und schossen in normal besetzten Revieren an einem Tag 1200 Hasen! Dieses fast unglaubliche Ergebnis wurde erzielt durch eine unerhört große Zahl von Treibern. Es waren im ganzen drei Kessel vorgesehen, und man hatte für jeden Kessel eine Fläche von 4000 ha abgetrieben. Morgens früh waren die Treiberwehren aus verschiedenen Dörfern mit Fahrzeugen an genau vorher bestimmte Stellen gefahren und waren von dort ausgelaufen, bis der Anschluß an die Nachbarwehren erreicht war. Als der Riesenkessel geschlossen war, wurde langsam nach der Mitte hin vormarschiert. Die Leitung erfolgte mit Hilfe von Leuchtkugeln, da Hornsignale bei den riesigen Entfernungen nicht durchgedrungen wären. Obschon viele Hasen durch die Treiberketten zurückgingen, war es doch gelungen, den größten Teil auf den Endkessel, der etwa 250 ha groß war, zusammenzutreiben. Dieser Endkessel war natürlich tagelang vorher durch lange Stangen mit darangebundenen Strohwischen eindeutig gekennzeichnet worden. Dieses Manöver – die Organisation war schon eine kleine Generalstabsarbeit – war an drei, etwa 10 km voneinander entfernten Stellen durchgeführt.

Als wir Schützen im Wagen angefahren kamen, standen die Treiber um den Endkessel herum mit einem Zwischenraum von etwa 8 m. Sobald ein Schütze seinen, durch eine Stange markierten Stand erreicht hatte, traten rechts und links von ihm je zehn Treiber zurück und marschierten sofort nach Hause. Dadurch entstanden also, der Zahl der Schützen entsprechend, zehn Löcher in der Treiberwehr, die von den Hasen angenommen wurden und von den Schützen verteidigt werden mußten. Als ich auf meinem Stand ankam, sah ich mindestens 20 bis 30 Hasen in dem Kessel herumwetzen. Kaum waren die Treiber rechts und links zurückgetreten, als auch schon der Durchbruch losging. Wir schossen in jedem Kessel rund 400 Hasen, im ersten etwas weniger und im letzten mehr. Nach Beendigung des ersten Kessels kamen die Wagen herbei, man fuhr zu den auf der nächsten Straße haltenden Autos und mit diesen etwa 8 bis 10 km weiter zu dem nächsten von den Treiberwehren zusammengedrückten Kessel. Die Treiber des ersten Kessels waren mit ihrer Tätigkeit fertig und konnten nach Hause gehen. So wurden etwa 12000 ha abgetrieben in nur drei Kesseln – allerdings unter Aufbietung einer unerhörten Anzahl von Treibern. Es war eine Hasenschlacht, keine Hasenjagd mehr zu nennen! Aber wenn man das Ergebnis ins Verhältnis setzt zu dem Treiberaufgebot, dann erscheint die Sache nicht einmal so ungünstig. Ich schätze, daß an der Jagd 2500 Treiber teilgenommen haben, jeder dann aber nur einen halben Tag. Es würden also auf 1250 Tagewerke fast ebensoviel Hasen kommen. Ich habe in den letzten Jahren in Süddeutschland leider viele Treibjagden mitgemacht, bei denen längst nicht je Treiber ein Hase zur Strecke kam.

Bei dieser Jagd wurde mir glaubhaft erzählt, daß ein bekannter polnischer Großgrundbesitzer sich in Berlin zwei Schwester-Doppelbüchsen 5,6 mm Kaliber mit einer ganz schwachen Pulverladung hatte bauen lassen. Er ließ auf seinen großen Gütern die Hasenkessel so treiben, daß sie nicht ganz rund, sondern birnenförmig verliefen. Er selbst stand als einziger teilnehmender Schütze am offenen Stiel der Birne mit seinem Büchsenspanner und schoß die breit kommenden Hasen mit Kugel!

Wir würden so etwas als jagdlichen Snobismus bezeichnen. Aber schießen muß der Mann gekonnt haben!

Etwa 20 km von Rominten entfernt lag das Hauptgestüt Trakehnen. In Rominten wuchsen die stärksten Hirsche und in Trakehnen die besten Pferde Europas. Es war sicher kein Zufall, daß auf engstem Raum diese beiden Höchstleistungen vorhanden waren. Neben der Hege in Rominten und neben den züchterischen Erfahrungen in Trakehnen spielten bestimmt die Umweltfaktoren eine entscheidende Rolle. Während Rominten ein durchweg hügeliges Terrain aufwies, war Trakehnen völlig eben. Von dem Ort Trakehnen, der im wesentlichen aus den Gestütsgebäuden und -stallungen, aus den Wohnungen des Landstallmeisters und des Gestütspersonals bestand, gingen strahlenförmig breite alte Eichenalleen durch das Gestütsgelände, das teilweise aus riesigen Pferdekoppeln, teilweise aus landwirtschaftlich genutzten Flächen bestand, da die Zuchtstuten Arbeit haben mußten. Es war ein herrliches Bild auf den weiten Koppeln – Roßgärten sagt der Ostpreuße, wie er auch vom Roßarzt, nicht vom Tierarzt, spricht – die Herden der Mutterstuten mit ihren Fohlen weiden zu sehen. Vielfach waren die Herden nach Farben geordnet, und das Herz lachte dem Pferdefreund im Leibe, diese herrlichen Tiere in ungezwungener Freiheit auf den leuchtend grünen Wiesen zu sehen. Das Buch über Trakehnen ist inzwischen auch geschrieben und damit hat der Verfasser, Oberlandstallmeister Dr. Heling, auch diesem Kleinod Ostpreußens ein literarisches Denkmal gesetzt.

Im Herbst wurden in Trakehnen regelmäßig Jagden geritten. Insbesondere wurden die Dreijährigen, die im Sommer von dem Gestütspersonal zugeritten waren, auf den Jagden erprobt. Es wurde eine Schleppe gelegt und auf dieser Schleppe jagten lauthals die Meutehunde, hinter ihnen der „Master" und dann das bunte Feld der Reiter. Was gab es Schöneres als, umgeben von den leuchtenden Herbstfarben, über die Koppeln Trakehnens zu reiten! Die Hindernisse waren z. T. schwer, aber fair, zudem handelte es sich ausschließlich um natürliche Hindernisse, bei denen nur hier und da etwas nachgeholfen war. Der Reiz des Reitens wurde durch diese natürlichen Verhältnisse erhöht. Gefürchtet war der sog. Judengraben, an dem mancher Neuling aus dem Sattel fiel – aussteigen mußte, wie man dezent sagte. Dieses Aussteigen war manchmal nicht billig, es kostete abends eine Runde im „Hotel zum Elch", das inmitten des Dorfes Trakehnen lag. Ich war damals Reserveoffizier bei der Reitenden Artillerie-Abteilung in Insterburg, die zur Kavalleriebrigade, später im Kriege zur Kavalleriedivision, gehörte. Mein Kommandeur war äußerst pferdepassioniert und ein alter Rennreiter. Wenn die Hirsche ausgeschrien hatten, dann ging das ganze Offizierskorps eine Woche lang nach Trakehnen, um Jagden zu reiten. Tagsüber ritt man über die grünen Koppeln oder machte wohl auch eine kleine taktische Übung, und abends kamen die Damen von den umliegenden Gütern und aus Insterburg, und im „Hotel zum Elch" wurde getanzt und Bowle getrunken. Wer Reiten und Jagen liebte, und wessen Passion Hirsche und Pferde waren – der kam in Ostpreußen auf seine Kosten! Wie herrlich klang das

Große Halali am Ende jeder Reitjagd: „Dankt dem, der Reiten und Jagen uns gab!“

Obschon ich meine Rotwilderfahrungen, wie schon gesagt, in einem besonderen Buch „Rominten“ niedergelegt habe, will ich doch hier in meinen Erinnerungen wenigstens die Erlegung eines Hirsches schildern; eines Hirsches, um den ich mehr Mühe gehabt und mehr Schweiß vergossen habe, als um irgendeinen anderen meiner rd. 200 Rothirsche, die ich bis heute zur Strecke gebracht habe.

Im Forstamt Warnen, später „Barckhausen“, wurde von dem dortigen Revierverwalter, Forstmeister Dr. Barckhausen, ein Dreistangenhirsch bestätigt. Er pürschte zwei Jahre auf diesen Hirsch ohne Erfolg. Nach seinem Tode bemühte ich mich mit allen Mitteln um diesen Hirsch, aber drei weitere Jahre dauerte es, bis ich ihn endlich strecken konnte.

Der Hirsch stand im Winter an einer bestimmten Fütterung, aber während der übrigen Zeit des Jahres blieb er verschwunden. Er wurde nirgends in der Brunft bestätigt, trotz aller Anstrengungen der gesamten Jägerei. Zwei Jahre lang hatte ich vergebens alles versucht – da wurde der Hirsch, wie jedes Jahr, wieder an der Fütterung bestätigt und mir gemeldet. Ich fuhr sofort hin, um ihn mir anzusehen. Tatsächlich kam der Hirsch mit einem Rudel von drei anderen Geweihten noch bei gutem Büchsenlicht. Er trug den Namen „Ameisenhirsch“, weil mein Freund Barckhausen beim ersten Bestätigen dieses Hirsches längere Zeit in einem Ameisenhaufen sitzen mußte und völlig zerstochen worden war, da er sich nicht rühren konnte, ohne den Hirsch zu vergrämen.

An der Fütterung hatte ich den Hirsch von meinem Schirm aus gut im Glase, er hatte zweifellos erheblich zugenommen, das sah ich auf den ersten Blick. Außerdem war er ein ungerader 22-Ender, aber – – – die dritte Stange fehlte! Dafür hatte er an der linken Stange, dort, wo früher die dritte abgezweigt sein mochte, also gleich über der Rose, einen faustdicken Knubbel sitzen. Die rechte Krone war schaufelförmig geworden und der Hirsch machte einen gewaltigen Eindruck, auch ohne die dritte Stange. Die beiden Augsprossen waren nach außen leicht umgebogen, und hierdurch sowie durch die schaufelförmige Krone und den faustdicken Knubbel wirkte das Geweih abnorm und bizarr, erschien dadurch aber nur noch begehrenswerter. Mir ist eine Trophäe, die in ihrer Ausformung einmalig ist, immer wertvoller gewesen als ein noch so gutes Geweih oder Gehörn, das völlig gleichmäßig aufgebaut ist und wegen seiner vollendeten Schönheit auf die Dauer leicht langweilig wird. Einen guten und edelgeformten 16-Ender kann man in Ostpreußen leichter schießen, als ein starkes abnormes Geweih erbeuten, das wird einem im allgemeinen nur einmal im Leben geschenkt. Zu den berühmtesten Geweihen aller Zeiten gehören der 66-Ender auf der Moritzburg und der 44-Ender aus Rominten, den Kaiser Wilhelm II. streckte. Beide Hirsche sind nicht wegen ihrer Stärke, sondern wegen ihrer bizarren Formen berühmt, aus denen man, wenn man will, einen 66-Ender bzw. einen 44-Ender herausrechnen kann.

Nun ging es also auf den „Ameisenhirsch". Ich saß morgens bei eisiger Kälte auf den Schneisen in der großen Dickung, in der der Hirsch seinen Tageseinstand hatte, ich fuhr im Schlitten bei sonnigem Wetter die Wege in der ganzen Umgebung ab, ich saß nachmittags an, ich pürschte – – es klappte nicht! An der Fütterung erschien der Hirsch aber fast regelmäßig. Es war, als ob ihn der Erdboden verschluckte, sobald er die Fütterung verließ. Das Terrain war für mich äußerst ungünstig, für den Hirsch besonders vorteilhaft, sehr hügelig, viel Unterholz, hohes, trockenes Gras und daher unübersichtlich. Die Dickung war dicht geschlossen, aber innen hatte sie einige Sterbelücken, wo die Sonne schön hineinschien, warum sollte der Hirsch also seinen Einstand verlassen? Ich sagte mir, einmal wird er doch seine schwache Stunde haben, und war eisern hinter ihm her. Am 31. Januar mußte ich mich geschlagen geben, ich hatte ihn nicht zur Strecke bringen können. Also dann in der nächsten Feiste, schwor ich mir zu. Wenn nur dem Hirsch nichts zustieß, das war meine einzige Sorge.

Am 1. August ging es wieder los, bis dahin hatte ich darüber nachgedacht, wie es zu machen sei, daß keinerlei Störung in der Gegend des Einstandes entstand. Sämtliche Forstbeamte wußten natürlich längst von meinen Bemühungen um den Hirsch, für mich ging es nun also auch um die Jägerehre. Wo ich hinkam, wurde ich gefragt:

„Na, haben Sie den Ameisenhirsch schon?“ Ich saß abends und blieb die Nacht draußen, um frühmorgens zur Stelle zu sein. Ich saß über Tage stundenlang an der sog. „Badestube“. Gerade auf diese Suhle hatte ich die größten Hoffnungen gesetzt, hier hatte ich den Hirsch vor drei Jahren zum erstenmal gesehen. Aber der August war verhältnismäßig naß und kühl und die Hirsche kamen nicht wie in heißen, trockenen Sommern in die „Badestube“. Ich fiel langsam vom Wildpret, Tag und Nacht war ich hinter dem Hirsch her und hatte dabei viel dienstliche Arbeit. Ich war langsam am Verzweifeln! Wenn ich den Hirsch in der Feistzeit nicht bekam, waren die Chancen in der Brunft sehr gering. Kein Mensch wußte, wo der Hirsch brunftete, er war niemals in der Brunft bestätigt worden. Außerdem waren Gäste für die Brunft angemeldet, die ich selbst führen mußte, also, allzuviel Zeit würde ich in den Hochbrunfttagen – und nur in diesen Tagen war ein so alter heimlicher Hirsch zu haben – kaum für mich selbst behalten. Es war schon Ende August geworden und außer einer starken Fährte, die ich verschiedentlich gefunden hatte, und die vom „Ameisenhirsch“ herrühren mochte, hatte ich noch nichts von ihm festgestellt.

Da saß ich eines Morgens unweit der „Badestube“ an einem großen Kahlschlag, auf dem Birkenanflug, Himbeere und stellenweise Farn üppig wucherten. Als es schummrig wurde, sah ich auf etwa 350 m Entfernung drei Hirsche auf den Kahlschlag ziehen und äsen. Es waren offensichtlich zwei geringe und ein starker Hirsch. Sollte es tatsächlich der Gesuchte sein?? Ich bohrte die Augen in mein Fernglas hinein, aber das Licht reichte noch nicht zum Ansprechen – da setzten sich die drei Hirsche in Bewegung, und zwar halbspitz auf mich zu, und nun erkannte ich in dem starken Hirsch einwandfrei den „Ameisenhirsch“. Die rechte Schaufelkrone war noch mächtiger geworden, die Augsprossen standen weit auseinander, die Enden konnte ich noch nicht zählen, dazu reichte das Licht noch nicht auf diese Entfernung. Jetzt blieb der Hirsch etwas zurück und schlug an einer einzelnen, etwa 3 m hohen Kiefer, daß die Fetzen flogen. Schießen – – – nein, noch nicht! Es waren sicher noch 275 bis 300 m, das Licht hätte wohl ausgereicht, mit Zielfernrohr wäre es gegangen, aber auf diese Entfernung war mir die Sache zu riskant, ich durfte diesen Hirsch nicht vorbeischießen, er durfte auch keine schlechte

Kugel bekommen – – – also warten! Erstens wird es ja von Sekunde zu Sekunde heller, und zweitens kommt er mir ja in die Büchse gezogen.

Die beiden anderen Hirsche waren mir inzwischen auf etwa 200 Meter nahegekommen, der „Ameisenhirsch“ schlug immer noch an seiner Kiefer. Jetzt waren die beiden geringen Hirsche – es waren ein gut veranlagter junger Kronenzehner und ein mittelalter Zwölfer – auf etwa 150 m heran – jetzt auf 100 m – – der Kapitale bearbeitete immer weiter seine Kiefer – – es mußte etwas geschehen, die Beihirsche zogen mir sonst so nahe auf den Pelz, daß ich mich nicht mehr rühren konnte. Den Schuß trotz der Entfernung auf den Hirsch wagen? – – Das Licht war jetzt gut geworden – – nein, das ging nicht! Der Hirsch stand jetzt halbspitz von mir abgewandt – da warf der Zehner, der vorne zog und auf etwa 60 bis 70 m heran war, plötzlich auf, im selben Augenblick merkte ich, daß mir der Morgenwind, der plötzlich aufgekommen war, ins Genick wehte, und flüchtig gehen beide Hirsche ab. Ich versuche noch, den „Ameisenhirsch“ ins Zielfernrohr zu bekommen – – da trollt er auch schon spitz von mir fort – an Schießen ist gar nicht zu denken. Ich hätte mich umbringen können vor Zorn! Der Hirsch sollte mir nicht gehören, er hatte den Teufel im Leib!

Etwa 3 km von dem Feisthirscheinstand befand sich ein Komplex von 6 Jagen, die mit Eichen aufgeforstet waren. Vor etwa 20 Jahren hatte hier ein großer Nonnenfraß einen Kahlschlag verursacht, und man hatte damals die ganze Fläche mit Eichenpflanzungen und Eichelsaat aufgeforstet. Die Kulturen waren sehr gut gelungen, und in den nun vorhandenen Eichendickungen, die mit Aspen- und Birkenanflug durchstellt waren, brunfteten jedes Jahr mehrere Hirsche; es gelang nur selten, diese Hirsche einwandfrei zu bestätigen. Da der „Ameisenhirsch“ auf keinem der bekannten Brunftplätze in den letzten Jahren aufgekreuzt war, lag die Vermutung nahe, daß der alte, schlaue Herr in diesen Dickungen brunftete, wenig schrie und daher niemals aufgefallen und bestätigt worden war. Auf alle Fälle beschloß ich, ihn hier zu suchen und die übrige Jägerei auf die üblichen Brunftplätze zu verteilen.

In den Eichen war zunächst nicht viel los. Ich verbrachte jeden Abend und Morgen, an denen ich nicht durch Führung der Gäste in

Anspruch genommen wurde, am Rande der Eichendickung, um zu verhören. Irgendwelches Pürschen auf den Schneisen oder Wegen innerhalb des Dickungskomplexes hätte keinen Sinn gehabt, ich hätte das Wild nur vergrämt. Dem zuständigen Forstbeamten hatte ich mitgeteilt, daß dieser Revierteil für mich reserviert bleiben sollte. So herrschte in den Eichen unbedingte Ruhe, wenn der „Ameisenhirsch" wirklich dort brunftete, wurde er also bestimmt nicht gestört.

Die Brunft näherte sich inzwischen ihrem Höhepunkt. Von allen Brunftplätzen der Heide liefen Meldungen von bestätigten Hirschen ein. Da wurde ich eines Abends noch spät angerufen, daß an der sog. „Eselswiese" ein Hirsch mehrmals nach Schwinden des Büchsenlichtes mit sehr guter Stimme gemeldet hätte. Die Eselswiese war nur etwa zwei Morgen groß und lag am Ende der Eichendickung; auf der anderen Seite war Fichtenaltholz.

Ich saß am nächsten Abend beizeiten am Fichtenaltholz an, hatte die Wiese gut und übersichtlich vor mir auf etwa 80 m Entfernung, soweit hatte ich mich ins Altholz hineingesetzt, um mich unter allen Umständen sicher, und ohne zu stören, vom Wilde absetzen zu können. Es blieb in der Nähe der Wiese alles still, auch als ringsherum schon Hirsche meldeten. Da – – als das Büchsenlicht schon geschwunden war, knörte plötzlich mit sehr tiefer Stimme ein Hirsch, einmal jenseits der Eselswiese in den Eichen in Richtung auf einen alten, verschilften Karpfenteich, der mitten in der Eichendickung lag. Die Stimme war gut, danach könnte es schon der „Ameisenhirsch" sein – da zog ein Alttier, dem bald ein Kalb folgte, auf die Wiese. Zwei weitere Stücke folgten, und dann kam ein Hirsch, soviel konnte ich noch erkennen an der Stärke des Rumpfes, was er aber auf dem Kopf hatte, war nicht mehr auszumachen, dazu war es bereits zu dunkel. Ein schwacher Hirsch konnte es nicht sein, das sah ich an der ganzen Figur und an der Stärke. Ich mußte mir also unbedingt Gewißheit verschaffen und beschloß, am nächsten Morgen den Hirsch anzugehen. Inzwischen war es völlig dunkel geworden. Der Hirsch schien einen Beihirsch auf den Schwung zu bringen, er verfolgte ihn trensend und prasselnd in die Eichen hinein. Diesen Augenblick benutzte ich, um lautlos zurückzupürschen.

Die Nacht schlief ich wenig, und vor dem ersten Grauen war ich am nächsten Morgen in der Nähe der Eselswiese. Es war klar, und es war Hochbrunft! Ringsumher schrien die Hirsche, daß der Wald dröhnte. Das war nicht mehr das Schreien des suchenden Hirsches, das war nur noch Kampf- und Sprengruf, wohin man hörte. Zehn verschiedene Hirsche stellte ich von meinem Standpunkt aus fest, und das Jägerherz lachte mir im Leibe bei diesem herrlichsten aller Konzerte. Welch urwüchsige, welch verhaltene Kraft, welche durch Mark und Bein gehende Wirkung liegt doch in dem wirklichen Schreien eines hochbrunftigen Hirsches. Ich meine nicht das zeitweise Melden oder Knören, sondern den fast ohne Pause ausgestoßenen Kampfruf, der dröhnend durch den Wald schallt und selbst einem alten Jäger die Gänsehaut über den Rücken jagt. Auf der Eselswiese war es still, aber nicht weit von dem Karpfenteich war der Teufel los, dort schrien mehrere Beihirsche wie toll und dazwischen erklang von Zeit zu Zeit der abgrundtiefe Baß des Platzhirsches, dann wieder mehrfach schnell hintereinander ausgestoßene Sprengrufe – jetzt wieder Beihirsch rechts, der auch gar keine schlechte Stimme hatte, aber gegen die Stimme des Platzhirsches kam er nicht an. Wenn das nicht der „Ameisenhirsch" war, wollte ich Hans heißen! Geladen mit Spannung und Passion, erwartete ich den Morgen, ich konnte erst bei vollem Büchsenlicht an den Hirsch heran, solange es nicht hell war, hatte die Sache keinen Zweck.

Langsam schob ich mich auf einem halbzugewachsenen Abfuhrweg, der seit dem Abtrieb des Vorbestandes nicht mehr benutzt worden war, etwas näher an den Rabatz vor mir heran, so daß ich, sobald es hell wurde, mit gutem Wind den Hirsch angehen konnte. Langsam kam das Morgenrot hoch – jetzt gilt es! Jetzt zeig', mein Lieber, was du als Jäger kannst. Diesen alten, von Beihirschen umgebenen Platzhirsch in der dichten Eichendickung mit dem Ruf angehen und zur Strecke bringen, das ist schon Waidwerk, das ist schon den Einsatz wert! – Hubertus hilf!

Langsam schob ich mich in Richtung auf das Schreien hinein in die Dickung. Zunächst kam ich gut vorwärts, die Eichen waren hier in 2 m Abstand in Reihen gesät und hatten sich unten so weit von Ästen gereinigt, daß man, wenn man niederkniete, ganz gut in den Reihen entlangsehen konnte. Ob man allerdings ein Geweih ansprechen konnte, das erschien fraglich, denn in dieser Höhe waren überall dichtbelaubte Zweige. Nur an wenigen Stellen wies die Dikkung lichtere Partien auf, vor allem dort, wo Aspen und Birken die Eichen verdämmt hatten und nun erheblich vorwuchsen und kleinere lichte Horste in der Dickung bildeten. Ich hatte Zielstock, Fernglas und Schweißhund am Rande der Eichen abgelegt und nur noch die Büchse und den Hirschruf bei mir. Es war inzwischen vollkommen hell geworden; damit verschwiegen aber auch die Hirsche, nur von Zeit zu Zeit verriet ein leises Knören, daß der Platzhirsch noch an derselben Stelle war, es mußte am Rande des oben erwähnten Karpfenteiches sein. Dieser Karpfenteich lag in einer Mulde von niedrigen Hügeln umgeben, ein verteufeltes Terrain, zumal die Dikkung unmittelbar bis an den Teich ging bzw. bis an das den Teich umgebende Erlengestrüpp und Schilf. Ich kroch auf allen vieren, um wenigstens etwas Ausblick zu haben, die Entfernung zu dem immer seltener meldenden Hirsch schätzte ich auf etwa 200 m, als es plötzlich ganz nahe vor mir knackte. Sofort legte ich mich platt wie eine Schlange hin – – – da tauchte ein kapitaler Hirsch vor mir auf und zog nur wenige Meter von mir entfernt vorüber, so daß mir sein Brunftgeruch in die Nase zog. Halblinks von mir, auf einer kleinen lichten Stelle auf etwa 15 m Entfernung verhoffte der Hirsch – – wenn das nur gut ging! Ich richtete mich eine ganze Kleinigkeit auf und sah einen sehr guten 18-Ender mit gleichmäßig edlem Geweih, anscheinend noch jung – das konnte doch nicht der Platzhirsch sein? – da kriegte mich der Hirsch weg und mit Donnergeprassel ging er hochflüchtig ab. Ich setzte sofort den Hirschruf an den Mund und zwei-, dreimal den Sprengruf zornig hineingeschmettert – ein unwilliges tiefes Knören drüben am Karpfenteich war die Antwort. Das scheint noch einmal gut gegangen zu sein!

Aber das Knören war auf der anderen Seite vom Teich. Wenn ich aber erst noch um den ganzen Teich herumpürschen mußte, jeden Augenblick gewärtig, mit anderen Beihirschen zusammenzuprasseln, dann sah die Sache schlecht aus. Ich kroch weiter auf allen vieren in Richtung Teich und war nun etwa auf 50 m an ihn herangekommen, ohne aber etwas vom Wasser sehen zu können. Ich mußte warten, bis der Platzhirsch noch einmal meldete, die Gefahr mitten in das Rudel hinein zu geraten, war zu groß. Sollte ich noch einmal leise auf dem Ruf knören? Sollte ich mahnen? Nein, auf das Knören und Mahnen stand der Hirsch vielleicht zu, und ich hätte ihn an dieser dichten Stelle, an der ich lag, erst auf wenige Meter vorher sehen können, und an Schießen wäre überhaupt nicht zu denken gewesen. Sollten sich nun wieder so zwischen Lipp' und Kelchesrand unüberwindliche Hindernisse auftürmen? Ich überlegte fieberhaft, was ich machen könnte, aber ich kam immer wieder zu dem Entschluß, zu warten.

Vor mir war es totenstill, von weither meldete ab und zu einmal ein Hirsch, ein herrlicher Morgen zog herauf, die Sonnenstrahlen erreichten soeben die Spitzen der Bäume, und ich lag zusammengekauert zwischen zwei Eichensaatstreifen und war langsam überzeugt, daß der Hirsch längst im Bett saß und von den Strapazen der Nacht ausruhte. Also mal wieder nichts! Ich konnte froh sein, wenn ich hier heil wieder herauskam, ohne den Hirsch zu vergrämen. Das würde noch eine Schleicherei und Kriecherei geben, die selbst dem alten Winnetou zur Ehre gereichen würde – da plätscherte es plötzlich gegenüber an der anderen Seite des Teiches im Wasser. Sollte das Wild ins Wasser ziehen, etwa sich suhlen oder den Teich durchrinnen wollen? Wie eine Schlange glitt ich zwischen den Saatstreifen herüber zum Teich – da glitzerte schon die Wasserfläche – weiter – am Rande mache ich mich, gedeckt durch das Schilf, ganz leise hoch und sehe auf der anderen Seite des Teiches, keine 80 m weit, ein Alttier bis zum Bauch im Wasser stehen und die Wasserpflanzen, die mit der Spitze aus dem Wasser herausragen, abäsen. Wo das Kahlwild ist, muß auch der Hirsch sein, durchfährt es mich; und da teilt sich auch schon der Schilfgürtel, und mit einem zweiten und dritten Stück Kahlwild tritt der Hirsch in den Teich hinein – – – – – der „Ameisenhirsch"! Ich sehe die starke Schaufelkrone an der rechten Stange – und erkenne die weitausladenden Augsprossen – das ganze mächtige Geweih, wie der Hirsch etwa 10 m weit in den Teich hineinzieht und bis zum Brustkern im Wasser steht! Leise geht der Sicherungsflügel herum, ich hebe die Büchse. Herrgott, welch ein Bild, der Kapitale, mit den drei Tieren im Wasser stehend, vor dem in allen Farben leuchtenden Hintergrund! Eine Handbreit über der Wasserlinie komme ich ab. Spritzende Fontänen und lautes Geplansche der hochflüchtig abgehenden Tiere folgen dem hallenden Donner des Schusses, der jäh die herrliche Stimmung zerreißt. Der Hirsch macht eine hohe Flucht und bricht im Teich zusammen, nur die rechte, gewaltige Schaufelkrone ragt über die Wasserfläche, als sich der Wellenschlag etwas beruhigt hat, sonst ist vom Hirsch nichts zu sehen. Automatisch habe ich repetiert und trete einen Schritt vor. Da – ein Strudel im Wasser – der Hirsch wird wieder hoch und trollt klatschend und spritzend zum Ufer. Sofort ist die Büchse wieder an der Backe, und als der Hirsch gerade am Uferrand verschwinden will, faßt ihn die Kugel, und ich höre ihn drüben zusammenbrechen. Mein erster Gedanke war: Bravo! Nun brauchst du wenigstens nicht ins kalte Wasser, um den schweren Kerl aus dem Modder zu ziehen. Dann aber packte mich die wilde Freude. Der Ameisenhirsch! Endlich, endlich hat es geklappt.

Als ich bei ihm ankam, war er längst verendet, er hatte gerade noch das Ufer erreicht und war am Rande der Eichendickung zusammengebrochen, beide Kugeln saßen im Blatt. Ich stand einige Minuten andächtig mit dem Hut in der Hand vor diesem kapitalen Hirsch, dann stellte ich sein Haupt mit Hilfe einer Astgabel etwas hoch, so daß das Geweih mir voll zugewandt war, setzte mich ihm gegenüber auf einen alten Baumstubben, steckte mir eine Brasilzigarre an und hielt ihm die Totenwacht. Das war ein Lebenshirsch! Einen besseren würde ich nie schießen, eine seltenere Trophäe nie erbeuten. Größere Strapazen hatte ich noch nie um einen Hirsch ertragen. Sicher war ich über 2000 km seinetwegen gefahren, geritten und gepürscht! Wie viele Nächte hatte ich mir ihm zuliebe um die Ohren geschlagen, wieviel hundert Stunden angesessen, auf wie viele andere Hirsche verzichtet!

Leuchtend in der Frühsonne eines herrlichen Herbsttages stand der bunte Wald um mich – das Gold der Aspen und Birken, das Gelbgrün der Eichen, das Dunkelgrün der Erlen spiegelte sich im Blau des Wassers, feine weiße Fäden des Altweibersommers spannen sich in der Luft von östlicher Klarheit und Frische, hoch über mir zogen Kraniche laut rufend nach dem warmen Süden, weit irgendwo knörte ganz leise ein Hirsch – welch Glück, ein Mensch und Jäger zu sein!

Einige Jahre später schoß ich doch noch einen stärkeren Hirsch, aber als Erlebnis blieb die Erlegung des „Ameisenhirsches" doch am schönsten und der Höhepunkt meiner jagdlichen Erfolge.

Mitten in die Hegearbeiten und in viele schöne Pläne, die ich in

Rominten hatte, platzte der zweite Weltkrieg hinein. Zum zweiten Male wurde ich, wie Millionen andere, aus der gradlinigen Lebensbahn herausgerissen. Bis zum letzten Augenblick hatten wir noch gehofft, der Aufmarsch der Truppen in Ostpreußen, der schon seit Anfang August 1939 im Gange war, könnte nur eine Demonstration sein, um als politisches Druckmittel zu wirken – – da kam der Angriffsbefehl für den 1. September. Ich machte den Polenfeldzug bei der 1. Kavalleriebrigade, später 1. Kavalleriedivision, mit, ebenso den Russenfeldzug.

Während des ganzen zweiten Weltkrieges, vom ersten Tage an, bin ich das schlechte Gewissen nicht losgeworden. Während ich 1914 bis 1918 stets von der Richtigkeit und von dem Recht unseres Kampfes überzeugt war und immer glaubte, für eine gute Sache – für Kaiser und Reich – mein Leben einzusetzen, hatte ich im zweiten Weltkrieg immer die Überzeugung, daß dieser Krieg ein verbrecherischer Wahnsinn sei, der mit Sicherheit zum Untergang Deutschlands führen mußte. Es war nicht immer leicht, mit dieser Überzeugung seine Pflicht zu tun.

Als am Abend vor Beginn des Russenfeldzuges Generalmajor Feldt, der Kommandeur der 1. Kavalleriedivision, den Angriffsbefehl Hitlers vor seinen Regimentskommandeuren verlesen hatte – ich war als Hauptmann vom Stabe dabei – sagte er etwa wörtlich:

„Meine Herren, wir alle, die wir hier versammelt sind, haben den Krieg nicht gewollt, wir wissen auch nicht, ob er eine zwingende Notwendigkeit ist, aber als Soldaten sind wir dazu erzogen, unserem Eide getreu zu gehorchen! Ich danke Ihnen, meine Herren."

Welch ein Unterschied zu 1914! Damals hochgehende Wogen der Begeisterung bei jung und alt, brausendes Singen der „Wacht am Rhein", verherrlichter Heldentod fürs Vaterland – und im zweiten Weltkrieg? resignierendes Bewußtsein, daß man verdammt war, zu gehorchen!

In Rominten habe ich zum erstenmal im Rundfunk gesprochen und bin bis heute diesem großen Propagandainstrument treu geblieben. Ich habe zahlreiche jagdliche Interviews gegeben, kürzere und längere Vorträge gehalten über jagdliche Fragen aller Art, über Naturschutz im allgemeinen und über Tierschutz und Vogelschutz im besonderen. Ich habe im Unterhaltungsfunk, im Zeitfunk und Schulfunk, auch im Fernsehfunk mitgewirkt, und man hat mich oft gefragt, ob das wohl richtig wäre, ob es nicht besser sei, jagdliche Dinge nicht allzusehr in die Öffentlichkeit zu bringen. Man sollte froh sein, wenn man ein Jagdrevier sein eigen nennen könnte, aber man sollte still und ruhig bleiben, je weniger die Allgemeinheit von Jagd erführe, desto besser sei es. Neid, Mißgunst, Gleichmacherei und ähnliche menschliche, allzu menschliche Eigenschaften würden sonst nur geweckt. Ich habe stets den entgegengesetzten Standpunkt vertreten. Man kann in der heutigen Zeit nicht mehr die Absicht verfolgen, einen Teil der Bevölkerung unorientiert zu halten, und sei es auch nur auf dem Gebiet der Jagd. Ich glaube daher, daß Aufklärung über jagdliche Dinge, Belehrung über die freilebende Tierwelt, Schilderungen landschaftlicher Schönheit, Propagierung des Naturschutzes in Wort, Bild und Schrift wichtiger sind als Geheimniskrämerei und Vertuschenwollen. Darüber müssen wir Jäger uns ganz nüchtern klar sein, wir können das deutsche Waidwerk nur retten, wir können die freilebende Tierwelt nur erhalten, wenn Jagd und Naturschutz und alles, was damit zusammenhängt, einen möglichst starken Rückhalt an der Gesamtbevölkerung haben. Nur, wenn der Nichtjäger in der Großstadt dafür eintritt, daß in Deutschlands Wäldern weiter Rotwild leben soll, nur, wenn der Bauer dagegen ist, daß eine Tierart ausgerottet wird, trotzdem sie einen gewissen Schaden auf seinen Feldern anrichtet – nur dann werden unsere Enkel in Deutschland noch jagen können. Mit allen Mitteln versuchen, auch dem Nichtjäger Natur und Jagd nahezubringen, ihn zu belehren über alles, was da draußen kreucht und fleucht, was da lebt und webt, ihn zu veranlassen, die Natur in allen ihren Erscheinungsformen wieder zu lieben als das Teuerste, was er besitzt, nämlich seine Heimat – das ist der Sinn meiner seit Jahrzehnten durchgeführten Publizistik.

„Die Liebe zur Natur und ihren Geschöpfen und die Freude an der Pürsch in Wald und Feld wurzelt tief im deutschen Volk.“ Diese Liebe und Freude zu erhalten und zu fördern, das war die Absicht und das Ziel meiner Vorträge, Reden, Interviews, Artikel und Bücher seit über 30 Jahren!

Man sagt heute oft, mit der Jägerei ging es bergab, die Jagdmoral sei noch nie so schlecht gewesen wie heute, Waidgerechtigkeit gäbe es nur noch in der Theorie, in Artikeln der Jagdzeitschriften und in der Phantasie romantischer Narren. Ich empfehle diesen Pessimisten die alten jagdlichen Klassiker zu lesen, wie Fleming, Döbel und Diezel – und man wird feststellen, daß es mit der Waidgerechtigkeit der Alten auch nicht immer zum besten war. Die gesamten Autoren jammern vor 200 und 100 Jahren genauso über einen Niedergang der waidmännischen Auffassungen, wie man es heute allenthalben hört. Diezel hat seine berühmte „Niederjagd" kurz nach 1848 geschrieben, also nach einer Zeit, die wohl durch den schlimmsten Wildmord gekennzeichnet war, den wir in Deutschland erlebt haben. Trotzdem hat er den Glauben an das deutsche Waidwerk nicht verloren. Welch ein Geschrei und Gezeter wurde erhoben über das Zusammenschießen des Wildes während der Besatzungszeit! Heute sagt uns die Statistik, daß die Abschußziffern beim Schalenwild längst die Zahlen von 1938/39 erreicht, z. T. sogar schon überschritten haben. Der Schalenwildausschuß des DJV beschwört bereits die Jäger, die Schalenwildbestände nicht zu sehr anwachsen zu lassen. Wir Deutsche sind Extremisten und dieser Extremismus ist auf allen Gebieten unser größter nationaler Fehler. Warum können wir nicht die meditas aurea – die goldene Mitte – zur Richtschnur unseres Lebens und Handelns wählen? Das derzeitige Robotern bis zum Managertod hat mit der meditas aurea nichts mehr zu tun! Wenn irgendwo ein paar Aasjäger auf einer Treibjagd ein halbes Dutzend Hirsche zusammengeschossen haben, dann ist das zwar tiefbedauerlich und verachtungswürdig – aber das deutsche Waidwerk und die gesamte Jagdmoral ist doch deshalb nicht gleich gefährdet. Wie viele anständige, gute, waidgerechte Jäger leben in Deutschland, und wie viele haben zumindest das Streben dazu!

Noch vor 50 Jahren war es üblich, am Ende der Pachtzeit, eine Jagd restlos auszuschießen, wenn man nicht wußte, ob man die Jagd wiederbekam, und niemand fand etwas dabei. Unsere Großväter schossen Rehwild grundsätzlich mit Schrot – das galt nicht als unwaidmännisch. Ich habe im ersten Kapitel noch von eingestellten Jagen erzählt, die ich selbst miterlebt habe; in meiner Jugend war noch das Fangen von Vögeln in Schlingen, der sog. Dohnenstieg, erlaubt. Das Tellereisen, dieses Marterinstrument, wurde überall verwendet, lange Artikel in den Jagdzeitschriften befaßten sich mit der besten Kirrung, mit allerlei Fanggeheimnissen. Noch Raesfeld widmete in seinem Standardwerk „Das Deutsche Waidwerk" ein besonderes Kapitel der „Jagd am Horst", wobei nicht nur Raubvögel, sondern auch Fischreiher und andere Vogelarten mühelos erlegt wurden. Daß man noch vor 200 Jahren Füchse mit Netzen zu Tode prellte, daß man Bären gegen Keiler kämpfen ließ, daß man Kolbenhirsche jeden Alters erlegte, daß man das Wild zu Hunderten in Netze trieb, um es abzumeucheln – – sei nur am Rande erwähnt. Man sollte daher mit negativ extremen Urteilen und Verurteilungen vorsichtiger und milder sein – noch gibt es eine deutsche jagdliche Ethik, noch gibt es eine Jagdmoral, noch gibt es ein jagdliches, anständiges Brauchtum, und noch gibt es zahlreiche anständige Jäger, die diese Tugenden nicht nur propagieren, sondern, was wichtiger ist, auch vorleben. Mit negativem Geunke allein bessert man nichts – – erziehen, belehren und vorleben ist wichtiger und wirksamer als schimpfen!

Von Rominten aus machte ich zwei Hauptprüfungen des Internationalen Schweißhundverbandes mit, 1936 in Ungarn und 1937, anläßlich der Jagdausstellung in Berlin, im Solling. Die Prüfung in Ungarn fand in Devecser statt, einer alten Burg des Grafen Esterhazy, Thomas. Die deutschen Teilnehmer sammelten sich in Wien, von wo mit einem Autobus nach Devecser gefahren werden sollte. In Wien erwartete uns ein liebenswürdiger, charmanter Österreicher, der die Führung des Busses übernommen hatte. 20 km hinter Wien hatten wir Autopanne. Es dauerte drei Stunden, bis wir wieder fahrbereit waren. Wir hatten uns solange mit „Heurigem" getröstet und fuhren leicht beschwingt gen Ungarnland. Bis zur Grenze ging alles glatt, aber in Ungarn wußte weder der Führer noch der Fahrer Bescheid. Es wurde Nacht, und es regnete, die Straßen waren schlecht, und wenn bei einer Straßenkreuzung der Fahrer den neben ihm sitzenden Österreicher fragte, wie er fahren solle, erwiderte dieser: „Fahren's halt rechts!" Bei der nächsten Kreuzung: „Fahren's halt links!" Und so ging es weiter. Schließlich platzte uns der Papierkragen. Ich fragte den sog. Führer, ob er denn überhaupt wüßte, wo wir wären, „aber nein, bitt' schön, ich war noch nie in Ungarn, es ist stockdunkel draußen, ich hab' keine Ahnung!" Herrliche

Situation! 9 Uhr abends, strömender Regen, schlechte Straßen und – – irgendwo in Ungarn!

Ich ließ mir die Karte geben und den Fahrer weiter geradeaus fahren. Im nächsten Dorf, am ersten Haus, ließ ich halten und klopfte die Bewohner, die längst schliefen, heraus. Zum Glück sprach einer der Mitfahrenden etwas Ungarisch. Wir erfuhren den Namen des Dorfes – – der Name stand nicht auf der Karte, aber die nächste Stadt wußte der Magyare, auch der Weg dahin war ihm bekannt. Also griff ich mir den Mann, schleppte ihn zum Bus und wir fuhren los. In der nächsten Stadt erhielt er 20 Pengö, bedankte sich unter tausend Verbeugungen und ging zu Fuß in sein Dorf zurück. Am Rande der Stadt griff ich mir erneut einen Einwohner, der uns zum nächsten Flecken führte, und so kamen wir, zwar unter Aufwendung zusätzlicher Fahrgelder, aber ohne Umweg, auf die beste und sicherste Art nach Devecser.

Devecser war eine alte Burg etwa aus dem 12. Jahrhundert. Der Besitzer, Graf Esterhazy, hatte den mittelalterlichen Charakter der Burg vollkommen erhalten. Es gab keine Öfen und kein elektrisches Licht. In einer Ecke der saalartigen Räume war eine Esse, in der meterlange Holzklötze brannten, von der Decke herab hingen vlämische Kronen mit Hunderten von brennenden Kerzen. Die Treppe lag in einem Turm als Wendeltreppe und wurde durch Windlichter erleuchtet, der Speisesaal glänzte im Lichte zweier riesiger Kerzenkronen, und in einer Ecke stand auf einem etwa 1,50 m hohen Podest der stärkste Hirsch des Jagdherrn. Hinter dem Geweih stand ein alter Messingleuchter; sobald der Jagdherr das Schloß betrat, steckte ein Diener die Kerzen dieses Leuchters an, die dann während der Anwesenheit des Schloßherrn ständig brannten. Das war kein Brauchtum mehr, das war Trophäenkult in höchster Vollendung!

Unter der alten Burg waren riesige Keller, in denen große Fässer mit Somlo-Wein lagerten. Der Ungar exportierte den Tokaier, aber den Somlo-Wein trinkt er selbst. Dieser Wein wächst, wie man mir sagte, auf Lavaboden. Er war schwer und süffig, ohne jede Blume, vielleicht an die Ruländer und Sylvaner des Kaiserstuhles erinnernd, Weine, die ebenfalls auf altem Lavaboden wachsen. Lieblich ging uns Deutschen dieser köstliche Trunk ein.

Morgens früh standen zehn Juckergespanne im Schloßhof, die

Kutscher mit schrägsitzender Pelzmütze und mit über der Schulter hängendem Dolman. Auf den 60 bis 80 m breiten Erdwegen wurde nur Galopp gefahren, und wir alle dachten: Herrgott, wie schön kann das Leben sein! Aber das Leben war in Ungarn nur für eine dünne Oberschicht so schön, es war ähnlich wie vor dem ersten Weltkrieg im Baltikum, wo ein kleiner, führender und besitzender Teil der Bevölkerung ein herrliches Leben führte, allerdings auch Träger einer hohen Kultur war, während die Masse der Einwohner zwar nicht hungerte und darbte, das wurde erst nach der Umwälzung üblich, aber eben doch stets nur im Schatten der „Titanen" lebte.

Die Gastfreiheit der Ungarn war sprichwörtlich, und wir verlebten herrliche Tage in Devecser. Ich sah dort die beste Arbeit eines hannoverschen Schweißhundes, die ich je erlebte. Oberjäger Fuchs führte die dem Grafen Esterhazy gehörige Hündin „Dido v. Wasserberg". Die Hündin war heiß und deshalb nicht für die internationale Konkurrenz gemeldet worden, sie machte also nur eine Schausuche. Ohne Riemen arbeitete die Hündin die sehr schwierige, mit vielen Widergängen behaftete alte Fährte eines laufkranken Schmaltieres, ohne einmal vorzuprellen, stets wartend, bis der Führer nachkam, bis zum Wundbett und hetzte dann erst auf Befehl dem kranken Stücke nach, stellte anhaltend, bis der Fangschuß fiel, und ließ dann niemanden, nur ihren Führer, an das verendete Stück heran. „Dido" wurde damals gedeckt von dem in Deutschland sehr bekannten Rüden „Wahrtoo-Winnefeld", und ein Produkt dieser Verbindung schenkte mir Graf Esterhazy ein Jahr später in Gestalt des „Dula-Huscarokelö" gen. „Hirschmann". Dieser „Hirschmann" wurde der beste Schweißhund, den ich je besessen habe. Er übertraf noch meine alte „Gilka" und hat in Rominten unglaubliche Leistungen auf der Wundfährte vollbracht.

Ich war später noch verschiedentlich in Ungarn – zu großen Fasanenjagden. Aber diese Massenjagden, die mehr Schießsport als Waidwerk sind, wurden oft genug beschrieben, so daß ich mir die Schilderung schenken kann. Mit Bewunderung erfüllt hat mich dabei aber stets die ausgezeichnete Organisation und Leitung dieser großen Jagden. Nur wer selbst ähnliche Jagden arrangiert hat, kann beurteilen, welche Erfahrung und welche Mühe für den glatten Ablauf einer solchen Jagd Voraussetzung sind.

Wir schossen in Böhmen einmal in fünf Jagdtagen rd. 8000 Stück Wild zu etwa zehn Flinten – es war eine gräßliche Strapaze, aber kein Vergnügen, geschweige denn die „Höchste Lust auf Erden". Meine Schulter war blau und geschwollen, mein Zeige- und Mittelfinger waren wund und mit Leukoplast verklebt, die Haut über meinem Backenknochen war aufgeplatzt und verbunden – das war sportliche Akrobatik, auf die ich nicht trainiert war. Ich schieße gern vor guten Hunden 40 bis 50 Hühner an einem Tag, ich schieße auch gerne auf dem Strich 15 bis 20 Enten oder auf einer gut geleiteten Treibjagd 20 bis 30 Hasen, aber 150 bis 200 Stück Flugwild an einem Jagdtage, das ist Schwerarbeit!

Ich war in Ostpreußen, vor allem während der Kriegszeiten, in denen ich zeitweise reklamiert war, vollbepackt mit Arbeit. Wenn irgend jemand etwas leistete, wurde ihm immer noch mehr aufgeladen nach dem ostpreußischen Pferdesprichwort: „Hau dem, wo jeht, wo nich jeht, jeht doch nich!" Trotzdem fand ich noch die Zeit zu literarischer Arbeit. Ich gab im Auftrage des Verlages Paul Parey das Raesfeldsche Standardwerk „Das Deutsche Waidwerk" neu heraus, was eine erhebliche Arbeit bedeutete, da man erst beim Lesen der alten Ausgabe sah, wieviel sich inzwischen geändert hatte. Seitdem sind mehrere weitere Ausgaben dieses Buches, von mir bearbeitet, herausgegeben worden. Auch das ist ein Beweis dafür, das waidgerechtes Denken in Deutschland trotz allem noch nicht verschwunden ist, daß ein solches umfangreiches Werk in so großer Menge gekauft wird. Für mich war es eine große Freude und Ehre, das literarische Erbe eines Ferdinand v. Raesfeld antreten und fortentwikkeln zu dürfen. Auch zahlreiche jagdliche Artikel habe ich in Ostpreußen geschrieben und veröffentlicht.

Anfang Juli 1944 wurde ich auf persönlichen Wunsch Hermann Görings mit den besten Teilen meiner Kampfgruppe im Osten herausgezogen und nach Rominten verlegt. Göring hatte sein Quartier in dieser Zeit im Jägerhof in Rominten. Er fuhr jeden Morgen mit dem Kraftwagen nach „Wolfsschanze" in der Nähe von Angerburg, wo Hitler sein Hauptquartier hatte, und wo jeden Morgen Lagebesprechung war, an der Göring als Oberbefehlshaber der Luftwaffe teilnahm. Am 20. Juli 1944 fuhr Göring ausnahmsweise nicht nach

„Wolfsschanze“. Gegen Mittag wurde ich zu ihm befohlen und er eröffnete mir, daß ein Attentat auf Hitler erfolgt sei, und daß ich sofort höchste Alarmbereitschaft befehlen sollte. Alle Zugänge zum Jägerhof sollten sofort gegen Panzer gesichert werden und alle, die gewaltsam versuchen sollten, zu ihm vorzudringen, sollten unter Feuer genommen werden, gleichgültig, um wen es sich handelte. Es passierte aber gar nichts.

Der Russe kam immer näher, und die Front kam schließlich etwa 15 km ostwärts des Randes der Rominter Heide zum Stehen. Die Besetzung der Front auf unserer Seite war erschreckend schwach, die Reserven waren kümmerlich. Ich brachte daher meine Familie in Sicherheit und schickte den Treck auf die Reise gen Westen. Ein Kutschwagen mit meinen edlen ostpreußischen Juckern, zwei Leiterwagen mit meinen ostpreußischen Stuten bespannt. Im Kutschwagen meine Frau mit den Kindern, auf dem Leiterwagen meine beiden Kutscher mit Familie, meine Wirtschafterin, die heute noch bei mir ist, und eine Hausangestellte. Meine Frau erwartete in wenigen Monaten unser zweites Kind. Es war alles nach genauem Plan gepackt – etwas Bekleidung, etwas Wäsche, etwas Porzellan, etwas Kochgeschirr, der Silberkasten, die wertvollsten Teppiche und Bilder, Matratzen und sonstiges Bettzeug, Gewehre, Gläser und die sechs stärksten Geweihe – – – und sehr viel Hafer. Die Pferde und die Erhaltung ihrer Leistungsfähigkeit waren das Wichtigste – das haben viele, die auf den Treck gingen, nicht bedacht und dafür entsetzlich büßen müssen. Ich hatte in zwei Weltkriegen so viele Märsche mit Pferden erlebt, daß ich in dieser Beziehung sehr gut vorsorgen konnte.

Als alles bereit war, ging ich mit meiner Frau durch das ganze Haus. Man sah überhaupt nicht, daß etwas fehlte – das Haus war noch komplett eingerichtet und alles in schönster Ordnung. Wir sahen jeden Raum genau an – unsere Schlafzimmer, in denen unser ältester Sohn geboren war, die Kinderzimmer, in denen die Spielsachen standen und lagen wie immer, die Wohnzimmer, Eßzimmer, Jagdzimmer usw. Dann saßen wir vor dem brennenden Kamin, an dem so viele starke Hirsche totgetrunken worden waren. Ich hatte eine Flasche alten französischen Champagner heraufgeholt – aber der Sekt schmeckte nicht, und wir kämpften beide mit den Tränen, mit dem heulenden Elend. Keiner wollte dem anderen zeigen, daß ihm drohte, die Haltung zu verlieren. Dann fuhr der Treck ab – – und kam heil bis an die Oder.

Ich blieb zurück, um die Rominter Heide mit meiner Kampfgruppe zu verteidigen – –

Wenige Tage bevor der Russe angriff und nördlich und südlich der Heide mit Panzern durchbrach, schoß ich meinen Lebenshirsch – – einen ungeraden 24-Ender, der heute noch über 10 kg wiegt und in Düsseldorf, zur Spitzenklasse gehörend, die goldene Medaille erhielt. Kurze Zeit später kam ich ins Lazarett in Berlin und lag bis Februar 1945 in Gips. Die Leute meiner Kampfgruppe, prächtige Kerle, mit denen mich beste Freundschaft verband, wurden in den Kämpfen in Ostpreußen aufgerieben oder gerieten in russische Gefangenschaft. Darunter war auch Forstmeister Lopsien, der mich, während ich draußen als Soldat war, in Rominten vertreten hatte und nun zum Schluß in meiner Kampfgruppe als Reserveoffizier mitwirkte. Er war einer der besten und gewissenhaftesten Forstbeamten der Rominter Heide. Erst 1951 kam er aus russischer Gefangenschaft zurück, gesundheitlich und seelisch schwer angeschlagen. Er ist sich selbst und seinen Mitmenschen gegenüber stets treu geblieben – – was kann man Besseres von einem Mann sagen!

Die letzten Tage in der Heide waren entsetzlich! Zunächst hatte ich mein Stabsquartier in meinem Hause in Nassawen, dann mußte ich es verlegen in die Försterei Nassawen, von dort ins kaiserliche Jagdschloß in Rominten, und dann schlossen die russischen Panzer die Heide von Norden und Süden ein und wir saßen in der Falle.

Hege und Jagd in Rominten waren mir zur Lebensaufgabe geworden. Ich sah alles vernichtet. Der verlorene Krieg war eine Tatsache. Alles das, wofür ich gewirkt und gearbeitet hatte, erschien gegenüber dem apokalyptischen Geschehen sinnlos und lächerlich, und nur das Bewußtsein, für Frau und Kinder in der bevorstehenden Notzeit sorgen zu müssen, hielt mich damals davon ab, freiwillig den Weg durch das große, dunkle Tor zu gehen, durch das es keine Rückkehr gibt, einen Weg, den Tausende Ostdeutsche in ihrer Verzweiflung gegangen sind.

Braver 14-Ender, erlegt 1948 von einem Holländer – Forstamt Herrenwies (Baden)

Mein Lebenshirsch und mein jüngster Sohn, beide wiegen dasselbe: 10 kg und 100 g

Ich habe Ostpreußen geliebt. Für mich wurde dieses Land meine Wahlheimat. Meine besten Jahre habe ich in Rominten verbracht – – meine wertvollsten jagdlichen Erkenntnisse dort gewonnen. Mein Glaube, daß dieses Land urdeutsch ist, wird nie wankend werden, meine Hoffnung, daß uns dereinst diese Provinz wiedergegeben wird, ist unerschütterlich, meine Liebe zu diesem östlichsten Teil Deutschlands wird immer in meinem Herzen brennen!

Die Zeitspanne von zwölf Jahren seit 1945 ist so gering gegenüber einer 700jährigen deutschen Kulturepoche, daß wir keine Veranlassung haben, müde im Wollen und schwach im Hoffen zu werden!

Ich möchte das Kapitel über meine Rominter Zeit schließen mit einem Spruch, den ich Jahre später niederschrieb, und den ein Flüchtlingskind auf einer Ostpreußenfeier in Baden deklamierte:

Mutter Ostpreußen!
Einsame, am Brückenkopf Deutschlands,
Abseits den Schwestern,
Den sicher geborgenen, wohnend,
Über alles von Deinen Kindern geliebte,
Sag, was wissen die Andern,
Mutter, von Dir?

(Agnes Miegel)

Sie sollen wissen von Deinen ragenden Kiefernwäldern in Masuren,
Wo die gewaltigen Stämme auf den fischreichen Seen verfrachtet wurden.
Sie sollen wissen von den grünen Koppeln Trakehnens, wo unter uralten Eichen die besten und edelsten Pferde Europas weideten.
Sie sollen wissen von dem Zauber der Nehrung, wo die gelbe Wanderdüne an das Haff reichte, und wo das Gold des Meeres, der Bernstein, gewonnen wurde.
Sie sollen wissen von der alten preußischen Krönungsstadt Königsberg, wo Schiffahrt und Handel blühten, und von seiner Universität, wo Immanuel Kant lebte und lehrte.

Sie sollen wissen vom Elbinger Land mit seinen breiten, satten Kühen, mit seinen wogenden Feldern und seinen Kornkammern für die westlichen Großstädte.
Sie sollen wissen von Rominten, wo im tiefen Tann, wenn Birke und Aspe sich golden färbten, der Urhirsch brunftete und schrie.
Sie sollen wissen von der Niederung mit ihren Flößern und Fischern und dem urigen Wild, dem Elch, in freier Wildbahn.
Sie sollen wissen von den alten Denkmälern deutscher Kultur, den Ordensburgen, den Kirchen, den blühenden Städten und der ehrwürdigen Marienburg.
Und sie sollen wissen von Tannenberg, dem ragenden Mal deutscher Einigkeit, Macht und Stärke – –
Das warst Du, Mutter Ostpreußen, meine Heimat!

FÜNFTES KAPITEL

Übergang und Neubeginn

Den Zusammenbruch in Holland erlebte ich als Kommandant der Hauptstadt der Niederlande „Den Haag". Die letzte Nacht vor der Übergabe verbrachte ich zusammen mit einem holländischen Baron in seinem mit viel Geschmack eingerichteten Hause. Wir philosophierten die ganze Nacht über Gott und die Welt, wobei wir auch den Teufel einbezogen.

Am nächsten Morgen stand ich in meinem Stabsquartier gegenüber dem „Hotel des Indes" inmitten der Offiziere meines Stabes und erwartete den kanadischen Divisionskommandeur, um ihm die Stadt zu übergeben. Wir waren Kapitulierende, nicht Kriegsgefangene im engeren Sinn.

Ich wurde Kommandant des deutschen Gefangenenlagers Scheveningen und erreichte, daß wir unsere gesamten Verpflegungsvorräte einschließlich Marketenderwaren mit nach Scheveningen nehmen durften. Uns haben diese Sachen im Lager Scheveningen sehr gut getan.

Verhältnismäßig früh wurde ich entlassen, da Forst- und Landwirte vorzeitig, zur Sicherung der Ernte, zur Entlassung kamen. Es war das einzige Mal, daß ich praktisch erlebte, daß für die Forstwirtschaft die Koppelung mit der Landwirtschaft wirkliche Vorteile brachte. Ich ließ mich zu meiner Mutter, die im Westen wohnte, entlassen. Wo meine Familie war, wußte ich, wie viele tausend andere, nicht. Meine Frau war bis in die Letzlinger Heide getreckt und hatte dort in einer alten, leerstehenden, baufälligen Försterei Unterkunft gefunden. Wir waren überzeugt gewesen, daß bei einer Besetzung Deutschlands, die Russen niemals über die Elbe kommen würden, aber leider hatten wir uns getäuscht. Meine Frau war 24 Stunden, bevor der Russe das Gebiet westlich der Elbe besetzte, mit den Kindern – der jüngste Sohn war auf dem Treck im Bunker in Berlin geboren – weiter gen Westen geflohen mit einigen Handkoffern und dem, was sie auf dem Leibe hatten, denn alles andere war geplündert worden.

Bei meiner Mutter fand ich die Anschrift meiner Frau, die zu ihren Verwandten nach Niedersachsen geflohen war. Als ich zwei Tage später auf dem Rittergut H., das dem Schwager meiner Frau gehörte, ankam, fand ich ein besseres Flüchtlingslager vor. Das schöne, alte Gutshaus war bis in die Mansarden hinein überbelegt. Wir wohnten und schliefen mit unseren vier Kindern in einem Raum, und es erhob sich die bange Frage: Was nun?

Etwas Geld hatten wir noch, aber wir konnten uns leicht ausrechnen, wann damit Schluß sein würde. Eine Wiederanstellung im Forstdienst in Niedersachsen war infolge völliger Überfüllung ausgeschlossen, man konnte die Straßen mit östlichen Forstleuten, vom Oberlandforstmeister bis zum Assessor, pflastern. Gehalt, das einem nach dem „wohlerworbenen Beamtenrecht" zugestanden hätte, gab einem niemand. Eine Rückkehr in das östlich besetzte Deutschland und die Wiederaufnahme einer dortigen forstlichen Tätigkeit aber schieden aus, wie mich ein kurzer Besuch belehrte, den ich in Berlin und in Potsdam und in der Letzlinger Heide bei einem Freunde durchführte, der vorerst dort noch als Forstmeister geblieben war.

So stand ich mit meiner Frau und fünf Kindern praktisch vis-à-vis de rien! Meine Freunde, die im Westen wohnten, hatten mir andererseits schon soviel geholfen, daß ich sie nicht mehr weiter bitten mochte. So versuchte ich, mich als Fallensteller durchzuschlagen.

Ich erhielt Erlaubnis von unseren Verwandten, auf Füchse Eisen zu stellen, und begann nun mit allen Schikanen, mein Leben dem Fuchsfang zu widmen. Nachts „bewachte" ich das Gut gegen Plünderer, wie sie damals durch die Lande zogen, und mit denen ich einen harten Zusammenstoß hatte, der mir fast das Leben kostete. Und tagsüber ging ich dem Fuchsfang nach.

Wenn ich nachts Wache hatte, und meinen selbstgebauten Tabak aus einer halblangen Pfeife meines Vaters rauchte, beschäftigte ich mich damit, meine Erinnerungen und jagdlichen Erfahrungen zu Papier zu bringen, die damals noch frisch und gegenwärtig waren.

Dieses Rückerinnern und Niederschreiben hat mir seelisch viel geholfen. Ich vergaß die erbärmliche Gegenwart. Am Tage aber revidierte ich meine Eisen, legte Luderplätze an, balgte gefangene Füchse ab und fabrizierte aus den Nachgeburten der Kühe „unfehlbare Fuchswittrung“.

In dem ersten Flüchtlingswinter fing ich über 20 Füchse und verdiente damit so viel Geld, daß ich mit meiner Familie ganz gut leben konnte, wobei vor allem aber auch der Hilfe unserer Verwandten dankbarst gedacht sein muß. Die Fuchsbälge brachte ich nach Hannover auf den schwarzen Markt. Am Bahnhof, zu Füßen des Denkmals des letzten Königs von Hannover, Ernst-August, war damals ein finsterer Betrieb. Hunderte von meist jungen Kerlen und gräßlichen Weibern trieben sich hier herum, und man konnte von der amerikanischen Zigarette bis zum Schweineschinken und von der Armbanduhr bis zum Anzugstoff alles kaufen, allerdings zu enormen Preisen. Ein Fuchsbalg brachte, je nach Qualität, zwischen 300 und 500 RM. So verdiente ich so viel Geld, daß ich alles das, was es auf Karten gab, kaufen konnte. Selber habe ich auf dem schwarzen Markt niemals etwas gekauft, dazu reichten die Fuchsbalg-Erlöse nun wieder nicht.

In weitem Umkreis wurden keine Füchse gefangen, die alliierten Jäger schossen kaum Füchse, so daß sich die Füchse, zu deren Bejagung schon in den letzten Kriegsjahren nicht viel Zeit vorhanden gewesen war, stark vermehrten. So kam es denn, daß durch meine Fänge in keiner Weise eine Verminderung des Bestandes eintrat – im Gegenteil, es wurden immer mehr. Ich fing im folgenden Winter erheblich mehr Füchse als in der ersten Fangsaison.

Es war ein großes Glück für mich, daß damals die Tollwut noch nicht auftrat, und daß Fuchspelze für Damen die große Mode in Amerika waren. Welche Auswirkungen die Mode auf die Jagd haben kann, erleben wir zur Zeit. Der Fuchs wird augenblicklich viel zuwenig bejagt, weil sein Balg derzeit nichts gilt. Gewiß geben verständige Jagdherren ihren angestellten Berufsjägern Prämien für erlegte Füchse; in den wenigsten Revieren aber gibt es angestellte Berufsjäger. Der Fuchs wird also nur auf der Treibjagd, wenn er vorkommt, erlegt. Früher, als die Bälge Geld brachten, war der Fuchs eine schöne Nebeneinnahme für die Forstbeamten. Ich habe

Revierförster gekannt, die jedes Jahr ihre 15–20 Füchse auf dem Brett hatten und damit ein schönes Stück Geld machten. Heute lohnt der Balg die Patrone nicht, von den Mühen des Fangens überhaupt nicht zu reden. Außerdem hat der Staat in seiner Unersättlichkeit sich als Teilhaber auch in diese Einnahmen eingeschaltet, so daß der Forstbeamte nicht einmal mehr den vollen Nutzen seiner Mühen hat.

Während man beim Marder eine geringe Bejagung vielleicht noch billigen kann, wirkt sie sich beim Fuchs verhängnisvoll aus. Der Fuchs hat keine Feinde. Außer durch Tollwut und Räude kann ihm nichts passieren. Im Urzustand wurde er, ebenso wie alles Schalenwild, vom Wolf reduziert. Wann werden aber die Staatsforstverwaltungen so viel Verständnis aufbringen, daß sie auf die Erlegung von Füchsen Prämien ausgeben? Bisher ist das nur dort geschehen, wo bereits die Tollwut aufgetreten war und wo es somit eigentlich zu spät war.

Ich möchte nicht mißverstanden werden – ich bin ein großer Freund allen Raubwildes. Ich will den Fuchs nicht ausrotten, aber er muß bejagt werden – und das ist z. Z. in weiten Gebieten der Bundesrepublik kaum noch der Fall.

Inzwischen schrieben wir das Jahr 1946. An meiner trostlosen Lage hatte sich nichts geändert. Ich konnte auf die Dauer aber meine Familie natürlich nicht mit Fuchsfang ernähren, es mußte irgend etwas geschehen. Eine ganze Anzahl meiner Kollegen hatte den grünen Rock ausgezogen und waren in die Holzindustrie gegangen, wo sie damals zwar auch nur ein kümmerliches Dasein führten, aber doch für die Zukunft wenigstens einen Hoffnungsstrahl sahen. Auch an mich trat ein Bekannter heran und wollte mich veranlassen, in sein frisch gegründetes Holzkontor einzutreten. Die Versuchung war sehr groß. Ich bat mir einige Tage Bedenkzeit aus – und sagte dann „Nein". Ich habe diese Ablehnung nie bereut, es war mir klar, daß ich alles, wofür ich bisher gelebt, alles, was ich getan, alles, wofür ich mich begeistert hatte, hinter mich werfen müßte, daß ich mit beiden Beinen in die Holzbranche einsteigen mußte, und daß ich den Rest meines Lebens dann nur noch des Geldes wegen arbeiten würde.

Da kam ich im Winter 1946/47 auf meiner Stellungssuche auch

nach Süddeutschland und hörte hier, daß Südbaden Forstverwaltungsbeamte suchte; das klang wie ein Märchen. In Norddeutschland wußte man nicht, wie man stellungsuchende Forstleute aller Dienstgrade unterbringen sollte, und im Süden waren Grünröcke begehrt! Ich fuhr sofort schwarz über die französische Zonengrenze und meldete mich bei der Forstabteilung in Freiburg. Der damalige Personalreferent empfing mich sehr freundlich und fragte mich, wohin ich am liebsten gehen würde. Ich kannte die forstlichen Verhältnisse Badens sehr wenig. In allen anderen Gauen Deutschlands wußte ich besser Bescheid. Nach kurzem Überlegen erklärte ich daher: „Ich möchte unter gar keinen Umständen auf einen Büroschemel. Schicken Sie mich bitte dorthin, wo möglichst wenig Menschen und möglichst viele Hirsche sind!"

„Dann kommt für Sie nur das Murgtal in Frage", lachte der Referent. Drei Wochen später hatte ich meine Einberufung nach Südbaden, dem alten „Muschterländle", das sich damals einen Staatspräsidenten leistete – Herrn Wohleb –, der zwar an Gestalt klein, aber ein Riese an Geist und ein großer Humanist war.

Ich übernahm zunächst das Forstamt Forbach I im Murgtal, später noch das Forstamt Herrenwies dazu. Die Verhältnisse waren damals in der französischen Zone infolge der sog. Entnazifizierung grotesk. Alles, was irgendwie mit der Partei zu tun gehabt hatte, saß hinter Stacheldraht: Forstmeister, Landräte, Bürgermeister, Kaufleute, Industrielle usw. Außerdem hatte der Franzose im Gegensatz zu Norddeutschland nur wenig Ostflüchtlinge ins Land gelassen, eigentlich nur die, die eine Stellung oder Arbeitsgelegenheit nachweisen konnten. So kam es, daß in dem kleinen Südbaden beispielsweise über 20 Forstverwaltungsbeamte fehlten, zumal Badens Forstbeamte im letzten Weltkrieg weit über dem Durchschnitt liegende blutige Verluste erlitten hatten.

Die Versorgung der französischen Zone war bei weitem die schlechteste in ganz Westdeutschland. Ich selbst habe in Forbach Hunger ausgestanden, wie in zwei Weltkriegen nicht! Ich kannte keinen Menschen, einen schwarzen Markt gab es, im Gegensatz zur englischen und amerikanischen Zone, nicht. Es gab nur Tauschgeschäfte mit dem benachbarten Württemberg. Nacht für Nacht fuhren Lkws, zum größten Teil „Holzkocher“, mit Brennholz nach Württemberg hinüber, um Holz gegen Weizen, Kartoffeln oder Fett einzutauschen. Als ich etwa 14 Tage in Forbach war, und diese Verschiebungen von Holz feststellte, ging ich zum Bürgermeister, um ihn zu veranlassen, Schritte gegen diesen Schleichhandel zu unternehmen. Der Bürgermeister lachte mich aus und sagte: „Wenn Sie, Herr Oberforstmeister, hier nicht verhungern wollen, müssen Sie auch Holz gegen Lebensmittel tauschen!“

Oft kam es vor, daß die württembergische Gendarmerie die Holzwagen unbehelligt über die schwäbische Grenze fahren ließ, sich dann aber auf die Lauer legte, um nachts bei der Rückkehr die Wagen zu kontrollieren und die mühsam eingetauschten Lebensmittel zu beschlagnahmen. Das an sich schon gespannte Verhältnis zwischen Baden und Württemberg wurde dadurch nicht gerade besser.

Die Zuteilungen auf die Lebensmittelkarten erfolgten meist erst nach Monaten, nur Brot gab es laufend. Dieses Brot war aus muffigem Maismehl gebacken und schmeckte so entsetzlich, daß es heute meine Schweißhunde nicht fressen würden. Als ich sechs Wochen in Forbach war, hatte ich auf Karten nur Maisbrot und einen Salzhering erhalten! Ich lebte von Milch, die mir meine Förster verkauften, und die ich sauer werden ließ, um sie ohne Zucker mit Maisbrot zu essen. In den Gaststätten gab es fast nur gekochten Topinambur; ich habe damals geschworen, dieses Zeug bis an mein Lebensende nicht wieder über meine Lippen zu bringen. Selbst als Schnaps widersteht mir dieser penetrante Geruch und Geschmack, obschon behauptet wird, daß Topinambur sehr gesund sein soll.

Meine Familie kam erst ein halbes Jahr später nach Forbach, nachdem die Forstamtswohnung frei geworden war. Mein Vorgänger war gefallen und seine Witwe hatte noch so lange die Wohnung besetzt. Der Umzug erfolgte mit einem Lkw, unser Hab und Gut füllte nur den halben Wagen, die andere Hälfte hatte Professor Olberg, der aus Eberswalde vertrieben war, mit seinen Siebensachen belegt. Olberg übernahm das Forstamt Forbach II, das bekannte Revier der Murgschifferschaft. Wir haben ausgezeichnete, herzliche Kameradschaft gehalten, zumal uns die gleiche Not zusammenkettete.

Die Anpassung an die forstlichen Verhältnisse Badens war für uns Preußen nicht so schwierig, wie vielfach angenommen wurde. Wir hatten in unserer Ausbildungszeit die Waldungen von Aachen bis Königsberg und von Oppeln bis Schleswig kennengelernt, und außerdem ist es leichter, in einem Gebiet Waldbau zu treiben, das 1000 bis 1600 mm Jahresniederschlag hat, als in Gebieten, die 400 bis 600 mm Regen im ganzen Jahr auszuweisen haben. Aber ich möchte mich nicht in einen Streit über Waldbau einlassen. Wenn sechs Forstleute zusammen sind, haben sie bekanntlich sieben verschiedene waldbauliche Ansichten.

An Jagen war vorläufig überhaupt nicht zu denken. Als bereits eine große Anzahl Jäger in der Bizone wieder Waffen führen durfte, war das in der französischen Zone noch ausgeschlossen. Das Forstamt Forbach I gehörte, wie alle anliegenden Reviere, zu einer etwa 25 000 ha umfassenden sog. „chasse reservée“, die dem französischen Hauptquartier, das in Baden-Baden residierte, zur Verfügung stand.

Ich jagte damals nur mit Fernglas und Spazierstock. So erlebte ich die Hahnenbalz von Anfang bis zum Ende, war 14 Tage lang jeden Abend und Morgen draußen, ging in der Hirschbrunft mit dem Ruf die Hirsche an, ohne befürchten zu müssen, störend zu wirken oder das Wild zu vergrämen. Man betrieb diese „Jagd“ nach ganz anderen Gesichtspunkten, man war völlig anders eingestellt. Es ging um das Sehen, um das Beobachten, und das eine wurde mir damals klar, daß auch platonische Jagd sehr, sehr schön sein kann.

Wenn ich den großen Hahn angesprungen hatte, dann setzte ich mich in guter Deckung hin und beobachtete mit meinem Glas jede Bewegung, jeden Balzlaut, das gesamte Verhalten bis zum Heruntergehen auf den Boden. Ich habe in dieser „gewehrlosen, schrecklichen Zeit“ viel mehr Wildbeobachtungen machen können als früher, wo es letzten Endes doch immer darauf ankam, daß geschossen wurde. Ich habe verstehen gelernt, daß es gute Jäger gibt, die die Büchse und Flinte in den Schrank gestellt haben und nur noch mit der Kamera jagen. Et bonum in malo! sagte der „Philosoph im grünen Rock“, und dieses Sprichwort läßt sich auf die meisten negativen Ereignisse und Erscheinungen des menschlichen

Lebens anwenden. Etwas Gutes ist immer im Schlechten vorhanden – und wäre es nur eine neue Erkenntnis und damit eine geistige Bereicherung.

Von den Franzosenjagden hielt ich mich immer fern. Oft wurde ich von dem Büro der „chasse reservée“ angerufen, ich sollte eine Jagd vorbereiten – – ich meldete mich stets krank. Nur wenn ein Stück krankgeschossen war und gemeldet wurde, war ich mit meinem Schweißhund zur Stelle, um die Leiden der armen Kreatur zu verkürzen.

Eines Tages wurde ich erneut angerufen, ich sollte eine Drückjagd vorbereiten, und zwar für den Oberbefehlshaber der gesamten französischen Besatzungstruppen. Inzwischen war das Fraternisierungsverbot gefallen. Ich sagte mir, daß ich mich jetzt im Sinne der Europa-Idee dieser Forderung nicht mehr entziehen konnte, und bereitete nun eine in jeder Beziehung erstklassige Jagd vor. Mit größter Gründlichkeit wurde alles genau eingeteilt und vorgesehen. Jeder Stand war markiert, sechs blasende Forstbeamte waren aufgeboten, der Ablauf der Jagd bis in die kleinste Einzelheit festgelegt. Alles ging motorisiert vor sich und klappte, wie eine gut geleitete Drückjagd klappen muß, wenn sie eine Quelle der Freude sein soll. Der Oberbefehlshaber mußte zu einer bestimmten Zeit zu einer wichtigen Besprechung abfahren. Ich legte die Treiben so, daß zwei Minuten nach Beendigung des Treibens sein Wagen, geführt von einem Hilfsförster, an seinem Stand vorfuhr, so daß er bequem rechtzeitig nach Baden-Baden kam. Die Folge dieser Jagd war unerwartet. Ich bekam eine Büchse, Patronen und Abschußerlaubnis auf alles Rotwild, einschließlich jagdbare Hirsche, und zwar in der gesamten „chasse reservée“. Das war fast so toll wie in Rominten! Ich hatte völlig freie Büchse auf 25 000 ha! Aber ich habe sehr wenig davon Gebrauch gemacht, ich habe in den Jahren bis zur Rückgabe der Jagd an die Deutschen drei geringe, abschußnotwendige Hirsche, einige Stücke Kahlwild und zur Wildschadenverhütung einige Sauen geschossen – das war alles.

Inzwischen hatte ich im sog. „Heiligenwald“ – es war dies ein etwa 1000 ha großer Waldbesitz der katholischen Kirche, der zum Forstamt Forbach I gehörte – einen für den Schwarzwald ungewöhnlich starken Hirsch bestätigt. Der Hirsch stand in der Feistzeit und auch im Winter im sog. „Gereth“, einer großen Dickung, die an das Feld angrenzte. Nur ein Hirsch, der laufend Feldäsung hatte, konnte hier ein solches Geweih schieben. In der Brunft stand der Hirsch an der Grenze des Stadtwaldes Baden-Baden, brunftete aber auf einem großen Kahlschlag des Heiligenwaldes. Ich hatte den Hirsch mehrfach schußgerecht vor mir, und ich hätte ihn schießen dürfen, da ich auch jagdbare Hirsche frei hatte, aber ich sagte mir: „Das muß der Zuchthirsch werden für den Wiederaufbau des Rotwildbestandes, dieser Hirsch muß sich bis zum letzten Samentropfen vererben und der Stammvater einer gutveranlagten Hirschgeneration werden.“ Hätte ich gewußt, welches Schicksal dieser Hirsch haben würde, dann hätte ich ihn vielleicht damals doch geschossen!

Selbstverständlich sagte ich niemandem etwas über den „Gereth-Hirsch“, wie ich ihn nannte, aber er wurde auch von anderen Leuten gesehen und irgendwie bekamen auch die französischen Jäger Wind. Ich sagte auf Befragen zwar immer, daß die Bevölkerung gewohnt sei, die Endenzahl zu verdoppeln, wenn man von einem 18-Ender erzählte, dann wäre es höchstens ein ungerader Zehner, aber so recht überzeugend wirkte ich nicht.

Während der Feiste und auch im Winter war der Hirsch nicht gefährdet, aber in der Brunft konnte die Sache leichter fehlgehen. Drei Brunftzeiten gelang es mir, den Hirsch zu bewachen. Ich war morgens und abends in der Abteilung 10 des Heiligenwaldes – eben des erwähnten Kahlschlages – und wenn ein französisches Auto am Zufahrtsweg stand, „fühlte“ der Hirsch sich gestört, ohne daß ein französischer Jäger, der an dem Brunftplatz ansaß, etwas merkte.

Es war zur dritten Brunft. Ich saß unterhalb des Kahlschlages zusammen mit meiner Frau schon sehr früh abends an. Vor uns war eine steil nach oben gehende Schneise, die weit in die Dickung, den Tageseinstand des „Gereth-Hirsches“, hineinführte. Wir hörten auf dem Weg rechts oberhalb des Hanges ein Auto kommen – also trafen französische Jäger ein. Es verging vielleicht eine halbe Stunde, da meldete der „Gereth-Hirsch“, dessen Stimme ich genau kannte, in der Dickung und ein Beihirsch antwortete ihm ebenfalls in der Dickung. Das Konzert verstärkte sich. Plötzlich trieb der „Gereth-Hirsch“ etwa 80 m oberhalb von uns ein Schmaltier über die Schneise Richtung Kahlschlag. Es ging alles so schnell, daß ich gar nicht dazu kam, mit dem Taschentuch zu winken; rufen oder pfeifen aber konnte ich nicht, weil das die Jäger gehört hätten. Der Hirsch meldete mehrmals rechts von uns in der Dickung, aber bereits bedenklich nahe an dem Kahlschlag – – da knallte es oben. Vier Schüsse fielen schnell hintereinander, über unsere Schneise flüchtete nichts zurück – – also mußte der „Gereth-Hirsch" beschossen worden sein! Ich war der Verzweiflung nahe. Nun hatte ich diesen hervorragend veranlagten Hirsch so oft pardonniert und hatte mir jahrelang die größte Mühe gegeben, ihn zu beschützen, und nun war er doch geschossen worden – und das fast vor meinen Augen. Wir gingen nicht hin, es war mir zu bitter.

Zu Hause telephonierte ich sofort den zuständigen Förster an, der mir meldete, daß die Jäger ihm mitgeteilt hätten, sie hätten einen Hirsch in Abteilung 10 geschossen, er solle morgen früh mit einem französischen Lkw mitfahren, um den Hirsch zu holen. Was es für ein Hirsch wäre, hatten sie nicht gesagt.

Die ganze Nacht lang überlegte ich, ob in den wenigen Minuten, die zwischen der Überquerung der Schneise und den Schüssen lagen, der Hirsch wohl schon auf der freien Fläche sein konnte.

Am nächsten Morgen rief mich der Revierförster an und sagte, sie hätten den Hirsch geholt, es sei ein geringer Achter etwa vom dritten Kopf! Mir fielen große Findlingsblöcke vom Herzen. Die französischen Jäger hatten also, während der Platzhirsch mit abgrundtiefer Stimme in der Dickung schrie, auf den vor dem Rudel austretenden Beihirsch geschossen. Bekanntlich erlebt man es oft in der Brunft, daß der Beihirsch, in der unübersichtlichen Dickung ängstlich geworden, vor dem Rudel und vor dem Platzhirsch die Dickung verläßt. Wie herrlich und wie göttlich schön kann doch Dummheit sein!

Vier Wochen später kam mir morgens früh der „Gereth-Hirsch" zusammen mit einem Kronenzehner am Gereth entgegengezogen. Ich ließ die Hirsche auf 80 m herankommen, dann nahm ich die gestochene, aber gesicherte Büchse hoch, und als das Korn genau auf dem Blatt war, zog ich ab – – – „klick" machte es, die Hirsche warfen auf und gingen flüchtig ab – ich hatte den kapitalen ungeraden 18-Ender moralisch einwandfrei erlegt!

Bis zur nächsten Hirschbrunft hatten wir die Jagdhoheit wieder zurückerhalten. Es war eigenartig – – ich hatte früher geglaubt, durch den Verlust aller materiellen Dinge über äußeren Besitz erhaben zu sein, aber ich gestehe offen, daß ich erst wieder ein ganzer Mensch wurde und mein volles Selbstbewußtsein erst dann zurückerlangte, als ich wieder im Besitz einer Zielfernrohrbüchse, eines Schweißhundes und eines Autos war. Vielleicht sollte man so etwas nicht niederschreiben, denn irgendwie ist das ja beschämend, wenn man von derartigen äußeren Dingen abhängig ist. Ich kann auch behaupten, daß ich auch in der größten Notzeit in meinem Verhalten und in meiner Haltung niemals Niveau verloren habe, aber innerlich wurde ich doch erst wieder ein ganzer Kerl durch diese äußerlichen Dinge. Sie bestätigten mir das Gefühl meiner Unabhängigkeit.

In der ersten Brunft, in der wir wieder jagen durften, sah ich den „Gereth-Hirsch" zusammen mit meinem Jagdfreund Professor Hueck an einem herrlich klaren Morgen mit drei Alttieren auf dem Kahlschlag in Abteilung 10. Leichte Nebelfetzen zogen langsam über die im ersten Licht heller werdende Fläche. Der Hirsch wirkte wie ein Rominter. Sein Wildpretgewicht war sicherlich um 30 % geringer als bei den Rominter Kapitalhirschen, daher waren die Relationen zwischen Geweih und Wildkörper etwa dieselben. Der Hirsch trieb vor uns ein Tier, schrie, tat sich nieder, schrie im Sitzen, stand wieder auf, trenzte, knörte – und es wurde fast heller Tag, ehe er hinter seinen Tieren über die Grenze in den Stadtwald von Baden-Baden zog. Der Professor war ganz hingerissen, ein solches Bild habe er, seit 30 Jahren im Schwarzwald jagend, noch nicht erlebt! Ich wurde wehmütig an Rominten erinnert, wo solche und noch viel herrlichere Bilder einem oft beschieden waren.

Inzwischen hatte ich veranlaßt, daß der „Gereth-Hirsch" als bester Vererber für tabu erklärt wurde. Alle umliegenden Jagdberechtigten hatten sich verpflichtet, den Hirsch nicht zu schießen; er sollte überhaupt nicht geschossen werden, sondern sich so lange vererben, wie er konnte. Bei der Hege mit der Büchse wird so oft vergessen, daß es sich dabei nicht allein darum handelt, das Geringwertige, das schlecht Veranlagte, totzuschießen, sondern daß mindestens ebenso wichtig ist, das wirklich gut Veranlagte leben zu lassen. Der Landwirt schlachtet seinen besten Zuchtbullen auch nicht auf der Höhe seiner Leistungskraft, sondern er läßt ihn Kühe decken, solange er das kann.

Die Stadt Baden-Baden begann, den Abschuß von Hirschen zu verkaufen und hatte im folgenden Jahr einen Ia-Hirsch frei, dessen Abschuß verkauft wurde. Dem Erwerber dieses Abschusses wurde gesagt, daß ein ungerader 18-Ender nicht geschossen werden dürfte; selbstverständlich wußte darüber auch der führende Förster Bescheid.

Als der Gast mit seinem führenden Förster nach einigen Tagen vergeblichen Pürschens auf dem Rückweg nach Hause war – es war in der Nähe der Abteilung 10 des Heiligenwaldes – meldete plötzlich ein Hirsch in einer kleinen Fichtendickung. Am Rande dieser Dickung stand ein Hochsitz. Der Förster beorderte den Gast auf den Hochsitz und drückte die Dickung in Richtung auf den Hochsitz durch. Dem Jagdgast kommt ein starker Hirsch mit guter Kronenbildung trollend aus der Dickung – jagdbarer Hirsch zweifellos – Büchse hoch – ein Knall – hohe Flucht – nach 50 m liegt der „Gereth-Hirsch"!

Es wurde ein Riesenskandal! Anstatt den Förster anzuklagen, nahm man den Jagdgast an. Natürlich hätte auch der Jagdgast sich den Hirsch näher ansehen müssen, da er wußte, daß ein 18-Ender nicht geschossen werden durfte, aber wenn ein Förster anfängt, in der Hirschbrunft Hirsche zu drücken, dann ist er der Hauptschuldige und nicht der Jagdgast! Der Führer eines Jagdgastes hat in erster Linie die Aufgabe, auf Grund seiner Revier- und Wildkenntnisse den Gast so zu führen, daß dieser zu Schuß kommt, er hat die weitere wichtigste Aufgabe, zu sagen, was der Gast schießen darf und was nicht. Wenn der Führende sich von seinem Gast entfernt, um Treiber zu spielen, dann hat er auf die Handlungsweise des Gastes keinen Einfluß mehr.

Es kam schließlich zu einem Prozeß, und der glückliche, unglückliche Erleger des berühmten „Gereth-Hirsches" mußte dafür teuer bezahlen, aber zum Schluß erhielt er das Geweih.

Die alten Römer sagten: Habent sua fata libelli! „Bücher haben ihre Schicksale"; aber auch Geweihe haben ihre Schicksale. Um manches alte, starke Geweih spannt sich ein Roman. Zwei solche Geweihschicksale möchte ich hier einflechten.

Ich erwähnte schon in dem Kapitel über meine Rominter Zeit, daß ich kurz vor dem Einmarsch der Russen einen Kapitalhirsch schoß, den stärksten Hirsch meines Lebens. Der Hirsch hatte den Namen „Leutnant" und war seit langen Jahren bekannt. Sein Geweih war mit dem letzten Sonderzug nach dem Westen abgegangen. Nach der Rückkehr aus der Gefangenschaft begann ich mich vorsichtig nach den Kapitalgeweihen der Rominter Heide zu erkundigen. Ich dachte dabei manches Mal wehmütig an meinen Lebenshirsch, an meinen „Leutnant". Sicher war das Geweih irgendwo zerbombt oder verbrannt, vielleicht auch als Siegesbeute und „Souvenir" in fremde Länder gebracht. Nicht einmal ein Photo von dieser Trophäe hatte ich gerettet, aber die Erinnerung an diesen starken Hirsch, dem ich als letztem Rominter unter dem Kanonendonner der nahen Front das „Hirschtot" geblasen hatte, blieb immer lebendig in mir.

Im Jahre 1953 besuchte mich für längere Zeit ein passionierter ungarischer Jäger. Im Gespräch empfahl ich ihm, auch nach München zu fahren, um dort das Deutsche Jagdmuseum zu besichtigen. Als er zurückkam, erzählte er freudestrahlend, er wäre nicht nur im Jagdmuseum, sondern auch in den staatlichen zoologischen Sammlungen in Nymphenburg gewesen, und dort hätte er zwei kapitale Rominter Hirsche gesehen. Auf dem Schädel des einen stände „Matador" und auf dem Schädel des anderen „Leutnant"! Vor freudigem Erschrecken mußte ich mich hinsetzen. Wie kamen die beiden Geweihe in die staatlichen zoologischen Sammlungen in München? Die Erklärung war sehr einfach. Die amerikanische Besatzungsmacht hatte die Geweihe irgendwo beschlagnahmt und dem bayrischen Staat übergeben, der sie den zoologischen Sammlungen einverleibte.

Nun, der heilige Bürokratismus forderte sein Recht, und es gab noch einen kleinen Papierkrieg, aber dank dem Entgegenkommen des bayrischen Kultusministeriums hängt der Hirsch heute auf einem Ehrenplatz an meiner Wand. Als ich ihn in München abholte, mußte ich ein sechssitziges Taxi mieten, denn in einen normalen viersitzigen Pkw ging das Geweih nicht hinein. Abends saß ich mit einem guten Jagdfreund und seiner Frau in einer Ecke des Weinlokals „Halali". Der „Leutnant" stand auf einem Podest, von dem Inhaber des Lokals, der selber passionierter Jäger ist, liebevoll mit Brüchen geschmückt, von warmem Kerzenlicht umspielt, und wurde zehn Jahre nach seiner Erlegung feierlich totgetrunken. Manch Münchener Jäger kam an unseren Tisch und umfaßte bewundernd die klobigen Stangen, aber auch mit Handschuhnummer 10 konnte man sie nicht umspannen. In vorgerückter Stunde ergriff mein Freund die Laute und sang dem alten Rominter Recken die schönen Jagdlieder aus Tirol und Steiermark und schließlich die seligen Weinlieder aus Wien und Grinzing. Das Lokal war voller Gäste, anscheinend alles Jäger, die der Inhaber davon benachrichtigt hatte, daß ein einmalig starker Hirsch bei ihm totgetrunken würde. Die Stimmung ging hoch, und als ich gegen 3 Uhr morgens meinen „Leutnant" wieder in ein sechssitziges Taxi packte, meinte der Gastwirt, wenn ich alle 14 Tage einen derartig starken Hirsch bei ihm tottrinken würde, könne er für die übrige Zeit sein Lokal schließen.

Ein weiteres Geweihschicksal fand seinen Abschluß auf der Internationalen Jagdausstellung 1954 in Düsseldorf; es begann in der Brunft 1942, und zwar ebenfalls in Rominten.

Ein Jagdgast hatte in der Hirschbrunft in Rominten einen kapitalen 18-Ender geschossen. Wir saßen abends in der Halle des Jägerhofes und tranken bei loderndem Kaminfeuer den Hirsch tot. Es wurde eine lange Sitzung. Schließlich war es so spät geworden, daß es sich nicht mehr lohnte, schlafenzugehen. Ich sollte am Morgen einen anderen Gast auf einen ungeraden 20-Ender führen, den sog. „Klumpenbalis". Der Name kommt aus dem Litauischen und heißt soviel wie Klumpenwiese. Da in Ostpreußen die Maulwurfhügel mit „Klumpen" bezeichnet wurden, würde die wörtliche Übersetzung also „Maulwurfshügelwiese" lauten. Nach dieser Wiese hatte der Hirsch also seinen Namen erhalten, weil er dort seinen Brunftplatz hatte. Für Rominter Verhältnisse trug er kein sehr edles Geweih, vor allem fehlten ihm die Eissprossen und die Krone war etwas zusammengedrückt, auch die Stangen ließen zu wünschen übrig. Der Hirsch war daher schon seit mehreren Jahren zum Abschuß bestimmt worden. In der Brunft 1941 hatte ein guter alter Jagdfreund von mir aus Westfalen ihn vorbeigeschossen und sich deswegen fast die Haare ausgerauft.

Der Gereth-Hirsch vom „Heiligenwald"

Meine drei aus Ostpreußen geretteten Kapitalgeweihe im „Haus Rominten“

Wie gesagt, auf diesen Hirsch sollte es am nächsten Morgen gehen. Wir saßen bei der endgültig letzten Pulle, und zum 35. Mal wurde die Erlegung des über dem Kamin stehenden Hirsches erzählt, da tat sich die Tür auf und mein Jagdgast erschien, fertig ausgerüstet zur Frühpürsch. Als er mich sah, erklärte er sofort: „Gehen Sie ins Bett, Sie können mich heute doch nicht führen, ich werde irgendwo anders hingehen und wir müssen dann eben morgen auf den ‚Klumpenbalis' pürschen."

Mit der Verbissenheit, die einem nur der Alkohol verleiht, bestand ich jedoch auf unserem Vorhaben.

Es war ein herrlicher Brunftmorgen, klar und kalt. Nach menschlichem Ermessen hätten die Hirsche röhren müssen, daß der Wald zitterte. Aber als wir beim ersten Grauen bei dem Birkenbruch ankamen, in dem der Hirsch, wie ich genau wußte, seinen Tageseinstand hatte, war alles totenstill. Weit und breit meldete kein Hirsch. Es wurde volles Büchsenlicht, ohne daß wir etwas hörten oder sahen. Da nahm ich den Eifelruf und schrie mit meiner vom Trinken und Rauchen mächtig rauh gewordenen Stimme kräftig hinein. Sofort kam die Antwort auf eine Entfernung von etwa 300 m aus dem Birkenbruch. Trotz aller Künste, die ich anwandte – ich knörte und schrie aus Leibeskräften, mahnte und schlug mit dem Zielstock in die Büsche – stand der Hirsch leider nicht zu. Er antwortete ständig, und auch um uns herum fielen verschiedene Beihirsche in das Konzert ein, so daß es außerordentlich lebhaft um uns wurde, aber der „Klumpenbalis", der zweifellos sein Mutterwild bei sich hatte, kam uns keinen Schritt näher, im Gegenteil, ich hatte den Eindruck, als ob er langsam von uns wegzöge. Also, hinein in das Bruch!

Mit einem unvorstellbaren Krach versuchten wir den Hirsch anzupürschen, zwischendurch schrie ich ihn ständig an und schlug mit meinem Zielstock gegen Büsche und schwache Stämme, daß die Fetzen flogen.

Wir kamen dem Hirsch nicht näher. Ständig antwortend trieb er sein Rudel langsam von uns weg. Plötzlich merkte ich, daß der Hirsch bereits auf der das Bruch umgebenden Wiese stehen mußte. Zu unserem Glück hatten wir bis an den Bruchrand einen Moosstreifen, auf dem wir langsam und vorsichtig bis an den Rand des Bruches vorpürschen konnten.

Als wir behutsam durch eine kleine Lücke der Fichtertraufe auf die Wiese sahen, bot sich uns ein überraschender Anblick. Sechs Stück Mutterwild, eng zusammenstehend mit hochgestellten Lauschern, äugten gespannt zu dem Bruch herüber und warteten offensichtlich auf das Erscheinen des Nebenbuhlers ihres Paschas. Der kapitale Hirsch stand etwas abseits und schrie aus Leibeskräften.

Ein Blick genügte, um ihn anzusprechen. „Es ist der Klumpenbalis, bitte schießen!“ flüsterte ich so leise wie nur möglich. Im Schuß zeichnete der Hirsch gut und kam hochflüchtig auf 80 m an uns vorbei in das Bruch geflüchtet, wo wir ihn bald zusammenbrechen hörten. Es war der stärkste Hirsch, den der Gast – es war Oberstjägermeister Scherping – in seinem Leben geschossen hatte, und er ist sein Lebenshirsch geblieben.

Bei der Eroberung Berlins durch die Russen verlor der Erleger seinen gesamten Besitz und auch sämtliche Trophäen. Nur ein Photo rettete meine Frau auf ihrem Treck aus Ostpreußen. Dieses Photo übersandte ich ihm selbstverständlich, damit er wenigstens eine kleine Erinnerung an seinen Lebenshirsch haben sollte.

Es war einige Wochen vor der Internationalen Jagdausstellung in Düsseldorf, als mir ein Industrieller aus Westfalen mitteilte, er hätte einige starke Hirsche bei einem Antiquitätenhändler gekauft, die die Aufschrift „Rominten“ und das Erlegungsdatum trügen. Unter diesen Geweihen entdeckte ich den „Klumpenbalis“; mit Hilfe der geretteten Photographien konnte ich ihn einwandfrei identifizieren. Als ich kurz vor der Jagdausstellung meine „Schau Rominten“ vorbereitete und für diesen Zweck liebenswürdigerweise auch die von dem Industriellen angekauften Geweihe erhielt, kam Scherping in die Vermessungshalle, um die inzwischen ausgepackten Trophäen zu besichtigen. Ich hatte den „Klumpenbalis“, mit einigen Brüchen geschmückt, hinten in der Halle aufgehängt und nahm den Erleger unter den Arm und sagte, ich müsse ihm etwas Interessantes zeigen. Seine Fragen, um was es sich handele, beschwichtigte ich und zog ihn weiter mit mir. Wir bogen um eine Ecke herum – und wenige Meter vor ihm hing der kapitale Hirsch. „Kennen Sie diesen Hirsch?“ – „Wie haben Sie das fertiggebracht? Das ist ja mein ‚Klumpenbalis‘!“ Cervi habent sua fata!

Von Forbach aus machte ich zunächst gelegentliche und später regelmäßige Rundfunkreportagen über jagdliche Dinge aller Art beim Südwestfunk Baden-Baden. Ich habe darüber hinaus auch einige Sendungen mit dem Fernsehfunk gemacht, obschon die Fernsehsendungen erheblich schwieriger zu gestalten sind als die beim Rundfunk. Bei letzteren kann man schneiden, also nicht gelungene Stellen wieder aus dem Tonband entfernen, man kann einzelne Stellen wiederholen und einflicken, kurz, man kann korrigieren. Beim Fernsehen geht aber bei der Direktaufnahme jede Bewegung und jedes Wort in den Äther, irgendeine nachträgliche Korrektur ist nicht möglich. Wenn man einen vorher aufgenommenen Film sendet und ihn nachher bespricht, dann ist das niemals für die Beschauer am Fernsehschirm so aktuell und so wirkungsvoll, wie eine Direktaufnahme und Sendung.

Der Südwestfunk wandte sich eines Tages an mich mit der Bitte, eine Hirschbrunftreportage zu starten – – warum sollte man nicht einmal mit dem Mikrophon auf die Jagd gehen, wenn man dabei auch keine Geweihe, aber die Stimme des Hirsches erbeuten konnte!

Ich beobachtete drei Tage lang einen Brunftplatz aus sicherer Entfernung, wo zwei Brunftrudel austraten. Es war ein großer Kahlschlag, an denen damals im Schwarzwald kein Mangel herrschte, und dessen einziger Vorzug wohl in der Ermöglichung dieser Mikrophonjagd lag. Am unteren Teil des sanft geneigten Hanges lief ein Holzabfuhrweg entlang, der für die Anfahrt des Übertragungswagens geeignet erschien. Bei dem anhaltend guten Hochdruckwetter floß der Wind stetig zu Tal, so daß alle Voraussetzungen für das Gelingen des Unternehmens gegeben schienen. Es kam also nur darauf an, die Mikrophone so anzubringen, daß sie sich in möglichster Nähe des schreienden Hirsches befanden. Nachdem ich genau festgestellt hatte, wie die beiden Rudel zogen, und wo die Hirsche auf der großen Fläche schrien, ging es los.

Nachmittags, gegen vier Uhr, wurde der Ü.-Wagen herangefahren und hinter einem hochaufgeschichteten Brennholzstoß so aufgebaut, daß der Wagen von der Kahlfläche aus nicht zu sehen war. Die drei übrigen Seiten des Wagens wurden mit großen Fichtenzweigen vollkommen getarnt. Nun wurden strahlenförmig die drei Mikrophone ausgelegt, in einem Abstand von etwa 100–150 m vom

Wagen entfernt. Wir banden die Mikrophone an kleine $1^1/_2$ m hohe Fichten und befestigten dann noch Zweige drum herum, so daß die Mikrophone fast unsichtbar waren, das Gummikabel mußte dagegen frei auf dem Boden liegenbleiben.

Ich hatte absichtlich den Einbau so frühzeitig vornehmen lassen, damit die menschliche Wittrung, die an den Kabeln und Mikrophonen haftete, möglichst noch verwittern sollte, bis das Wild austrat. Ein viertes Mikrophon wurde außen am Wagen angebracht, damit ich in dieses mit dem Eifelruf hineinschreien konnte, um den Hirsch zu reizen. Als alles vorbereitet war, verließen wir den Brunftplatz, um erst kurz vor der Dämmerung unsere Plätze einzunehmen. Der Chefreporter und der Tonmeister bezogen im Wagen ihre Stellungen, während ich draußen, gut gedeckt von allen Seiten, neben dem Wagen saß, um mich durch Zeichen mit den Insassen verständigen zu können.

Mit Schwinden des Büchsenlichtes trat von links das erste Rudel aus. Da das Wild über einen Kamm zog, sah ich das Wild silhouettenhaft gegen den helleren Abendhimmel, aber auch das auf dem Kamm angebrachte Mikrophon konnte ich mit dem Glas gut erkennen. Es dauerte dann auch nicht lange, und das Wild hatte das Mikrophon entdeckt. Eine alte Tante zog näher heran und „besah“ auf etwa 2 m Entfernung eingehend diese merkwürdige Sache, sehr bald kam ein zweites Stück, und etwa 5 Minuten lang beäugten die beiden unsere Mikrophone, auf deren Tarnung wir so stolz gewesen waren. Schließlich beruhigte sich jedoch das Wild und der Hirsch, der inzwischen ebenfalls die Dickung verlassen hatte, fing an zu treiben – ohne jedoch zu schreien. Dabei kam uns das Wild immer näher und war schließlich nur noch 20–30 m von dem Ü.-Wagen entfernt. Die Situation wurde äußerst kritisch, plötzlich ertönte in die lautlose Stille das monotone Schnarchen des Wagenfahrers, der an seinem Steuer fest eingeschlafen war und nun wie ein Holzknecht sägte! Ich konnte von draußen den Mann nicht wecken, da jede Bewegung von mir von dem nahen Wild vernommen worden wäre. Auf einmal mußte ihm wohl der Kopf heruntergefallen sein, denn er tat einen ganz lauten Schnarcher – – und – – wachte auf! Die übrigen Insassen des Wagens, die auch eingeduselt waren, schreckten hoch und der Tonmeister wollte schon die Apparatur zur Aufnahme einschalten, da er dachte, der laute Schnarcher sei der erste Hirschschrei gewesen. Durch beschwörende Zeichen von draußen – Finger an den Mund legen, Drohen mit der Faust, heftiges Kopfschütteln, konnte ich schließlich die Wageninsassen wieder beruhigen. Infolge des Treibens von seiten des Hirsches hatte das Wild nichts von alledem vernommen. Jetzt aber zog auch das zweite Rudel auf die Kahlfläche hinaus. Der Platzhirsch dieses Rudels meldete mehrere Male. Inzwischen war es fast völlig dunkel geworden. Ich nahm den Kopfhörer um, womit ich praktisch mein Ohr bei den Mikrophonen draußen hatte, also genau hören konnte, ob der Hirsch in der Nähe der Mikrophone schrie und somit eine Aufnahme möglich war. Nach kurzer Zeit schon hörte ich den Hirsch deutlich schreien – – und nun kam die Schwierigkeit: Das erste Rudel stand immer noch etwa 30–50 m entfernt, mußte also das mit der Aufnahme verbundene summende Geräusch aus dem Ü.-Wagen unbedingt vernehmen. Wenn dieses Rudel aber flüchtig wurde, würde das andere Rudel sicherlich auch abgehen und alles war verloren! Ich entschloß mich, trotzdem den Versuch zu wagen, zumal der Hirsch des zweiten Rudels jetzt ununterbrochen am Mikrophon schrie. Ich gab also das verabredete Zeichen. Im nächsten Moment lief das Tonaufnahmeband mit leise summendem Geräusch an. Mit Donnergeprassel ging das nahestehende Wild hochflüchtig ab, der zweite Hirsch verstummte sofort, und auch von dort hörte ich es knacken und brechen. Totenstille herrschte nach wenigen Sekunden auf der ganzen Fläche. Der ganze Aufwand schien also vergeblich gewesen zu sein.

Ich war ziemlich verzweifelt. Alles hatte sich so schön angelassen. Während ich mir überlegte, ob wir abbauen sollten, um eventuell die Aufnahme einige Tage später noch einmal zu versuchen – meldete plötzlich der zweite, entferntere Hirsch wieder und zog bald darauf auch näher an das Mikrophon heran, wie ich mit meinem Kopfhörer deutlich vernahm. Ich gab daher das Zeichen, das Tonband wieder laufen zu lassen. Nun klappte es wunderbar. Zwar „spielte“ das erste Rudel, das so nahe gestanden hatte, nun nicht mehr mit, aber das entferntere Rudel konnte auf die weite Entfernung das summende Geräusch nicht wahrnehmen und blieb völlig vertraut, zumal es nun auch dunkle Nacht geworden war. Das

Tonband lief, und ich hörte das Schreien des Hirsches im Kopfhörer immer lauter, immer toller! Jetzt hörte ich den Hirsch deutlich an einer Fichte schlagen – jetzt schrie er aus vollem Halse den Kampfruf in das Mikrophon, daß mir der Kopf dröhnte – man muß bedenken, daß ich praktisch mein Ohr am Mikrophon hatte, und wann erlebt man es, daß einen ein Hirsch auf ein oder zwei Meter Entfernung voller Wut anschreit? Meine Frau, die neben mir im Schirm saß, aber keinen Kopfhörer hatte, blieb ganz ruhig – sie hörte den Hirsch auf etwa 150 m schreien – nichts Aufregendes, während mich ein richtiges Jagdfieber packte, als der Hirsch ununterbrochen röhrte, trenzte und mir aus vollem Halse den Sprengruf in die Ohren schrie. Wenn der Tonmeister nicht irgendeinen Fehler gemacht hatte oder eine Störung in der Technik eintrat, hatten wir in freier Wildbahn die Stimme des Hochgeweihten eingefangen, wie dies bisher in dieser Form wohl kaum gelungen war.

Nun gab ich das Zeichen, das vierte Mikrophon, das vorne am Kotflügel des Ü.-Wagens anmontiert war, einzuschalten, dann nahm ich den Eifelruf und schrie den Hirsch an. Infolge des nahen Mikrophons kam mein Ruf in voller Lautstärke ebenfalls auf das Tonband. Sofort antwortete der Hirsch wütend und zog noch näher an das Mikrophon heran – – er mußte unmittelbar an der Fichte stehen, in der das Mikrophon versteckt hing – – jetzt fing er an zu schlagen und – – – klick – klick ging es im Kopfhörer. Der Hirsch hatte mit seinem Geweih an das Mikrophon selbst geschlagen. Jetzt der Kampfruf in einer Lautstärke, daß mir das Trommelfell dröhnte. Ich sah, wie der Tonmeister im Ü.-Wagen schwitzte vor Aufregung, weil er jeden Augenblick erwartete, daß sein Mikrophon zum Teufel ging. Noch einmal schrie ich den Hirsch mit dem Kampfruf an, und sofort antwortete es drüben dröhnend. Dann ließen wir es genug sein. Meine Frau und ich standen mit lautem Getöse auf und, uns laut unterhaltend, gingen wir mit kräftigen Schritten auf dem Weg ein Stück weiter. Das Wild sprang, ohne zu schrecken, ab, die Störung, die ja unvermeidlich war, wurde nicht übelgenommen, wie ich nach einigen Tagen feststellen konnte. Dann kletterten der Chefreporter und der Tonmeister aus dem Wagen heraus, wir schüttelten uns die Hände vor Freude – es war dieselbe Stimmung, als ob wir einen guten Hirsch zusammen erlegt hätten.

Zu Hause in ihren vier Pfählen saßen später Tausende und Abertausende von Jägern, die früher genauso andächtig der Stimme wilder Brunft und Liebe gelauscht hatten wie wir und hatten durch diese Aufnahme vielleicht eine glückliche Stunde.

Am folgenden Tag wurde die dazugehörige Reportage durchgeführt. Die Sendung wurde sehr gut aufgenommen. Deshalb beschlossen wir, in der kommenden Hahnenbalz das Liebeslied des Urhahnes auf das Tonband zu bannen.

Ich bestätigte mehrere Tage hintereinander sehr sorgfältig einen Hahn und telefonierte dann den Ü.-Wagen des Südwestfunks herbei. Der Wagen wurde ungefähr 120 m von dem Balzbaum in das Unterholz hineingefahren und mit Zweigen so getarnt, daß man nichts mehr von ihm sehen konnte. Dann wurde das Gummikabel bis unter den Balzbaum gelegt und das Kabelende mit dem Mikrophon an einer dürren, etwa 7 m langen, trockenen Fichtenstange befestigt. Diese Stange mit dem Mikrophon, das ebenfalls mit einigen Fichtenzweigen getarnt war, lehnten wir an eine alte Kiefer, auf der der Hahn regelmäßig zu balzen pflegte. Das Wetter war ausgezeichnet, klarer Himmel ohne jede Luftbewegung. Irgendwelcher Wind, und sei er auch noch so schwach, rauscht im Walde und verstärkt sich später in der Sendung zu einem Orkan!

Die Rundfunkleute schickte ich nach Hause. Ich selber setzte mich abends zum Verlusen, gut gedeckt, an. Der Hahn fiel prompt auf seiner dicken Kiefer ein, worgte noch einige Male und schlief dann ein. Als er fest schlief, pürschte ich lautlos fort. Der Wetterbericht für den nächsten Tag war gut – – also mußte es nach menschlichem Ermessen klappen – – wenn – – ja, wenn die Technik keinen Strich durch unsere Rechnung machte. Es war uns schon einmal passiert, daß nach langen, mühevollen Vorbereitungen die Technik aus uns Laien unverständlichen Gründen versagte.

Bei völliger Dunkelheit schlichen wir uns am nächsten Morgen an den Ort der Tat. Die Rundfunkleute kletterten leise in ihren Wagen, der Chefreporter schob sich in die Mitte zwischen Hahn und Ü.-Wagen in einen dichten Fichtenhorst, und ich pürschte lautlos mit dem zuständigen Revierförster unter die Kiefer, auf der der Hahn stand.

Langsam verstrichen die Stunden – – – von Zeit zu Zeit rief der

Waldkauz, und der Sperlingskauz und Rauhfußkauz, die beide sehr selten in Deutschland sind, aber im nördlichen Schwarzwald brüten, meldeten lebhaft. Da – – klackte unmittelbar neben uns die Losung des gerade über uns stehenden Hahnes herunter – – kurze Zeit darauf schüttelte der Hahn sein Gefieder – – und – – endlich kam das erste, fast zaghafte Knappen. Wenn man so den Beginn des Balzens beim allerersten Grauen erlebt, wird einem klar, daß die Gebirgler den Beginn der Balzarie „Glöckeln" nennen. Es ist, als ob eine kleine Glocke unregelmäßig angerührt wird; für mein Ohr ist jedenfalls in dem langsamen Knappen ein etwas metallischer Ton enthalten.

Jetzt machte er den ersten Vers – – und – nach kurzer Zeit balzte der Hahn flott. Beim nächsten Schleifen faßten der Revierförster und ich die Fichtenstange und hoben sie senkrecht hoch, so weit unser Arm reichte. Dann rief ich, während der Hahn das nächste Mal schleifte, laut durch den stillen Wald: Einschalten! Und nun hielten wir, bis uns die Arme zitterten, die Stange so hoch, daß das Mikrophon höchstens 3–4 m von dem Hahn entfernt war. Es war noch verhältnismäßig dunkel, der Hahn merkte also nichts – – da ertönte plötzlich ganz nah das Pfeifen des Sperlingskauzes und, mehrmals rufend, flog er ausgerechnet um unsere Kiefer herum. Wir hatten also in freier Wildbahn auch noch das Rufen dieses äußerst seltenen Kauzes auf das Tonband bekommen – – das war allein die ganze Mühe wert gewesen!

Da uns die Arme lahm wurden, nahmen wir die Stange herunter und riefen – alles natürlich nur während des Schleifens – dem Ü.-Wagen zu: Abschalten!

Ich gestehe offen, daß mir, obschon ich kein Techniker bin und nach meiner ganzen Veranlagung die Technik nicht unbedingt für einen Fortschritt der Menschheit halte, diese Art Jagd doch eine große Freude gemacht hat. Je älter man wird, desto weniger Wert legt man aufs Schießen, ohne daß deshalb etwa die Jagdpassion abnimmt. Aber das Beobachten des Wildes, das Erkennen biologischer Zusammenhänge, die Hege, das Sammeln von Erfahrungen und die Jagd mit der Kamera und auch mit dem Mikrophon werden reizvoller als das Erlegen.

Im Jahre 1953 wurde mir die Verwaltung des Forstamtes Kaltenbronn, an das mein bisheriges Forstamt Forbach I angrenzte, übertragen. Kaltenbronn war altes Hofjagdrevier der Großherzöge von Baden gewesen. Prominente Gäste hatten hier vor 1914 und auch später noch, als das Revier nach 1918 zum Nießbrauch auf Lebenszeit der letzten Großherzogin durch Staatsvertrag überlassen wurde, gejagt. Kaiser Wilhelm II. war oft in Kaltenbronn und hatte in diesem hervorragenden Hahnenrevier viele Auerhähne erlegt, einmal in 24 Stunden 5 Hahnen! Russische Großfürsten, der schwedische Kronprinz und viele andere Fürstlichkeiten, darunter auch der Gemahl der Königin von Großbritannien, Prinz Philip, Herzog von Edinburgh, waren Jagdgäste in Kaltenbronn gewesen. Ein altes Jagdbuch, das heute noch vorhanden ist, enthält die Eintragungen aller dieser Gäste.

Mit der Übertragung dieses großen Staatswaldreviers waren meine Wünsche für dieses Leben erfüllt. Ich brauchte mich nicht mehr mit Bürgermeistern der waldbesitzenden Gemeinden herumzuärgern, die den Wald als milchgebende Kuh, die man nur sehr unwillig füttern wollte, ansahen. Ich fand ein waldbaulich sehr interessantes und auch vielseitiges Revier vor – und – ich hatte wieder Hirsche und große Hahnen!

Kurze Zeit später, nachdem das Land „Baden-Württemberg" gebildet war, wurde durch Kabinettsbeschluß das Forstamt Kaltenbronn zum Repräsentationsjagdrevier des Landes ernannt. Prominente Gäste des In- und Auslandes wurden zur Hirschbrunft und Hahnenbalz von der Regierung eingeladen, und ich konnte meine Erfahrungen, die ich gerade auf diesem Gebiet hatte, gut verwerten. Es ist in solchen Revieren nicht damit getan, daß der Gast ein bestimmtes Stück Wild schießt und dann mit der Trophäe wieder abfährt, sondern der Jagdgast – ganz besonders, wenn es sich um einen Ausländer handelt – soll ein schönes Erlebnis haben, er soll sich besonders gut behandelt fühlen, er soll den besten Eindruck, nicht nur auf jagdlichem Gebiet, sondern auch von der Landschaft, von Land und Leuten mitnehmen. Man soll diese Dinge nicht unterschätzen.

Es ist ein Unterschied, ob der Gast den Eindruck hat, daß eine Jagdeinladung eine nun mal notwendige Geste darstellt, oder ob er die Überzeugung gewinnt, daß man ihm eine ganz besondere

Freude bereiten möchte, daß für ihn große und umfangreiche Vorbereitungen getroffen sind, und daß für ihn ein besonders guter Hirsch oder Hahn bestätigt wurde. Ein ausländischer Ambassadeur bezieht die Achtung und die Liebenswürdigkeit, die man ihm erweist, auf sein ganzes Land, und seine diplomatische Einstellung ist nun einmal auch von vielen kleinen Einzeleindrücken abhängig, die man in einem Lande, in dem man akkreditiert ist, empfängt.

Ich habe in Battenberg, Rominten und Kaltenbronn viele prominente Gäste aus aller Herren Länder geführt und interessante Eindrücke und Erfahrungen dabei sammeln können. Aus der Vielfalt dieser Erlebnisse seien einige hier mitgeteilt.

Man lernt auf der Jagd und beim Glücksspiel die Menschen am besten kennen. Beide Tätigkeiten sind Ausfluß von Leidenschaften, und beim Frönen einer Leidenschaft verlieren viele Menschen ihre Hemmungen. Die Maske, die der moderne Mensch trägt, wird leichter gelüftet – – manchmal sogar vollkommen fallengelassen. Es ist nicht immer erfreulich, was da zutage kommt, aber ich habe auch sehr viele prächtige Menschen ohne Maske auf der Jagd kennen und achten gelernt. Ich habe Männer geführt, die große Industriekapitäne waren, und für die Geld keine Rolle spielte, die aber bescheiden und mit allem zufrieden waren und sich über jede Kleinigkeit herzlich freuen konnten. Und ich habe andere erlebt, die arrogant und anmaßend waren, denen nichts gut genug war, und die zu führen und zu betreuen eine ungeheure Selbstbeherrschung erforderte; erfreulicherweise waren die letzteren in der Minderheit.

Aus der Fülle der Erinnerungen auf diesem Gebiet seien einige Anekdoten berichtet:

Ein Ministerialdirektor aus dem Reichsverkehrsministerium hatte in meinem Nachbarrevier im Rothaargebirge einen Hirsch beschossen, und ich wurde am nächsten Morgen mit meinem Hund zur Nachsuche gebeten. Der Hirsch hatte eine gute Kugel und lag 100 m vom Anschuß verendet in der Dickung. An der kurzen, aber sorgfältigen Arbeit meines Hundes hatte der Jagdgast eine große Freude. Er ließ sich eingehend alles erklären. Als wir den Hirsch aufbrachen, faßte der Ministerialdirektor mit seinen grauen Wildlederhandschuhen mehrmals mit zu und beschmutzte sich die Handschuhe erheblich. Als ich ihn darauf hinwies, doch lieber die Handschuhe auszuziehen, lächelte er: „Das tue ich absichtlich. Sehen Sie, wenn ich das ganze Jahr über in meinen Amtsräumen sitze und mir Akten über Akten auf den Schreibtisch gelegt werden, und wenn es dann gar zu toll wird, und man an dem Sinn der Arbeit und des ganzen Daseins verzweifelt, wenn man, wie man in Westfalen sagt, ‚das arme Dier' kriegt – – dann ziehe ich die rechte Schublade meines Schreibtisches auf und darin liegt dieses Paar Handschuhe, das ich seit vielen Jahren nur in meinem Urlaub, den ich stets während der Hirschbrunft nehme, trage. Und dann rieche ich an den Handschuhen, und Sie wissen sicher, daß der Geruchssinn der beste Erinnerungssinn ist, besser als das Gesicht und das Gehör – und wenn ich dann an dem Handschuh den scharfen Geruch des Brunfthirsches rieche, der den Handschuhen noch anhaftet – dann versinkt alles um mich herum, dann sehe ich die bunten, im Herbstgold leuchtenden Berge, dann fliegen weiße Spinnwebfädchen durch mittagheiße, klare Septembertage, dann höre ich im Geiste den Sprengruf des Platzhirsches – dann kommen all die herrlichen Erinnerungen an viele Pürschen mit interessanten Erlebnissen – dann steht vor meinem geistigen Auge auch die heutige Nachsuche mit Ihnen – und dann bin ich wieder ein anderer Mensch, die Depressionen weichen, und ich kann wieder arbeiten und verschließe die Handschuhe wieder in ihrer Schublade!"

Um ein Haar wäre ich von einem Jagdgast einmal erschossen worden, der zudem noch ein guter alter Freund von mir war. Ich hatte ihn, zusammen mit seiner Frau, auf einen Feisthirsch eingeladen. Mit dem Hirsch klappte es überraschend schnell. Schon am zweiten Abend zogen bei noch leidlichem Büchsenlicht zehn Feisthirsche auf eine Wiese, an deren Rand wir, gut gedeckt, in einem Schirm saßen. Mein Freund schoß auf einen ungeraden 12-Ender mit weiter Auslage, zweifellos ein älterer Hirsch, der keine Zukunft mehr hatte. Der Hirsch zeichnete sehr gut im Schuß, flüchtete dann spitz von uns weg, während die übrigen Hirsche nach rechts hin verschwanden, und blieb am Bestandesrand stehen, so daß wir gerade noch den Spiegel des Hirsches sehen konnten. Ich hoffte, daß der Hirsch jeden Moment zusammenbrechen würde, aber er tat uns den Gefallen nicht, sondern stand, ohne sich zu rühren, auf demselben Fleck. Zum Schießen war es zu weit, so pürschten wir schließlich um die Wiese herum, um auf Schußentfernung an den Hirsch heranzukommen. Als wir uns vorsichtig aus dem Bestand gegen den Wiesenrand vorschoben, stand der Hirsch noch genauso wie vorher, aber es war so dunkel geworden, daß man nur noch mit Hilfe des Glases den Spiegel erkennen konnte. Mein Freund erklärte mir, nicht mehr schießen zu können, da er durch sein Zielfernrohr kein einigermaßen sicheres Abkommen mehr habe. Mir war die ganze Sache unangenehm, denn der Hirsch war nach seinem Verhalten bestimmt schwer krank, würde also bald verenden und bei der Hitze bis morgen sicherlich grün sein. Ich beschloß daher, den Fangschuß zu wagen. Der Hirsch stand eine Kleinigkeit schräg, und wenn ich in Höhe des Spiegels etwas seitlich abkam, mußte die Kugel waidwund eindringen und schräg nach vorne den Hirsch durchschlagen. Ich strich also an einem Baum an, faßte den sich hell abhebenden Spiegel ins Fernrohr, ging etwas nach links und kam, meiner Ansicht nach, gut ab, soweit man das bei der Dunkelheit noch sagen konnte. Mein Freund stand seitwärts und hatte den Hirsch im Glase, während ich schoß. Im Schuß brach der Hirsch zusammen. Wir gingen hocherfreut quer über die Wiese auf den Hirsch los.

Als wir an den Bestandesrand kamen, war kein Hirsch zu finden. Brennesseln und Schilf standen dort mannshoch. Bei der Dunkelheit war trotz allen Suchens, trotz Verbrauchs einer Schachtel Streichhölzer, kein Hirsch festzustellen. Die dämlichen Gesichter, die wir beide gemacht haben müssen, waren bei der Finsternis, Gott sei Dank, auch nicht zu sehen! Es war mir völlig schleierhaft, wie es kam, daß wir nicht gehört hatten, wie der Hirsch wieder hoch wurde und fortgezogen war. Daß er im Schuß zusammengebrochen war, hatten wir beide einwandfrei gesehen und gehört, da war kein Irrtum möglich. Wir fuhren sehr bedrückt nach Hause und holten den Schweißhund, den ich ausgerechnet an diesem Abend nicht bei mir hatte. Mit zwei Laternen bewaffnet, begannen wir in stockfinsterer Nacht die Nachsuche, wobei ich mich völlig auf den Hund verlassen mußte. Als der Hund, fest im Riemen liegend, etwa 300 m weit von meinem letzten Anschuß weg geführt hatte, ohne daß ein Hirsch zu sehen oder zu hören war, trug ich den Hund ab und verbrach die Stelle sorgfältig. Es war nunmehr kein Zweifel, daß der

Hirsch doch nur einen schlechten Schuß hatte, und daß es am nächsten Morgen noch eine längere Nachsuche geben würde.

Beim ersten Morgengrauen waren wir wieder am Ort der Tat und untersuchten mit Hilfe des Schweißhundes erst einmal genau die beiden Anschüsse. Nach dem Schnitthaar stellten wir sehr bald fest, daß der Hirsch von meinem Freund einen hohen Vorderlaufschuß und von mir offenbar einen Streifschuß am Träger haben mußte. Bald passierten wir den gestern abend in den Boden gesteckten Hauptbruch, und dann führte die Nachsuche nach einigen Haken und Bogen in eine große Fichtendickung hinein. Diese Dikkung war sehr ungleichaltrig, hatte mehrere dichtgeschlossene Partien, aber auch einige erst vor wenigen Jahren kultivierte Flächen. Auf einer solchen Kulturfläche lag mitten in dem Dickungskomplex ein kleiner Hügel, von dem aus man einen verhältnismäßig guten Überblick hatte und vor allem die ganze Gegend sehr gut überhören konnte. Auf diesen Hügel postierte ich meinen Freund, ihm einschärfend, daß, wenn es zur Hetze käme und der Hund stellen sollte, ich selbst den Fangschuß geben würde, er solle auf alle Fälle auf seinem Stande bleiben und beobachten, bis er abgerufen würde. Dann hing ich am Riemen der kranken Fährte nach, kam bald an den Hirsch und schnallte den Hund. Nach kurzer Hetze stellte sich der Hirsch noch in derselben Dickung, und ich pürschte mich vorsichtig an den Gestellten heran. Der Hirsch stand aber in sehr dichtem Zeug. Auf etwa 10 m herangekommen, sah ich bereits die Läufe durch die unteren trockenen Äste und wollte eben, mit der Büchse im Anschlag, einen Schritt zur Seite treten, um den Rumpf des Hirsches freizubekommen, als es plötzlich unmittelbar vor mir knallte und mir die Kugel eine Handbreit neben dem Kopf vorbeiflog und einen Fichtenast abschlug, der unmittelbar über meiner Schulter war. Der Hirsch machte wenige Fluchten und brach verendet zusammen.

Ich holte sämtliche Flüche aus meinem Militär- und Jägerleben hervor und beschimpfte meinen vor Schreck völlig gelähmten Freund nach allen Tonarten. Er hatte den Hund nicht weit von seinem Beobachtungsposten hetzen und stellen hören. Da war die Jagdpassion mit ihm durchgegangen, alle Ermahnungen, seinen Posten nicht zu verlassen, waren vergessen, und er hatte sich vorsichtig an den Hirsch herangepürscht, ausgerechnet von der entgegengesetzten Seite. Es war nur ein glücklicher Zufall, daß er mich nicht getroffen hatte, umgekehrt hätte ich ihn natürlich auch totschießen können, wenn er etwas später gekommen wäre. Dümmer wurden wir beide nicht durch diesen Vorfall! Als der Schrecken sich gelegt hatte, war seine Freude über den braven Hirsch um so größer, und wir gerieten in eine richtig übermütige Stimmung, wie es stets zu sein pflegt, wenn man einer großen Gefahr mit heiler Haut entronnen ist.

In den hessischen Bergen sollte bei mir ein rheinischer Industrieller einen Hirsch schießen, der liebenswürdig und freundlich mit mir auf meiner sehr einfachen Jagdhütte hauste und trotz seiner 65 Jahre eifrig beim Stubendienst behilflich war, wobei man ihm allerdings anmerkte, daß er sicherlich zum erstenmal in seinem Leben Geschirr abtrocknete oder Feuer anmachte. Leider war er etwas schwerhörig, was insofern störend wirkte, weil er den Krach, den er beim Pürschen vollführte, selbst nicht hörte und daher überzeugt war, völlig lautlos durch das Revier zu schleichen.

Eines Abends hatten wir einen Hochsitz bezogen, der in einer mannshohen Fichtenkultur auf einem alten Eichenüberhälter angebracht war. Es war ein herrlicher Platz, man hatte oben von der Kanzel einen weiten Blick über die Berge und vor einem lag die vielversprechende Fichtenkultur, die mit ihren kleinen Lücken ein sehr beliebter Brunftplatz war. Anschließend lag ein großer Komplex geschlossener Dickungen und dichter Stangenhölzer, in denen das Wild gerne seinen Tageseinstand nahm. Zu der Hochsitzleiter führte ein Pürschpfad, so daß man, zumal die Fichten an dieser Stelle schon etwas höher waren, völlig gedeckt an die Hochsitzeiche herankommen konnte. Der Stamm der alten Eiche war infolge der Freistellung beim Abtrieb des Vorbestandes dicht mit Wasserreisern besetzt, so daß man auch die Leiter ungesehen ersteigen konnte. Also ein Hochsitz wie er sein soll, man konnte unbemerkt vom Wilde, auf- und abbaumen, vorausgesetzt, daß der Wind gut war.

Wir saßen also in der dichten Krone dieser sicher 300 Jahre alten Eiche, genossen die schöne Aussicht und hatten uns eine von den guten Zigarren des Direktors angebrannt; das Jägerleben war wiedermal „voll Lust“. Da meldete drüben in den Stangenhölzern ein

Hirsch mit sehr guter Stimme. Da er nicht näherzog, nahm ich den „Eifelruf" und begann, ihn anzuschreien. Der Hirsch gab gut Antwort, zog auch näher heran und stand plötzlich am Rande unserer Kultur auf etwa 120 m und begann an einer Fichte zu schlagen. Es war ein guter Kronenzehner mit außergewöhnlich weiter Auslage, wie ich sie im dortigen Revier noch nicht erlebt hatte. Nachdem ich den Hirsch angesprochen hatte und überzeugt war, einen älteren Hirsch vor mir zu haben, bat ich den Gast zu schießen. Ich legte meinen Hut unter seine Büchse, damit er eine weiche Auflage hatte, der Schütze setzte sich gut zurecht, rückte noch etwas nach vorn, um besser bergab zielen zu können, setzte dann noch einmal ab, um tief Luft zu holen – und schoß. Der Hirsch ging vorne steil hoch, brach dann zusammen, kam aber sofort wieder hoch und auf die Läufe und verschwand im dichten Stangenholz, wobei ich deutlich sah, daß er einen Vorderlauf schleppte. Am Anschuß Splitter von Laufknochen – also Nachsuche morgen früh, heute abend war es zu spät. Zwei Stunden später, als wir mit einem guten Kognak auf der Hütte unsere Stimmung etwas aufbessern wollten, fing es an zu regnen; der Regen ging im Laufe der Nacht in Gießen über und hörte auch am Morgen nicht auf. Um es kurz zu machen, wir bekamen den Hirsch trotz Schweißhund und trotz intensiver Nachsuche nicht. Der Gast reiste bekümmert ab.

Der Hirsch blieb zunächst verschwunden; wir hatten aber in diesem Jahr eine Buchenmast, so hoffte ich, er würde den Schuß bei der guten Winteräsung ausheilen. Ich hatte auch in den Nachbarrevieren Bescheid gesagt und den Hirsch genau beschrieben, aber er wurde nirgends gesehen.

Als ich in der nächsten Feistzeit an der sog. „Pferdewiese" eines Abends auf einem Hochsitz saß, erschien mit drei geringen Hirschen der Zehner, leicht lahmend wie eine alte Exzellenz, aber den kranken Lauf voll aufsetzend und gebrauchend, und mit einem Kronenzehnergeweih, das dem des vergangenen Jahres genau glich, nur noch etwas stärker geworden war. Am selben Abend schrieb ich an meinen Direktor einen langen Brief, beschrieb ihm den Hirsch genau und lud ihn zur kommenden Brunft auf seinen Hirsch ein, denn niemand anders als er sollte diesen Hirsch schießen.

So hausten wir beide in der Brunft wieder auf meiner Jagdhütte und pürschten eifrig auf den Laufkranken, aber – er war nicht zu bestätigen. Wir hörten wohl nachts auf der Kultur an der alten Eiche einen Hirsch mit guter Stimme melden, aber bei Büchsenlicht war der Brunftplatz leer. Frühmorgens meldete der Hirsch noch ab und zu in den Stangenhölzern, aber ihn mit dem Gast im Bestande anzugehen, das traute ich mich nicht. Also: Daueransitz! Abpürschen der übrigen Brunftplätze, Verhören – alles war vergebens. Eine volle Woche lang schleppte ich den Gast im Revier herum, ohne auch nur mit Sicherheit zu wissen, wo der Gesuchte stand. Da hörten wir nachmittags gegen 3 Uhr, als wir in der Nähe der bewußten Kultur auf einem alten Stubben saßen und gerade überlegten, wo wir heute hingehen sollten, einen Hirsch ganz faul auf der Kulturfläche melden. Wie elektrisiert sprangen wir auf, und so schnell wie möglich ging's auf dem Pürschpfad in Richtung Eichenhochsitz. Als wir kurz vor der Leiter waren, meldete der Hirsch unmittelbar vor uns, er konnte höchstens 80 m vor der Eiche stehen! Ich gab dem Gast ein Zeichen, er möchte zunächst unten bleiben. Ich selbst kletterte lautlos wie eine Katze die Leiter hoch. Als ich oben ganz vorsichtig über den Rand des Hochsitzes sah, saß der Hirsch etwa 60 m entfernt vor mir auf der Kultur und unweit von ihm äste ein einzelnes Schmaltier. Es war der lang Gesuchte! Vorsichtig trat ich zurück und winkte dem Gast, heraufzukommen, wobei ich ihm durch Zeichen klarmachte, daß höchste Lautlosigkeit und Vorsicht geboten sei. Tatsächlich kam er auch heil und ohne daß das Wild etwas merkte, oben an. Ich zeigte vorsichtig mit dem Finger auf den Hirsch und flüsterte: „Ihr Hirsch! Bitte schießen, ich knöre ihn an, dann wird er aufstehen!" Der Direktor sah angestrengt in die Richtung, nahm dann umständlich das Fernglas hoch und erwiderte: „Ich sehe keinen Hirsch!" Ich beschrieb ihm ganz leise und vorsichtig, daß der Hirsch dort unmittelbar vor uns frei in der Sonne sitze, links von ihm stehe das Schmaltier. Der Direktor sah durchs Glas – ohne Glas, minutenlang, in die angegebene Richtung und erklärte: „Ich sehe keinen Hirsch!" Ich geriet in gelinde Verzweiflung. Das war ja völlig unmöglich, den riesigen, völlig frei sitzenden Hirsch auf 60 m Entfernung nicht zu sehen! Beim Herumspekulieren stieß der Gast auch noch trotz aller Vorsicht an das Holz des Hochsitzes – das Schmaltier warf auf, drehte ab und zog spitz von uns fort. „Jetzt sehe ich das Schmaltier“, sagte der Direktor. „Nehmen Sie um Gottes willen die Büchse“, zischte ich, „der Hirsch wird gleich hoch werden.“ Da stand der Hirsch auch schon auf und zog langsam hinter dem Schmaltier her. „Ich werde ihn noch einmal anhalten, dann müssen Sie schießen“, flüsterte ich aufgeregt. „Jetzt sehe ich den Hirsch“, erwiderte der Gast erleichtert; da hatte ich auch schon den „Eifelruf“ am Mund und knörte den Hirsch an. Sofort drehte er bei, verhoffte und stand nun auf etwa 100 m breit wie eine Scheibe und äugte zu uns herüber. Ich hatte den Hirsch im Glase – – jeden Moment auf den Schuß wartend – – aber es knallte nicht. Ich sah zur Seite. Da stand mein Direktor friedlich neben mir, hatte mit beiden Händen das Glas am Kopf und betrachtete sich glückselig den Hirsch. Der Hirsch drehte wieder um und zog nun, allmählich trollend, hinter dem Schmaltier her spitz von uns fort, leicht lahmend und mit schaukelndem Geweih, dessen weite Auslage von hinten noch gewaltiger wirkte.

Ich war völlig am Rande meiner Selbstbeherrschung. Aber als wir uns dann unterhielten, kam die Erklärung. Der Gast war farbenblind, er sah kein Rot in Grün. Der rote Hirsch in den dunkelgrünen Fichten wurde von ihm also erst gesehen, als er sich bewegte; solange der Hirsch und auch das Tier aber stillstanden bzw. saßen, war für ihn nichts zu erkennen.

Zweimal bin ich von Jagdgästen leider auch angeschossen worden und einmal auch meine Frau. Auf einer Entenjagd erhielt sie von einem leichtfertig schießenden Schützen ein Schrotkorn in den Augenwinkel. Gottlob blieb das Korn in der Haut stecken und konnte mühelos herausgenommen werden. Mein erster Anschuß war dagegen erheblich unangenehmer. Es war bei einem Vorstehtreiben im Walde. Mein Nachbarschütze, ein noch junger, sehr passionierter Jäger, stand etwa 40 m neben mir. Wir konnten uns beide genau sehen. Plötzlich kam ein Hase flüchtig von hinten über die Schneise und wollte unmittelbar neben mir ins Treiben hinein. Da sehe ich, wie mein Nachbar mit der Flinte ins Gesicht geht, ich will ihm noch zurufen, da knallt es auch schon in dem Augenblick, als der Hase gerade etwa 2 m neben mir ist. Der Schütze überschoß den Hasen und ich bekam die ganze Ladung ins rechte Bein. Mir fiel vor Schmerz und Schreck die gespannte Flinte aus der Hand. Ich bin mehrere Male im Kriege verwundet worden, zweimal mit Knochenverletzungen, aber das war ein Schmarren gegen den Schmerz, den dieser Schrotschuß verursachte. Ich lag drei Wochen in der Klinik und habe heute noch 13 Schrotkörner im Schienbeinknochen verkapselt sitzen. Wie durch ein Wunder war das Kniegelenk unversehrt geblieben, oberhalb und unterhalb des Gelenks dagegen saßen die Schrote wie gespickt.

Das zweite Mal erhielt ich mehrere Schrote in den Oberschenkel. Die Situation war dieselbe wie das erste Mal. Genau zwischen uns kam ein Fuchs aus dem Treiben, auf den ich nicht schoß, um dem Gast den Fuchs zu lassen. Als der Fuchs auf dem anderen Ende der Schneise war, knallte es und der Schuß ging anscheinend vor den Fuchs, der sofort kehrt machte und in das Treiben zurückwechselte. Für den Bruchteil einer Sekunde sah ich in die Flintenläufe des Nachbarn, der in der Aufregung mitzog und im Augenblick, als der Fuchs genau zwischen uns war, schoß. Gott sei Dank traf er den Fuchs, und die Hauptladung hatte der also abgekriegt, aber vier Schrote trafen mich in beide Oberschenkel, und gegen meine hohen Stiefel klatschte es erheblich, ohne daß diese Schrote jedoch durchschlugen. Die Körner im Oberschenkel heilten ohne jede Entzündung ein und haben mir niemals mehr Schwierigkeiten bereitet.

Im Kaltenbronn war unter vielen anderen auch der britische Botschafter, Sir Hoyer Miller, als Gast auf einen Auerhahn durch die Regierung in Stuttgart eingeladen. Ich konnte ihm bei der Begrüßung mitteilen, daß ich bereits vor rd. 20 Jahren seinen Vorgänger, Sir Henderson, der damals Botschafter in Berlin war, in Rominten auf einen Hirsch geführt hatte. Sir Hoyer Miller war ein erfahrener und passionierter Jäger, der viel in Schottland auf grouse gejagt hatte. Er kannte beim Schrotschuß daher nur das Hinwerfen des Schusses, nicht aber das Zielen und langsame Durchkrümmen auf ein stehendes oder sitzendes Wild. Ich habe von jeher alle Jagdgäste vorher auf die Scheibe schießen lassen. Die Auerhahngäste bekommen daher eine Scheibe auf etwa 30 m vorgesetzt, auf der in Lebensgröße die aus schwarzem Papier ausgeschnittene Silhouette eines großen Hahnes aufgeklebt ist. Sir Hoyer Miller warf den Schuß auf die stehende Scheibe und hatte auf 30 m drei ganze Schrotkörner auf dem Hahn sitzen. Beim zweiten Schuß derselbe

Mißerfolg. Erst als ich ihm klarmachte, daß er den Schuß nicht, wie beim schottischen Moorhuhn, hinwerfen durfte, sondern zielen und langsam durchkrümmen müsse wie beim Kugelschuß, hatte die nächste Scheibe 19 Treffer, der Hahn wäre bestimmt mausetot heruntergekommen.

Begeistert vom Kaltenbronn und der Auerhahnbalz war der Botschafter von Costarica. Er hatte drei Tage Zeit und wollte die Hahnenbalz von Grund auf kennenlernen, also beeilten wir uns nicht mit dem Schießen – was bei Gästen immer falsch ist! Das Wetter kann umschlagen, es können andere widrige Umstände eintreten, und oft sind totsichere Angelegenheiten plötzlich keineswegs mehr sicher und alles ist anders.

Wir hatten zusammen den Hahn abends genau bestätigt und wußten die Kiefer, auf der er stand, der Hahn worgte abends und fing sogar an zu balzen, so daß wir ihn hätten anspringen können – – aber er schien für den nächsten Morgen so sicher, daß wir ihn nur verhörten und nach Eintreten der Dunkelheit nach Hause gingen. Am nächsten Morgen pürschten wir bei noch völliger Nacht bis auf 30 m an den Schlafbaum heran und warteten. Der erste hellere Schimmer im Osten kam – es wurde schummrig – es wurde fast Büchsenlicht – der Hahn rührte sich nicht! Es wurde immer heller – der Hahn gab keinen Laut von sich! Er mußte aber noch auf der Kiefer stehen, die höchstens 30 m entfernt war. Da wir bis zu der Kiefer hin dichten Fichtenanflug hatten, der etwa 3–4 m hoch war, beschloß ich, den verschweigenden Hahn anzupürschen, was niemals gut geht. Der Botschafter mußte mittags abfahren, also ging es ums Ganze. Wir schoben uns zentimeterweise vor, immer wieder nahm ich das Glas hoch und versuchte, durch die dichten Fichtenzweige die Kiefernkrone abzuleuchten, schließlich, es war beinahe hell, sah ich durch die Zweige der unterständigen Fichten den Hahn wie eine Silhouette friedlich auf einem trockenen Kiefernast unterhalb der Krone stehen. Warum er nicht balzte, ist mir heute noch unverständlich! Es dauerte eine Weile, bis ich dem Botschafter klargemacht hatte, wo der Hahn stand, und bis er ihn sah. Dann nahm er das Gewehr hoch und trat ganz vorsichtig und langsam nach links, um mit angebackter Flinte den Hahn freizukriegen. Ich blieb wie eine Salzsäule stehen, den Hahn auf 25 m im Glase. Auf den

Schüß fiel der Hahn wie ein Stein zu Boden. Einen nicht balzenden, frei auf einem hohen Ast stehenden Hahn anzupürschen und zur Strecke zu bringen, ist bestimmt nicht vielen Jägern gelungen.

Selbst Bundeskanzler Adenauer war eines Tages bei mir zu Gast, allerdings nicht zum Jagen, sondern um sich das Jagdsignalblasen anzuhören, das ich ihm in einem bewaldeten Tal am Herrenwieser See in völliger Einsamkeit durch meine Forstbeamten vorführen ließ. Anschließend war er über zwei Stunden bei mir in der Jagdhütte bei Schwarzwälder Speck mit Brot und Kirsch. An allem zeigte er sich äußerst interessiert. Er fragte nach den forstlichen Verhältnissen, nach der Holzindustrie, nach den sozialen Zuständen, nach der Wirtschaft, dem Lebensstandard der Bevölkerung usw. Ich habe in meinem Leben mit vielen prominenten Persönlichkeiten aus vieler Herren Ländern zusammen gesessen, der Besuch des Bundeskanzlers aber hat auf mich durch seine Schlichtheit, Natürlichkeit und Interessiertheit einen besonderen Eindruck gemacht.

Nachdem ich in Düsseldorf die Geweihschau der Jugoslawen gesehen hatte, war es mein sehnlichster Wunsch, in diesen gesegneten Revieren einmal sein zu dürfen. Zwar hätte Rominten, wenn alle Trophäen, die dort erbeutet wurden, zur Verfügung gestanden hätten, wohl die der Jugoslawen übertroffen – aber so waren die Hirsche aus den Donauauen, insbesondere aus Slawonien, doch der Höhepunkt der Ausstellung in Düsseldorf. Schon ein Jahr später ging mein Wunsch in Erfüllung.

In hochherziger Weise lud mich ein Jagdfreund ein, mit ihm im Auto nach Jugoslawien zu fahren, nicht, um dort einen Hirsch zu schießen, das wäre für mich unerschwinglich gewesen, sondern um Rotwild und Revier und die Besonderheiten der dortigen Jagd kennenzulernen, und um meine jagdlichen Erfahrungen und meine Rufkenntnisse zur Verfügung zu stellen.

Die Reviere, die wir in Slawonien zu sehen bekamen, waren ausgesprochene Auereviere. Herrliche Stieleichen und Eschenmischbestände durch- und unterstellt mit Aspe, Silberpappel, Maßholder, Weißdorn, Wildbirne und einer üppigen Strauch- und Unkrautvegetation. Alluvialer Schlickboden schuf zusammen mit dem Klima und dem reichlich vorhandenen Wasser die besten Voraussetzungen für ein geradezu tropisches Wachstum aller Pflanzen.

Außerhalb des Waldes dehnte sich die unendliche, an das nahe Ungarn erinnernde Ebene mit den weiten Kukuruzfeldern, mit den weidenden Rinderherden, Schweine- und Schafherden, mit den Ziehbrunnen, die abends als Silhouette gegen den leuchtenden Himmel standen; und wehmütige Erinnerungen wurden wach an zurückliegende Jagdfahrten nach Ungarn, Polen und an den verlorenen Osten. Man hat in Jugoslawien den Bauern nicht enteignet und zum Knecht auf seinem früher eigenen Grund und Boden gemacht, so daß dort kleinbäuerliche Wirtschaft vorherrscht, allerdings mit einer Ablieferungspflicht eines bestimmten Prozentsatzes des erzeugten Produktes. Man konnte aber alles, einschließlich Lebensmittel, frei kaufen, und zwar zu Preisen, die etwa unseren Preisen in Westdeutschland entsprechen. Einige Sachen waren teuer, so z. B. Textilien, anderes war billiger, so vor allem Lebensmittel. Jedoch alle Luxuswaren waren sehr teuer.

Nachdem wir unseren Wagen in einer Scheune abgestellt hatten, fuhren wir auf einer Waldbahn mit einer Tretdraisine hinein in die herrlichen Bestände slawonischer Stieleichen, die auf dem internationalen Holzmarkt ein Begriff sind. Das uns zugewiesene Revier war 12000 ha groß, davon der überwiegendste Teil im Dickungsalter. In den letzten Jahrzehnten war überall ein starker Einschlag durchgeführt, die herrlichen Altholzbestände waren somit stark zusammengeschrumpft. Die Dickungen waren durchweg Naturverjüngungen, in denen alle 20–30 cm ein Baum stand. Hier konnte man wirklich sagen, daß die Bäume „wie die Haare auf dem Hund" standen. Durchforstungen setzten erst im Alter von 60 Jahren ein. Gewirtschaftet wurde auf der Großfläche, so daß riesige zusammenhängende, gleichaltrige Bestandeskomplexe vorhanden waren.

Unsere Waldunterkunft (Baracke) lag z. B. in einer rd. 500 ha großen, in den letzten drei Jahren von Altholz geräumten Verjüngungskultur. Das ganze Revier war in quadratische Abteilungen aufgeteilt, die 800 mal 800 m maßen, so daß jede Abteilung 64 ha groß war. Die Schneisen waren gut freigehalten und einigermaßen übersichtlich, aber innerhalb der einzelnen Abteilungen gab es kaum Wege, höchstens noch ein schmales Mittelgestell, welches aber meistens zugewachsen war. Der Holztransport fand auf einer Waldeisenbahn statt, und die Loren wurden von Pferden gezogen.

Leider hatten wir während unseres Aufenthaltes sehr hohen Wasserstand, wie er um diese Jahreszeit dort sehr selten ist. Da wir wußten, daß wir in einem Auerevier jagen würden, hatten wir vorsorglich neben Jagdstiefeln auch Gummistiefel mitgenommen. Die Jagdschuhe haben wir nicht ein einziges Mal anziehen können, und unsere Gummistiefel reichten auch nicht aus, so daß wir die ganze Zeit in geliehenen, bis an den Bauch reichenden Fischerstiefeln aus Gummi pürschen mußten. In jeder Bodenvertiefung stand Wasser, meistens kniehoch, manchmal bis an den Bauch reichend. Dabei herrschte eine Temperatur von 30 Grad im Schatten. Wir waren adjustiert wie die Entenjäger: hohe Fischerstiefel, grünes Hemd mit aufgekrempelten Ärmeln, Strohhut mit Mückenschleier. Gesicht, Hände und Arme wurden mit Mückenöl eingerieben, und nur Büchse, Fernglas und Zielstock ließen erkennen, daß wir auf den Brunfthirsch pürschten.

Wenig Rotwild, etwas Rehwild, Hunderte Graureiher, Tausende Enten und anderes Wassergeflügel, Millionen Frösche und Laubfrösche und – Milliarden Mücken, das war die Fauna des slawonischen Auewaldes! Aber daneben gab es auch einige ornithologische Delikatessen. Wir sahen verschiedentlich Schlangenadler, Fischadler und den Schwarzstorch. Seit Ostpreußen hatte ich den Waldstorch nicht mehr gesehen. Sein herrliches Flugbild ließ schmerzliche Erinnerungen an Rominten wach werden.

Als wir am 9. 9. in unserem Waldlager ankamen, erklärte uns der Oberjäger: „Heger hat gesehen großes Hirsch! Kann nicht erkennen Trophäe, aber schrecklich stinkt!“ Danach mußte also die Brunft im Gange sein.

In der Nacht zuvor, „eine Nacht zurück“, wie der Slawe sagt, hatten auf der schon geschilderten riesigen Verjüngungsfläche mehrere Hirsche gemeldet, aber von da ab war es wie abgeschnitten. Der Höhepunkt der Brunft liegt in den Auerevieren zwischen dem 8. bis 12. September, auch der 15. September soll stets noch ein besonders guter Tag sein. Wir hörten aber in der ganzen Zeit nur sehr wenige Hirsche schreien und, obschon es ab 12. September kühler wurde, auch zwischendurch mal regnete, blieb das Revier still. Dabei waren die Hirsche da, wir fanden überall die klobigen Fährten, frische Schlagstellen und Brunftkuhlen, aber wir sahen im ganzen in den acht Tagen nur drei Hirsche und zwei Stück Kahlwild. Die örtliche Jägerei war verzweifelt, so schlecht sei es noch nie gewesen, das viele Wasser sei schuld. Aber wir stellten fest, daß die Hirsche, kniehoch im Wasser stehend, schrien und frisch geschlagen hatten -- die Hitze sei schuld, aber als es kühler wurde, schrien die Hirsche nicht besser. Es ist natürlich möglich, daß sich, infolge des Wassers und der Temperaturverhältnisse, die Brunft in diesem Jahre verschoben hatte, und daß die besten Tage der Hochbrunft bei unserer Abreise am 15. 9. noch nicht da waren. In früheren Jahren war aber immer, nach übereinstimmender Aussage der gesamten örtlichen Jägerei, die Hochbrunft zwischen dem 8. und 12. 9. gewesen.

Zur eigentlichen Jagdausübung ist zu sagen, daß *nur* die Jagd mit dem Hirschruf einen Erfolg verspricht. Pürschen hat keinen Sinn, da man nur die schmalen Schneisen übersieht und fast nirgends Einblick in die dichten Bestände hat. Man läuft sich das Wild nur aus dem Revier, wenn auf allen Schneisen frische Menschenspuren stehen. Auch mit dem Ansitz ist nicht viel zu machen. Auf der Erde ansitzen ist wegen der Mücken, trotz aller Jagdpassion, fast unmöglich, der Ansitz auf den vorhandenen Hochsitzen aber führt selten zum Erfolg, da das Wild keine bestimmten Wechsel und Brunftplätze innehält. Wir haben die Hochsitze nur benutzt, um zu verhören. In der Ebene hört man die Hirsche sehr weit. Sobald ein Hirsch gut meldet, muß man ihn dann mit dem Ruf angehen. Dabei muß man das Schreien, das Mahnen, das Anstreichen an Ästen, das Schlagen usw. perfekt beherrschen, denn anpürschen kann man den schreienden Hirsch nur in den seltensten Fällen – der Hirsch muß zum Jäger kommen, nur dann kann man Erfolg haben, wobei Ansprache und Schießen verteufelt schnell gehen müssen. Es ist eben ganz ähnlich wie in den Karpaten. Die zusätzliche Schwierigkeit der Berge in den Karpaten wird hier erheblich ausgeglichen durch Wasser und Mücken.

So waren wir eines Morgens einen schreienden Hirsch angegangen, er antwortete gut und schrie mit einer abgrundtiefen Stimme. Wir kamen auf etwa 200 bis 300 m an ihn heran; er stand in den dichten Stangen, mit seinem Rudel im Wasser. Zwischen uns lag eine lange Mulde, in der das Wasser bis zu 2 m tief war. Trotz aller

Künste gelang es uns nicht, den Hirsch von seinem Rudel fort und durch das tiefe Wasser zu locken. Die Schwierigkeiten der Bejagung sind also groß. Wer aber den Ruf beherrscht, gut auf den Beinen ist, sich vor Mücken nicht fürchtet und schnell schießen kann – – dem winken in Slawonien Jagdfreuden besonderer Art.

Daß das Rotwild dort ungewöhnlich stark ist, ist bei den geschilderten Umweltfaktoren kein Wunder. Wir hatten eine Eichelvollmast in diesem Jahr, Sprengmasten sind häufig, auf den Feldern wuchs der leckere Kukuruz, Weichhölzer zum Verbiß waren in Hülle und Fülle vorhanden, und auf den Schneisen wuchs der blanke Klee – da müssen schon dicke Hirsche wachsen. Über die Stärke der Trophäe brauche ich nichts zu erzählen, jeder Besucher der Internationalen Jagdausstellung in Düsseldorf hat sie gesehen. Das Wildpretgewicht war erstaunlich. Leider waren authentische Gewichtsangaben nicht zu erhalten, aber ein Jäger erzählte z. B., daß ein Metzger einen erlegten Hirsch zerwirkt verkauft habe und 220 kg ausgewogen hätte, das wäre also ohne Haupt, Decke und Läufe! Der Hirsch müßte also aufgebrochen, ohne Haupt bahnfertig, also so, wie wir in Deutschland die Hirschgewichte berechnen, über 250 kg gewogen haben! Das wäre das doppelte Gewicht der Hirsche in Westdeutschland! Da die Geweihe ebenfalls doppelt so stark sind, ist das Verhältnis von der Körpergröße zur Trophäe das gleiche wie bei uns. Tatsächlich wirkten dann auch die Geweihe beim lebenden Hirsch der Auereviere nicht so überwältigend wie die Trophäe allein, weil das Verhältnis dasselbe ist. Wenn in Rominten ein Hirsch von 150 bis 160 kg Wildpretgewicht ein Geweih von 10 kg trug, wirkte das viel wuchtiger, als wenn in Slawonien ein Hirsch von 250 kg Wildpretgewicht ein gleichstarkes Geweih hat. Es ist daher, auch für einen erfahrenen Rotwildjäger, nicht ganz leicht, einen Auehirsch auf Anhieb richtig anzusprechen.

Auffallend waren die langen Schädel des Rotwildes. Das Haupt des Hirsches, aber auch des Kahlwildes, war unverhältnismäßig viel länger als bei unserem deutschen Rotwild. Bei den Fährten fiel mir auf, daß die „Stümpfe“, das bekannte hirschgerechte Fährtenzeichen, sehr selten zu sehen waren, d. h., daß die Schalenspitzen offenbar in dem weichen Schlickboden sich viel langsamer abnutzten und rund wurden als bei uns etwa im Gebirge auf steinigem Boden.

Leider gab es in Slawonien keine Schweißhunde. So war es nicht möglich, Fehlschüsse einwandfrei durch den Hund bestätigen zu lassen. In einem Nachbarrevier schoß ein ausländischer Gast einen Hirsch waidwund, der mangels eines Hundes nicht gefunden wurde. Rechnet man die Differenz zwischen Abschußprämie und Bußgeld zuzüglich des Wildpretwertes, dann hätte ein guter Schweißhund allein durch das Finden eines starken Hirsches seinen Anschaffungspreis verdient.

Zweifellos ist die ganze Jagdorganisation noch im Aufbau, was auch von den leitenden Jägern immer wieder betont wird. Das Bemühen, einen hervorragenden Jagdbetrieb hinzustellen, war überall bemerkbar. Der Empfang und die Betreuung durch alle jugoslawischen Dienststellen waren liebenswürdig und mustergültig. Die Unterkunft war einfach, aber sauber, die Verpflegung ausreichend. Vom Hammel am Spieß bis zum Paprikasalat, vom „Backhändl" bis zur Zuckermelone war alles tadellos, und der „Slibowitz" fehlte bei keiner Mahlzeit. Zu trinken gab es weißen, sehr bekömmlichen Landwein oder roten, serbischen Rosenwein. Man trank den Wein grundsätzlich vermischt mit Sodawasser und lebte sehr solide, was bei den Strapazen – täglich 7 bis 8 Stunden in Fischerstiefeln! – auch notwendig war.

Daß wir als Schneider abfuhren, lag nicht an der jagdlichen Organisation und auch nicht an der örtlichen Jägerei. Wenn die Hirsche nicht schreien, ist in diesem Revier nichts zu machen.

Seit 1955 habe ich wieder die Gamsbrunft erleben dürfen, und zwar in Steiermark, wo ein guter Bekannter von mir ein herrliches Revier langfristig gepachtet hat. 1940 war ich zum letzten Male mit der Büchse im Hochgebirge gewesen, nach 15 Jahren war es wieder soweit. Ich liebe, trotzdem mir langsam die Berge sauer werden, das Jagen im Hochgebirge über alles. Hier hat die moderne Technik noch nicht derartigen Einfluß erlangt wie im Mittelgebirge und in der Ebene. Im Hochgebirge steht noch immer der Schweiß vor dem Erfolg, und nur dann ist eine Trophäe wertvoll, wenn sie mühsam errungen ist, wenn sie den ganzen Einsatz des Jägers erfordert. Die Stärke eines Hauptschmuckes spielt erst in zweiter Linie eine Rolle, ich sagte schon, daß es nichts Relativeres gibt als die Trophäe.

In der Gamsbrunft 1956 wäre es beinahe um mich geschehen gewesen. Ich beschoß auf weite Entfernung einen sehr guten suchenden Bock auf einer freien Halde am Rande der Waldgrenze. Im Schuß sah ich, daß ich etwas hinten abkam. Der Bock zeichnete auch waidwund und tat sich nach wenigen Schritten in unserer Sicht nieder. Wir, d. h. der mich führende Jäger Christandel und ich, zogen uns unsere Lodenmäntel an, setzten uns auf unsere Rucksäcke und steckten eine Zigarre an, um zu warten, bis der Gams verenden würde.

Plötzlich erschienen auf dem gegenüberliegenden Hang Skifahrer und müdeten den Gams auf. Dabei zog er so ungeschickt von uns fort, daß es nicht möglich war, noch eine Kugel anzubringen. Da der Bock in die steilen Felsen hineinzog, wo wir ihn nur schwer bergen konnten, schlug Christandel vor, er wolle vorgreifen und dem Bock den Wechsel abschneiden. Ich sollte nach etwa 20 Minuten auf der Wundfährte, die im Schnee mühelos zu halten war, nachfolgen. Der Gams hatte einen Wechsel angenommen, der zunächst am Hang entlang unterhalb senkrechter Felsen führte. Als ich auf dem immer schmaler werdenden Band einige Zeit auf der gut schweißenden Fährte gefolgt war, fiel kurz vor mir ein Schuß und Christandel rief laut: „Er liegt!"

Ich versuchte auf dem schmalen Wechsel so schnell wie möglich vorwärtszukommen – da war es mir, als ob mir beide Beine unter dem Körper weggerissen würden. Ich rutschte mit dem Kopf zuerst in sausender Fahrt ab, krampfhaft hielt ich mit der rechten Hand den Bergstock fest, dabei die Hand mit dem Stock, so fest ich konnte, zu Boden drückend. Wohin die Reise ging, konnte ich nicht sehen. Dann spürte ich plötzlich, wie ich frei fiel – fiel – fiel – und dann schlug ich auf, und der Bergstock verfing sich rechts und links hinter zwei Felsblöcke. Ich hing mit dem Kopf nach unten, mit der rechten Hand mich am Bergstock festhaltend, und schrie aus Leibeskräften. Christandel kam wie der Teufel angebraust und befreite mich aus meiner scheußlichen Lage. Wenn sich der Bergstock nicht verfangen hätte, wäre die Sache übel geworden, denn 20 m weiter kam ein erheblich senkrechter Absturz, den ich wohl kaum ohne Knochenbrei überstanden hätte. Der freie Fall, den ich getan hatte, war nur etwa 5 bis 6 m tief gewesen, aber auch das hätte schon kaputte

Knochen geben können. So hatte ich nur einige Schürfungen davongetragen und war schon am nächsten Tag wieder im Berg.

In den letzten Jahren hat man viel über die Frage gestritten, ob das Rotwild, unter Berücksichtigung der hohen Kultur in Land- und Forstwirtschaft, noch eine Daseinsberechtigung hat oder nicht. Dem Schlagwort „Wald *oder* Wild" wurde die Forderung „Wald *und* Wild" entgegengesetzt. Über die Schäden, die das Rotwild im deutschen Wald anrichtet, wurden professorale Gutachten erstattet, die zu schrecklichen Ergebnissen kamen. Während früher in erster Linie nur die Landwirte auf das Rotwild schimpften, kamen nun auch Angriffe von seiten der Forstwirtschaft, da die maßgebenden forstlichen Spitzen glaubten, die Verantwortung nicht weiter tragen zu können. Inzwischen ist es etwas ruhiger in diesem Streit geworden. Auch die Extremisten wollen sich vor der Jagdgeschichte nicht mit dem Omen belastet sehen, das Rotwild, diese herrliche Tierart, in Deutschland ausgerottet zu haben, letzten Endes nur um schnöden Profits willen.

Ich bin Forstmann und Jäger zugleich, und der Leser wird von mir erwarten, daß ich zu dem Rotwildproblem, das heute das Jagdproblem Nr. 1 ist, Stellung nehme. Ich will versuchen, diese Stellungnahme so objektiv wie möglich darzulegen.

Ganz allgemein ist zunächst zu sagen, daß der Mensch nicht allein vom Brot lebt, und daß ich eine rein kommerzielle Einstellung zu allen Lebensfragen, sowohl vom Individuum her als auch vom Standpunkt des ganzen Volkes aus, ablehne. Der Staat steht auf demselben Standpunkt, denn sonst würde er nicht jährlich Millionenbeträge zur Förderung der Künste, zur Unterhaltung von Parks und Anlagen und für sonstige ideelle Dinge des Lebens aufwenden. Auf die Jagd übertragen, heißt das also, daß die Allgemeinheit und der einzelne Betroffene bereit sein müssen, gewisse Opfer materieller Art für die Erhaltung der freilebenden Tierwelt aufzubringen. Die entscheidende Frage ist nur, wo die Grenze des Zumutbaren liegt.

Ich vertrete den Standpunkt, daß das Rotwild in vielen Landstrichen keine Daseinsmöglichkeit mehr hat. Dort, wo auf besten Böden eine intensive Land- und Forstwirtschaft getrieben wird, ist der Schaden, den das Rotwild anrichtet, nicht mehr zumutbar. Dagegen muß verlangt werden, daß dort, wo geringere Böden nur eine mäßige Forstwirtschaft zulassen, wo die möglichen Holzarten beschränkt sind und der Zuwachs gering ist, daß dort dem Rotwild eine Freistatt gewährt wird, und daß dort der Schaden bewußt und ohne Vertuschung in Kauf genommen wird. Das ist z. B. in Mitteldeutschland überall in hohen Gebirgslagen auf mittlerem Buntsandstein der Fall. Es trifft ebenso für das Hochgebirge zu, und zwar für alle Lagen, in denen der Wald nur Schutzwald und kaum noch Nutzwald ist. Es trifft in der Ebene auf trockenen, diluvialen Sanden zu, wie wir sie in der Mark Brandenburg, in Hinterpommern und früher in Westpreußen hatten.

Die obersten Jagdbehörden sollten daher, zusammen mit den Forstverwaltungen, die Gebiete aussuchen, die man dem Rotwild als Inseln, als Oasen, noch zubilligen will, und die die oben skizzierten Voraussetzungen erfüllen. Daß in diesen Gebieten hier und da auch noch Landwirtschaft betrieben wird, darf und kann kein Hinderungsgrund sein. Es ist sowieso auf längere Sicht unmöglich, daß die Allgemeinheit durch Bezahlung höherer Preise für Lebensmittel die Gelder aufbringt, die eine Subvention derjenigen Bauern bedeutet, die heute noch – bei einer landwirtschaftlichen Überproduktion in der Welt – auf absolutem Waldboden Landwirtschaft treiben. Wenn ich hier im Schwarzwald sehe, wie die Frauen in Körben auf dem Kopf oder im Rückkorb – dem sog. „Erbübel" – den Mist und das Saatgut den Berg hinauftragen, um oben in Steillagen mit Hackkultur 30 bis 40 Jahre lang hintereinander Kartoffeln zu pflanzen, die dann die dritte oder, wenn es hoch kommt, die vierte Frucht bringen, dann ärgere ich mich, daß bei so viel Fehlinvestierung von Arbeitskraft und Geld jede geschälte Fichte, peinlichst in Geld ausgerechnet, auf der Debetseite des „Kontos Rotwild" notiert wird. Wenn ich sehe, daß in Zwergbetrieben von 4 bis 5 ha Trecker angeschafft werden, die nur zu $^1/_{10}$ ausgenutzt werden können, und wenn ich mir vor allem vorstelle, wieviel mehr Holz in Deutschland im Wald zuwachsen könnte, wenn in dem parzellierten und devastierten, zum großen Teil als schlechter Niederwald bewirtschafteten Bauernwald eine vernünftige Forstwirtschaft getrieben würde, dann bekommt man, bezüglich der Rotwildschäden, einen ganz anderen Gesichtswinkel.

Ich saß vor einigen Jahren mit einem maßgebenden Amerikaner zusammen, der seit 1945 in Deutschland war und einen Überblick hatte, der mich verblüffte. Er faßte sein Urteil dahin zusammen, daß er voll Bewunderung sei über den Wiederaufbau Deutschlands; in Deutschland sähe man, wo die Marshallplangelder geblieben seien. Nur in einem Punkt seien wir total rückständig, und das sei die deutsche Landwirtschaft! Er führte unter anderem an: Naturalteilung, mangelnde Flurbereinigung, Fehlinvestition in Kleinbetrieben, landwirtschaftliche Bewirtschaftung absoluter Waldböden, zu große Differenzierung der einzelnen Betriebe und dadurch ein viel zu weitgehender Zollschutz, der für die Allgemeinheit eine Lebensverteuerung bedeutet usw.

Man verstehe mich bitte nicht falsch, ich zitiere hier nur diese Probleme. Ich weiß, daß die Lösung nicht so einfach ist, und daß man amerikanische Verhältnisse nicht ohne weiteres auf Deutschland übertragen kann. Ich erwähne dieses Thema überhaupt nur, um zu zeigen, daß noch längst nicht überall alles so wirtschaftlich und kommerziell ist, wie es sein könnte. Sicher ist der Schaden, den die Maikäfer jedes Jahr der deutschen Volkswirtschaft zufügen, viel größer als der gesamte Rotwildschaden, von den Maikäfern aber haben wir gar nichts, vom Rotwild dagegen sehr viel. Sicher sind die Verluste, die durch Mäuse und Ratten angerichtet werden, erheblich höher. – Man sollte also auch hier nicht Extremist sein, sondern nach dem Motto: Leben und leben lassen! handeln.

Doch zurück zu meinen Vorschlägen. Diese Rotwildgebiete, deren Größe bei 15 000 bis 20 000 ha anfangen darf, müßten unabhängig von Landes-, Kreis- oder sonstigen Grenzen „bewirtschaftet" werden. Kleinere Gebiete auszuscheiden, wäre sinnlos. Das Rotwild zieht, je nach Witterung und Jahreszeit, sehr weit, besonders in gebirgigem Gelände. Daher hat es keinen Zweck, kleinere Gebiete zu Rotwildrevieren zu erklären. Es hat auch keinen Sinn, die Abschußplanung in einzelnen Revieren, und seien sie auch 4000 ha groß, durchzuführen. Ich bekomme immer das große Lachen, wenn ich lese, daß Jagdpächter, die ein Revier von etwa 800 bis 1000 ha haben, in ihren Plänen von „Standwild" sprechen. In einem derartig kleinen Raum gibt es kein Rotwild als Standwild, da gibt es nur Wechselwild.

Die Zählung des Rotwildes, die Aufstellung des Abschußplanes, die Fütterung, die Schau und Bewertung der Trophäen müssen in einem Rotwildgebiet einheitlich durchgeführt werden. Dabei ist ein gesetzlicher Zwang keineswegs notwendig. Es gibt bereits zahlreiche derartige Rotwildgebiete in Deutschland, die so verfahren, wie ich es schildere.

Der Zusammenschluß von Staats- und Pachtrevieren muß auf freiwilliger Basis erfolgen, einzelne Außenseiter spielen dabei keine Rolle. Das Gebiet als solches muß aber von der obersten Jagdbehörde, zusammen mit der Forstverwaltung, festgelegt sein.

Wenn so verfahren wird, werden wir das Rotwild auch noch unseren Enkeln erhalten können – nur über einen Punkt müssen sich alle Beteiligten klar sein, und zwar sowohl die Staatsforstverwaltung als auch die Jagdpächter: Eine Rotwildjagd ist bei dem heutigen Stand unserer Zivilisation und bei dem heutigen Stand unserer Landeskultur ein Luxus und kostet Geld! Ein Leben ohne Luxus aber ist nicht wert, gelebt zu werden! Ich habe gelesen, daß die Bevölkerung Westdeutschlands im Jahre 1956 fast 16 Milliarden für sog. „Luxusgüter“ ausgegeben hat. Wer vom Schicksal begnadet wurde, eine Rotwildjagd zu haben, muß dafür bezahlen. Er sollte aber sich bemühen, weniger an Wildschaden und Wildschadenverhütung in Gestalt von Zäunen, Schutzmitteln für die Forstpflanzen usw. aufzuwenden, als dafür, daß das Wild im Walde wieder eine natürliche Äsung in ausreichenden Mengen vorfindet. Die Anlage von Wildäckern, die Düngung von Schneisen, die Kultivierung der Wildwiesen, der Anbau von Mastbäumen aller Art, die ausreichende Winterfütterung sind besser für die Schadensverhütung als passiver Schutz, der vielleicht die Forstpflanzen und die Feldfrüchte vor Schaden bewahrt, aber dem Wild die Existenzmöglichkeit nicht verbessert.

Bei der Festsetzung des für ein ganzes Rotwildgebiet bestimmten Abschußplanes, der auf der gemeinsamen Zählung beruhen muß, ist es selbstverständlich, daß die Jagdpächter gegenüber den Staatswaldungen im Abschuß bevorzugt werden müssen. Der Pächter einer Rotwildjagd wendet erhebliche Mittel auf, er muß daher bei der Freigabe von Ia-Hirschen und auch bei der Menge des freigegebenen Wildes besser bedacht werden im Verhältnis zu seiner Pachtfläche als der angrenzende Staatswald, dessen Forstbeamte das Glück haben, in einem Rotwildrevier Dienst tun zu dürfen.

Auf das schärfste muß verurteilt werden, wenn auf der einen Seite der Staat wohl theoretisch mitmacht und die Rotwildgebiete festsetzt, aber dann sich weigert, irgendwelche nennenswerten Mittel für die Erhaltung und Hege des Rotwildes auszugeben, obschon er einen Millionenetat hat. Ich darf mit Genugtuung feststellen, daß im Lande Baden-Württemberg diese selbstverständliche Konsequenz gezogen worden ist, aber ich weiß, daß das in anderen Ländern der Bundesrepublik leider nicht der Fall ist. Repräsentationsjagden für ausländische Botschafter werden mit großer Geste gegeben, aber Geld für Hege und Pflege des Wildes werden nicht bewilligt, obschon die Einnahmen der Staatsforstverwaltungen in den letzten Jahren fast überall die Voranschläge überschritten haben.

Wenn diese Rotwildgebiete richtig und großzügig ausgesucht werden, wenn die Bewirtschaftung und Betreuung einheitlich erfolgt, wenn alles getan wird, um die natürlichen Äsungsverhältnisse zu verbessern, wenn im Winter ausreichend gefüttert wird, wenn Schutzmaßnahmen gegen Verbiß und Schälen durchgeführt werden und wenn – und das ist das Allerwichtigste – nur ein geringer Bestand gehalten wird, dann werden auch noch unsere Urenkel den edlen Hirsch schreien hören und werden, fern von Technik und der Unrast der Zeit, dieses herrliche Tier in freier Wildbahn erleben können.

Wir sind dabei, „Oasen der Stille“ zu schaffen, Waldgebiete so abzuschließen, daß kein Auto, kein Lärm dorthin dringt. So müssen wir auch Oasen des Rotwildes haben – als Jäger wünsche ich mir möglichst viele – die sich mit den Oasen der Stille meistens decken werden. Vielleicht liegt die fernere Zukunft des deutschen Waldes nicht allein in der Holzproduktion, sondern mehr noch in den Wohlfahrtswirkungen, und zu diesen gehört auch die Erhaltung der freilebenden Tierwelt.

In den letzten Jahren hatte ich zunehmend immer mehr Gelegenheit, in der oberrheinischen Tiefebene auf Hasen, Fasanen und Hühner zu jagen – die Karnickel sind leider an der Myxomatose eingegangen, aber wie das nach Seuchen immer zu sein pflegt, werden nach einigen Jahren doch wieder welche da sein. Ich habe bereits sehr gute Jagden mitgemacht, auf denen weit über 100 Hasen geschossen wurden, und andere, auf denen 80 bis 100 Fasanen zur Strecke kamen. Eines nur ist schrecklich – auf einer Jagd erscheinen meistens 30 Schützen und 15 Treiber! Genau das Umgekehrte wäre richtig. Über das Problem der allzu vielen Jäger ist oft gesprochen worden. Man ist in einzelnen Gebieten dazu übergegangen, keine Fortbildungskurse für Anlernlinge mehr abzuhalten. Das halte ich für falsch. Wir müssen uns einen anständigen Nachwuchs heranbilden, wer nicht für Nachwuchs sorgt, treibt Raubbau – da spreche ich als Forstmann, und das gilt überall. Wenn wir weniger Jäger haben wollen, dann haben wir das selbst in der Hand, wir müssen die Anforderungen in den Jägerprüfungen hinaufschrauben. Wenn aber der Ausbilder der Lehrlinge etwa selbst in der Prüfungskommission sitzt, dann ist natürlich keine Auslese möglich. Ich habe mich als langjähriger Prüfer stets darauf eingestellt, ein hohes Niveau zu verlangen. Wenn das nicht vorhanden war, habe ich die Anwärter rücksichtslos durchfallen lassen, einmal von zwölfen acht. Diese Zivilcourage muß ein Prüfender haben. Wenn ich in der Jagdpresse die Lamentationen lese, daß die Qualität der Jäger ständig zurückgeht, dann kann ich nur lachen. Warum haben die Prüfungskommissionen denn unzulänglichen Leuten die Qualifikation zur Erlangung eines Jagdscheines gegeben?

Der Andrang zur Jägerprüfung ist andererseits auch sehr erfreulich. Er zeigt, daß weite Kreise unseres Volkes noch Liebe zur Natur, noch Interesse an Wald und Wild, noch Passion für das Waidwerk aufbringen. Und das sollten wir fördern, nicht einschränken. Oft kommen Jungjäger zu mir und klagen, daß sie zwar den Jagdschein, aber keine Gelegenheit hätten zu jagen; eine eigene Jagd könnten sie nicht pachten. Ich habe ihnen stets geraten: Lernt das Jagdhorn blasen, führt einen Hund ab, möglichst als Verlorenapporteur – – – und ihr bekommt in kurzer Zeit mehr Jagdeinladungen, als euch lieb ist.

1955 baute ich mir oberhalb von Gernsbach, dem Dienstsitz des Forstamtes Kaltenbronn, mit dem Blick ins Murgtal und auf die Schwarzwaldberge, ein Haus, das ich in Erinnerung an meine Wahlheimat Ostpreußen „Haus Rominten" nannte. Hier soll mein „Wähnen Frieden finden", hier will ich den Abschied von diesem Dasein mit Würde erwarten. Wenn ich abends aus meinem Revier oder von der Jagd müde nach Hause komme, dann klettert in der oberen Etage mein Jüngster, der jetzt vier Jahre alt ist, aus seinem Gitterbettchen, kommt im „Polter" die Treppe herunter, sitzt dann auf meinem Schoß, während ich mich vor dem offenen Kamin wärme, in dem die Birkenscheite gluten, und ich muß ihm Jagdgeschichten erzählen, wie mein Vater das vor 55 Jahren mit mir tat. Ich singe ihm aber nicht des Großvaters alten Gassenhauer, sondern, leicht mit ihm schunkelnd, summe ich den alten Mainzer Karnevalsschlager, dessen Trost ich so oft erlebte:

Heile, heile Gänschen,
's wird alles wieder gut.
Die Katze hat ein Schwänzchen,
's wird alles wieder gut.
Heile, heile Mausespeck,
In hundert Jahr'n ist alles weg!

Schlusswort

Aus dem bunten Mosaik meiner Erlebnisse habe ich einige Steine herausgeholt und beschrieben. Ich habe mich bemüht, die bunten, die hellen Steine zu bevorzugen und die grauen oder gar die schwarzen im Schoß der Erinnerungen zu belassen. Die Kunst des Vergessens ist lebensentscheidend. Wozu sollte man das Tragische, das Entsetzliche, das man erlebt hat, wieder hervorzerren ans Licht, nachdem man sich jahrzehntelang bemüht hat, es auszulöschen – was doch niemals ganz gelingt.

Sechs Jahrzehnte sind vollendet. Das Leben trug mich hinauf zu ersehnten Höhen und warf mich zurück in den Abgrund. Was kann noch kommen? Ich glaube, nicht viel, was einen besonders erregen könnte. Man soll seinen Jahresringen entsprechend leben. Wir Forstleute wissen, daß der Zuwachs im Alter abnimmt. Es gibt zwar Holzarten, bei denen im Alter wohl der Massenzuwachs ab, aber der Wertzuwachs zunimmt. Aber es wäre wohl Vermessenheit, sich einzubilden, einer solchen Holzart gleich zu sein!

Als Studenten sangen wir:

Post iucundam iuventutem
Post molestam senectutem
Nos habebit humus!

Noch hat mich die Erde nicht, aber die senectus molesta nähert sich unaufhaltsam, und die Forstassessoren spitzen schon den Bleistift, um mich in der Rangliste durchzustreichen – – – ein Vordermann weniger!

Wenn ich zum Schluß das Resumée meines bisherigen Lebens ziehe, dann bleibt etwas Positives: Trotz Umwertung aller Dinge, trotz zweier Weltkriege mit all ihren Folgen, trotz zweier Geldentwertungen mit der Vernichtung aller Vermögen, trotz Atomangst und Managertum – geblieben ist die Liebe zur Natur und all ihren Geschöpfen, geblieben ist die Hege und Pflege aller Tiere der freien Wildbahn, geblieben ist das deutsche Waidwerk, geblieben aber ist auch das hohe Ethos des Forstberufes, das letzten Endes darin gipfelt, einen Baum wachsen zu sehen und zu sorgen und zu arbeiten, nicht für sich selbst, sondern für die späteren Generationen!

Und geblieben ist die unbändige Jagdpassion:

Heut' will ich suchen,
Morgen geht's ans Treiben
Und übermorgen winkt der Vogelherd.
O, könnt' es Herbst im ganzen Jahre bleiben –
Dann hätt' ich alles, was mein Herz begehrt!

(Diezel)